frauen & gender

Kultur | Forschung | Gesundheit

Printausgabe 9783938580837
1. Auflage April 2024

DIAMETRIC Verlag Jutta A. Wilke e. K.
Versbacher Str. 181, D-97078 Würzburg
Fon: +49 (0)931 7841230, info@diametric-verlag.de

reinlesen unter www.diametric-verlag.de

- aktuelles Verlagsprogramm
- kostenlose Leseproben
- eBook-Reihe
- Frauengesundheit *kurz & kritisch*

Titelbild Umschlag: © Annika Gemlau, www.asombrasdelsur.com
Korrektorat: Julia Kühn, Berlin
Druck: Franz X. Stückle Druck und Verlag e. K., Ettenheim

frauen & gender

Die im Buch veröffentlichten Informationen und Empfehlungen wurden mit größter Sorgfalt von Autorin und Verlag erarbeitet und geprüft. Eine Garantie für die Richtigkeit aller Angaben kann jedoch nicht übernommen werden. Ebenso ist die Haftung von Verlag und Autorin für etwaige Nachteile, die sich aus den hier vorgestellten Anwendungen ergeben könnten, ausgeschlossen.
Bitte beachten Sie, dass alle im Text enthaltenen externen Links nur bis zum Zeitpunkt der Buchveröffentlichung eingesehen werden konnten.
Geschützte Warennamen (Marken) werden nicht immer kenntlich gemacht. Aus dem Fehlen eines Hinweises kann nicht geschlossen werden, dass es sich um einen freien Warennamen handelt.

Martina Spierings

Verlag DiametriC

Hinweis für die Leser*innen, unabhängig von Geschlechtsidentitäten (FLINTA* = Frauen, Lesben, intergeschlechtliche, nichtbinäre, trans und agender Personen sowie alle weiteren Menschen nicht-binärer Geschlechtsidentitäten):

Ich spreche von Frauen, weil dieses Buch Personen, die sich als Frau definieren, darin unterstützen soll, eine Version von Frausein zu leben, das althergebrachte Rollenmodelle überwindet und neue erschaffen hilft. Damit meine ich alle vorstellbaren Verhaltens- und Lebensweisen. Wenn von »weiblich« und »männlich« die Rede ist, geschieht dies in der gesellschaftlich verwendeten stereotypen Weise, die damit die Vorstellung verbindet, es gebe verallgemeinerbare Denk- und Handlungsmuster. Ich trete dafür ein, dass alles Menschliche allen zur Verfügung stehen muss, unabhängig von Geschlechtszuschreibungen.

frauen & gender frauen & gender

Liebe Leserin, lieber Leser,

ab September 2026 tritt die „EmpCo-Richtlinie“ (EU-Richtlinie 2024/825) in Kraft, gemäß der nur noch Nachhaltigkeitssiegel zulässig sind, die auf einem Zertifizierungssystem basieren oder von staatlichen Stellen festgesetzt wurden. Die Angaben zu den ökologischen Eigenschaften dieser Buchproduktion sind deshalb unkenntlich gemacht.

DIAMETRIC VERLAG

Inhalt

2 Zeitgemäße Rituale für die Töchter von heute 104

3 Was dich persönlich stärkt 207

Vorwort

»Die westliche Gesellschaft fördert unseren Stolz nicht, denn sie profitiert von unserer Scham.« Der Satz, auf den ersten Seiten dieses Buches zu finden, springt mich förmlich an. Als Journalistin und Autorin schreibe ich fast täglich über Mütter und ihre Töchter und Söhne. Ich untersuche, welche Rahmenbedingungen Menschen brauchen, die für Andere sorgen und zeige, dass diese auch auf gesellschaftlicher Ebene längst noch nicht ideal sind.

Wie wollen wir das ändern? Ein Weg ist, dass wir bei denen beginnen, die die Gesellschaft unserer Zukunft mitgestalten werden. Das sind unsere Kinder – unsere Töchter und Söhne. Ich bin selbst zweifache Mutter und weiß, welche Einflüsse Geschlechterrollen bereits auf Kinder im Kindergarten- bis Grundschulalter ausüben, das, was »man« als Mädchen oder Junge angeblich tut und welche Wahrnehmung des eigenen Körpers und Verhaltens vermeintlich richtig ist. Wenn diese Wahrnehmung bereits im frühesten Alter – und erst recht in der hochsensiblen Phase der Pubertät – von Scham statt Stolz begleitet ist – wie sollen aus diesen Mädchen und Jungs stolze, reflektierte, selbstbewusste Frauen und Männer werden?

Dieses Buch richtet sich in erster Linie an Mütter und ihre Töchter. Sie können mit seiner Hilfe in wunderbaren Ritualen und über die Reflexion ihrer eigenen Sozialisation ihr Selbstbild in positiver Weise neu bestimmen. *Dein Körper ist schön! Du bist es wert, so gesehen zu werden, wie du bist! Deine Regelblutung, dein Frauwerden ist etwas, was dich mit Stolz und Selbstvertrauen erfüllen darf!*

Ich selbst trage dieses Selbstvertrauen in Bezug auf meinen Körper und seine Fähigkeiten zum großen Glück inzwischen in mir. Ein Umstand, der mir in körperlich herausfordernden Momenten wie zum Beispiel den Geburten meiner Kinder, sehr zugute gekommen ist. Ich konnte klar benennen, was ich wollte, was mir guttat und was nicht. Ich konnte meine Stimme für mich selbst erheben. Dennoch war ich als junge Frau – besonders in der frühen Pubertät – selbst nicht davor gefeit, mich »nicht richtig«, »hässlich« und in meinem Körper unwohl zu fühlen. Ich habe einige Jahre gebraucht, damit sich das ändern konnte.

Dieses Buch möge im besten Sinn für Frauen und Mädchen, Mütter – und idealerweise auch Väter? – ein erster Schritt sein, um die eigenen Töchter in neuer Weise in ihr Frausein zu begleiten. Nicht wertend, ängstlich und schambesetzt – sondern stolz, freudig, und voll positiver Erwartung. Nur so, davon bin ich überzeugt, wird sich in der nächsten und übernächsten Generation tatsächlich die Scham der Frauen zu Stolz wandeln. Werden wir auch gesellschaftlich aus voller Überzeugung und innerlich unbehindert für unsere Rechte einstehen.

Unser Körper ist das Haus, in dem unsere Seele wohnt. Habe ich das Gefühl, in einer immer baufälligen, reparatur- und verbesserungsbedürftigen »Bruchbude« zu leben, wird es mir sehr schwerfallen, meinen Platz in erster Reihe selbstbewusst einzufordern. Lasst uns unseren Töchtern – und Söhnen – also schon früh zeigen, wie kostbar sie auch in ihrer Körperlichkeit sind. Und dass sie es wert sind, dass wir ihrem Körper – ebenso wie sie sich selbst – mit Stolz und Freude begegnen!

Sarah Zöllner

Sarah Zöllner, freie Journalistin, Autorin mehrerer Publikationen (Mütter. Macht. Politik, ein Aufruf!) und zweifache Mutter, lebt und arbeitet in der Nähe von Heidelberg. www.sarahzoellner.com

Die Autorin

Martina Spierings, verheiratet und Mutter von drei Kindern, lebt in Karlsruhe. Sie arbeitet als systemische Therapeutin und berät Frauen in Trennungssituationen und bei Partnergewalt. Als Mutter von zwei Töchtern im Teenageralter sieht sie sich täglich vor die herausfordernde Frage gestellt: »Wie befähige ich meine Töchter, ein selbstbestimmtes Leben als Frau zu führen, und was heißt das eigentlich?«

Der Wunsch, ihre eigenen Töchter zu Frauen heranwachsen zu sehen, die ihren Körper lieben, wie er ist, die mutig ihre Potenziale entfalten und sich echt und wahrhaft als Frau spüren, führte bei ihr zu einer tieferen Reflexion althergebrachter Rollenbilder. Sie setzt dabei auf einen Lebensentwurf, der das Prinzip der »Macht über Andere« zugunsten einer Eigenermächtigung hinter sich lässt. Selbstliebe versteht sie als Superpower, die es Frauen und ihren Töchtern ermöglicht, mit Siebenmeilenschritten in ein mit Stolz erfülltes Frausein zu gehen. Anregungen und erste praktische Erfahrungen bietet sie Interessierten in offenen Frauentreffen, Selbstliebe-Wochenenden und Mutter-Tochter-Kursen für die Pubertät an.

Allheilmittel für die eigene Selbstliebe ist für Martina Spierings das mitfühlende Selbstgespräch, am liebsten mit stürmischem Nordseewind im Haar – notfalls aber auch im Strandkorb auf ihrer Terrasse.

Informationen zu den Veranstaltungen: www.proud-women.de

1 Von Mutter zu Mutter

Liebe Mutter einer Tochter,

herzlich willkommen – ich freue mich sehr, dass dich dieses Buch angesprochen hat. Du möchtest deine Tochter dabei unterstützen, ihren Körper zu bejahen und ihr Mensch- und Frausein stolz zu gestalten? Du hoffst, dass sie Glück und Zufriedenheit in ihrem Leben, ihren Liebesbeziehungen, ihrem Beruf finden wird? Sie soll ihren eigenen Weg gehen dürfen, ohne den Meinungen Anderer zu viel Raum zu geben? Mit diesen Gedanken befindest du dich hier in bester Gesellschaft, denn so sehen auch meine Wünsche und die der meisten Mütter aus …

Alle in diesem Buch beschriebenen Rituale und Übungen sind nach bestem Wissen zusammengestellt. Der Blick in andere Kulturen und der verantwortungsvolle Umgang mit der Natur und allem Lebendigen sind existenziell für die Zukunft der Menschheit und Teil meiner Haltung, die auch in dieses Buch miteingeflossen ist. Für Frauen, die z. B. nach einem Trauma oder aufgrund einer psychischen Krankheit vorbelastet sind, kann die Auseinandersetzung mit den nachfolgend behandelten Themen als leidvoll erfahren werden. Falls du dir unsicher bist, suche das klärende Gespräch mit einer Fachperson.

Frau und stolz darauf

»Meine Großtante sagte am Tag meiner ersten Blutung zu mir: Alles, was von dir kommt, ist schön!« Eine Mutter im Interview

Von Anfang an

Alles begann während eines abendlichen Gesprächs mit unserer damals neunjährigen Tochter. Sie bekam mit, dass ich meine Periode hatte und fragte, was frau dabei beachten müsse. Wie Babys entstehen, wussten sie und ihre siebenjährige Schwester schon seit längerer Zeit. Sie kannte die besondere Körperöffnung der Frauen, aus der das Menstruationsblut austritt. Auch die Vorgänge der menschlichen Fortpflanzung waren ihr schon recht vertraut – wir hatten eine bewegte *Peter-Ida-und-Minimum*-Zeit[1] und eine Phase, da war mein Bauch Hauptthema unserer Gespräche: wer da schon alles drin war, wie die Babys da wohl reinkamen, und, noch viel spannender, wie sie da wieder rauskamen. Da in puncto Aufklärung schon einiges geleistet war, war klar, dass die aktuelle Frage sich mehr auf Praktisches bezog.

Ich erklärte ihr einiges über Hygieneartikel wie Binden und Tampons. Sie befürchtete, dass »es« zum ersten Mal passieren könnte, während sie in der Schule sei. Wir überlegten gemeinsam, wie sie sich darauf vorbereiten könnte. Peinlich berührt fiel mir auf, dass ich zu wenig wusste; ich konnte ihr beispielsweise keine klaren Vorzeichen für die erste Menstruation benennen.

Und was noch schlimmer war: Die Mimik meiner Tochter verriet Angst und Ekel. So konnte und wollte ich das auf keinen Fall stehen lassen! Angestrengt suchte ich nach allem Positiven, das mir einfiel. Wie konnte ich diesem jungen Mädchen nur vermitteln, wie wertvoll unsere Frauenkörper mit ihren fantastischen Zyklen sind? Ich redete weiter auf sie ein, doch nichts kam richtig an. Ihre sorgenvollen Gedanken hatten bereits die Oberhand gewonnen. Schließlich fiel mir ein, dass es in manch anderen Kulturen ein Fest gibt, das den Eintritt der Monatsblutung feiert. O-Ton Tochter: »Wie bitte? Auch noch ein Fest deshalb feiern?« Das erschien ihr mehr als abwegig. Nachdem sie zu Bett gegangen war, beschäftigte mich das Thema noch lange.

Erinnerst du dich an die Zeit, als dein Mädchenkörper begann, sich zu verändern? Als nach und nach deine Brust weiblichere Züge annahm? Wie hast du deine erste Menstruation erlebt – warst du erfreut oder peinlich berührt? War dir bekannt, dass diese Art von Blutung irgendwann kommen würde oder hat sie dich überrascht und geängstigt?

Ich habe später mit vielen Müttern über ihre eigenen Erfahrungen des Frauwerdens gesprochen. Die meisten in meiner Generation wussten wenig bis gar nichts über die Veränderungen und zyklischen Vorgänge ihres Körpers. Einige hielten ihre erste Blutung aus Scham geheim. Einige durchstanden heftige Ängste, weil sie vermuteten, schwer krank zu sein. Auch für mich kam die Menstruation völlig unvorbereitet im Alter von 11 Jahren. Ich hatte bis dahin vom Monatszyklus kaum etwas gehört – meine Mutter hatte schlicht gedacht, ich sei noch zu jung dafür. Ich weiß noch, wie ich erschrak über das Blut in meinem Slip. Auch über Geschlechtsverkehr wusste ich bis zu diesem Zeitpunkt kaum etwas. So kamen die Erklärungen meiner Mutter an diesem Tag in einer Fülle, die mich völlig überforderte. Ich fühlte mich verwirrt und mir war körperlich übel. Andererseits erwachte in mir ein winzig kleiner Anflug von Stolz, dass ich nun langsam eine Frau wurde.

Die starke Unsicherheit, die ich damals empfand, erfahren heutige junge Frauen vermutlich ähnlich: Nicht nur, dass ihr ganzer Körper sich verändert und Gefühle und Gedanken hormonell bedingt Achterbahn fahren – plötzlich beginnen sie auch an einer sehr intimen Stelle zu bluten. Ihre Vulva, ihr Unterleib und die weiblichen Geschlechtsorgane können je nach bisherigen Erfahrungen und Bewertungen für sie etwas Unaussprechliches oder sogar »unanständig« sein. Und jetzt fordert dieser tabuisierte Bereich besondere Aufmerksamkeit und Pflege. Sie stehen vor der Herausforderung, welcher Umgang mit ihrem Blut für sie stimmig ist.

Viele weitere Fragen, die nach diesem Ereignis erstmals oder drängender auftreten:

- Wie wird frau eine Frau?
- Gibt es weibliche Vorbilder, an denen ich mich orientieren kann und vor allem will?
- Werde ich so, wie ich bin, akzeptiert von meiner Umwelt?
- Mache ich alles »richtig«? Bin ich denn richtig?
- Bin ich schön?

Und so weiter ...

Während der Beschäftigung mit diesen Fragen wurde in mir der Wunsch übermächtig, meine Töchter zu beschützen. Aber wovor eigentlich? Primär wollte ich verhindern, dass sie das Frausein mit allen seinen körperlichen wie emotionalen Aspekten als bedrohlich erleben. Zunächst waren da aber nur lauter NICHT in meinem Kopf:

- Ich will *nicht*, dass sie sich wegen der natürlichsten Vorgänge der Welt, die in ihrem Körper stattfinden werden, irgendwann schämen.
- Ich will *nicht*, dass sie sich aufgrund gesellschaftlicher Geschlechterrollen unfrei fühlen.
- Ich will *nicht*, dass sie lernen, ihren Selbstwert über ihren Körper zu definieren.

- Ich will *nicht*, dass sie unrealistischen Schönheitsbildern nacheifern, die sie nur unglücklich machen.

Dann machte ich mir Gedanken darüber, was ich stattdessen für meine Töchter will. Es war und ist mir bewusst, dass ich meine Töchter nur zum Teil auf das Frausein vorbereiten kann, denn sie wachsen in einer anderen Zeit auf als ich und sind bereits heute eigene Persönlichkeiten, die sich wesentlich von mir, als ich in ihrem Alter war, unterscheiden. Sie werden auch als Frau anders sein, als ich es heute bin. Und doch habe ich mir vorgenommen, mein Möglichstes dafür zu tun, dass …

- meine Töchter stolz sein können, Mädchen und Frau zu sein
- sie sich selbst samt ihrem Körper lieben – einfach, weil er ist, wie er ist, und kann, was er kann
- sie ihre eigene Weise entdecken, glücklich zu leben
- sie ihre Potenziale entfalten und mutig Neues wagen
- sie sich echt und wahrhaftig fühlen ...

Das Thema ließ mich nicht mehr los. Warum gibt es in unserer Kultur keine starken, kraftvollen Rituale, die die Entwicklung zur Frau freudig begleiten? Ist das mit ein Grund, warum viele von uns unter Scham und Selbstzweifeln leiden? Warum wir denken, wir müssten uns und unsere Körper fortlaufend optimieren, damit wir genügen?

Im Internet suchte ich nach einer Art Schritt-für-Schritt-Anleitung, ähnlich der für Hochzeitsvorbereitungen, für das Feiern verschiedener Meilensteine der weiblichen Entwicklung, ob zu zweit oder gemeinsam mit Anderen. Ich erfuhr, dass man die erste Blutung »Menarche« nennt – ein altgriechisches Wort, das sich aus »Monat« und »Anfang« zusammensetzt – und fand vereinzelte Gruppenangebote für Mädchen. Doch wenn ich etwas wirklich will, kann ich hartnäckig sein. Und ich wollte feierliche Gesten, kleine und große Festideen, um meine Töchter als positives Vorbild in eine kraftvolle Weiblichkeit zu begleiten. Sie sollten ein Leben als stolze Mädchen und Frauen führen, von Anfang an.

Stolz: Darf's ein bisschen mehr sein?

»Ich bin ich, dazu stehe ich. Meine Mutter hat mir beigebracht, immer zu sagen, was ich denke.« Haley H., 10 Jahre[2]

Ja, ich will ..., dass meine Töchter stolz auf sich selbst in ihrem Weiblich- und Menschsein sein können, in allen Aspekten, die das für sie umfasst. Doch welcher Weg führt dorthin?

Auch, wenn ich mein Bestes als Mutter tue: Mir ist klar, dass wir als Eltern nur einen Bruchteil der Bedingungen schaffen, die unsere Töchter prägen. Der afrikanische Spruch, dass es ein ganzes Dorf braucht, um ein Kind zu erziehen, gilt auch in unserer Kultur. Nicht nur das: Es wäre für Eltern schlichtweg unmöglich, gesellschaftliche Auswirkungen auf ihre Kinder zu verhindern. Und einige der Einflüsse unserer westlichen Lebensweise verursachen Bauchschmerzen ... Ich denke hier nur einmal an das Regelwerk bezüglich Bekleidung. Unsere ältere Tochter lehnte in der zweiten Klasse plötzlich ab, Schlaghosen zu tragen. Dieselben Hosen, die sie vor diesem denkwürdigen Tag über alles geliebt hatte. Nun »konnte« sie nur noch Röhrenjeans anziehen. Ein Phänomen, das wahrscheinlich die meisten Mütter kennen.

Es kann große Angst machen, »anders« und individuell wahrgenommen zu werden. Die unsichtbare Regel lautet: *Fall ja nicht auf. Sei wie die Anderen. Biete keine Angriffsfläche für Hänseleien.* Mir ist klar, dass Gruppenzwang für eine Siebenjährige harter Tobak ist. Selbst uns Erwachsenen fällt es oft schwer, sich ihm zu widersetzen.

Trotzdem bricht mir jedes Mal das Herz, wenn ich sehe, wie sich eines meiner Kinder verbiegt, um Anderen zu gefallen … Gerade deshalb, so finde ich, müssen wir Mütter und Väter aufmerksam sein, denn auch wir selbst sind *Andere*, die Erwartungen an die Tochter oder den Sohn haben. Wann immer mir das bewusst wird, versuche ich, Erfahrungsräume anzubieten, die den Selbstausdruck und den Stolz auf das eigene Sein in allen Facetten fördern, anstatt zu beschneiden.

Doch welches Vorbild bieten wir erwachsene Frauen in dieser Hinsicht? Strahlen wir denn Stolz darüber aus, so zu sein, wie wir sind? Sind wir im Reinen mit uns, mit unseren Lebensentscheidungen, unseren Fähigkeiten und Schwächen, mit unserem Körper? Glauben wir an uns? Finden wir uns toll? Das sind die mehr rhetorischen Fragen, auf die frau nach einigen Jahren und Jahrzehnten unter Frauen häufiger die Antwort Nein gehört hat, als ihr lieb ist. Die traurige Wahrheit offenbart das Internet: Nur 4 Prozent der Frauen weltweit finden sich schön![3] Das darf nicht wahr sein! Ständig höre ich von Frauen, dass sie mit sich selbst unzufrieden sind, aber diese Zahlen schockieren mich doch.

In meiner Arbeit in einer Beratungsstelle treffe ich tagtäglich Frauen in schwierigen Lebenssituationen. Die allermeisten finden sich tatsächlich nicht schön genug. Zwar wäre für mich die ideale Welt eine, in der Aussehen sowieso einen nachrangigen Stellenwert hat, aber sei's drum, momentan ist es für viele noch ein sehr wichtiger Punkt, und damit müssen wir umgehen. Hinzu kommt, dass die meisten Frauen mit der Überzeugung durchs Leben gehen, zu wenig intelligent, zu unsicher oder in anderer Weise ungenügend zu sein. Als Folge trauen sie sich auch wenig zu.

Sie alle kennen den furchtbaren, meist mit Selbstabwertung einhergehenden Leitsatz »Eigenlob stinkt« – und geben diesen mehr oder weniger bewusst an ihre Töchter weiter. Viele meiner Klientinnen berichten, dass sie zum Nettsein erzogen wurden, ihnen immer wieder eingetrichtert wurde, dass sie ihre Bedürfnisse denen Anderer unterzuordnen hätten – und das gefälligst freundlich lächelnd. Gefühle von Angst, Hilflosigkeit und vor allem Wut bekamen in der Kindheit oft keinen Raum. So verlernten die Frauen, ihren Gefühlen zu vertrauen und sie zu nutzen, um sich zu schützen oder abzugrenzen. Heute wissen sie oft nicht, was sie überhaupt spüren. Nur, dass es sich nicht mehr wie ICH anfühlt. Betroffene Frauen müssen das ständige Freundlich-Lächeln-obwohl-es-ihnen-schlecht-geht in einem schmerzhaften Prozess erst wieder verlernen, um sich selbst hören zu können, um sich Gehör zu verschaffen, für sich einzustehen, stabil zu stehen, auch wenn Andere probieren, sie herumzuschubsen und zu verunsichern.

Die westliche Gesellschaft fördert unseren Stolz nicht, denn sie profitiert von unserer Scham. *Vergleiche dich mit den Bildern auf den Plakaten und in den Zeitschriften: Sei schlank, jung, perfekt, schön und jederzeit gut gelaunt – nur so wirst du geliebt.* Der Witz dabei ist, dass selbst Models in Wirklichkeit nicht wie Models aussehen. Ohne versierte Visagist*innen und umfangreiche Bildbearbeitung (dünner, langbeiniger, großäugiger und mit lupenreiner Haut …) fehlt auch ihnen diese künstliche »Schönheit«. Trotzdem eifern insbesondere Frauen den Idealen nach, natürlich stets vergebens. Ist ja auch wirklich praktisch, wenn wir alle gerade nicht stolz, sondern unzufrieden mit uns sind! Dann kaufen wir viel eher von der Faltencreme bis zum neuen pinkfarbenen Smartphone alles, was die Konsumwelt zu bieten hat, obwohl es meist weder gebraucht wird noch hält, was es verspricht.

Aber warum reden wir überhaupt über Frausein, sind wir nicht alle zuerst Mensch? Natürlich! Doch Verhaltensweisen und Handlungen werden in unserer Gesellschaft völlig unterschiedlich bewertet, abhängig davon, ob unsere Umwelt uns als Frau oder Mann wahrnimmt. Meine Intention ist es, für eine gleichberechtigte Welt einzutreten, in der wir frei von Rollenmodellen und einengenden

Beurteilungen sind, unabhängig von biologischen oder identitätsbildenden Geschlechterzuschreibungen oder unserer Herkunft. Und in Ermangelung passenderer Begriffe habe ich für mich entschieden, weiterhin von »Frau« und »Mann« zu sprechen und ergänzend von FLINTA* und Transfrau.

Wenn wir dafür eintreten, dass Eigenschaften wie aufopferungsvoll, mitfühlend oder durchsetzungsstark nicht mehr in typisch weiblich oder männlich unterschieden werden, sind wir auf dem besten Weg zu einer Gesellschaft stolzer Menschen! Vielleicht brauchen wir dann solche Bücher wie dieses nicht mehr. Vielleicht ist die Menstruation dann kein bisschen mehr schambehaftet, sondern wird laut in den Straßen gefeiert, ähnlich wie die Loveparade? Wäre doch genial!

Doch aktuell ist der Umstand, in welchem Körper wir geboren werden und wie wir unsere Identität leben und erleben, noch immer mit Zuschreibungen und den damit einhergehenden zahlreichen Nachteilen für alle Beteiligten verknüpft. Facettenreiche Vorbilder können alle Geschlechter dabei unterstützen, alte Zwänge hinter sich zu lassen und selbstbestimmter zu leben, auch unabhängig von Binarität. Unsere Töchter brauchen Frauen, die nicht nach der Meinung Außenstehender fragen, während sie ihrem Glück folgen. Die sich wohlfühlen in Kleidern, die sie angeblich nicht tragen können. Die sich trauen, Erfolg zu haben und kluge und manchmal unerhörte Dinge zu sagen, auch (und gerade dann!) wenn Andere sie deshalb als unweiblich oder zickig kritisieren. Lasst uns Mädchen eine bunte Bandbreite an Rollenmodellen und Lebensentwürfen zeigen, um frei zu leben: zart, träumerisch, wild, sensibel, kämpferisch, bedacht und ungeduldig. Was wird das für eine wundervolle Welt!

Und was ist mit uns Müttern?

Bist du denn stolz auf dich, auf deine Weiblichkeit? Oder zweifelst du oft an dir selbst? Überlegst du häufig, ob das, was du tust, richtig ist oder sogar, ob du selbst richtig bist, so wie du bist? Findest du dich zu dick, zu dünn, zu schmalbrüstig, zu faltig, zu orangen- oder dünnhäutig oder sonst irgendwas »zu ...«? Ich bin versucht zu sagen »Willkommen im Club«, doch diesem Club, der längst abgeschafft gehört, sollte keine von uns mehr beitreten wollen. Wir vergleichen uns viel zu oft mit Anderen und schneiden dabei schlecht ab. Wir akzeptieren vermeintliche Standardkleidergrößen als Norm für gestandene Frauen, die für Teenager passend sind. Wir machen Gewicht und Aussehen zu bedeutsamen oder sogar Hauptaspekten unseres Frauseins, weil diese in unserer Konsumgesellschaft so gehypt werden. Dabei sollten wir viel mehr stolz sein auf eine Arbeitstätigkeit, die uns ausfüllt; ein Familienleben, in dem wir Halt und Wärme geben und empfangen ... stolz sein auf besondere Begabungen, die wir haben, auf Wissen, Fähigkeiten und mitmenschliche Tugenden, politisches Engagement und vieles mehr. Wir können auf unzähligen Gebieten als Mensch und Frau Freude und Stolz empfinden und unseren Töchtern vorleben.

Und was ist mit den Männern?

Wie meine Recherchen zu Gleichberechtigung, Selbstliebe und Scham ergeben haben, ist Stolz bei Männern um einiges weiter verbreitet als bei Frauen – jedenfalls dem äußeren Anschein nach. Denn Jungen werden bereits im Vorschulalter darauf gepolt, alleine klarzukommen und »etwas zu leisten«. Je größer die dadurch entstandene Überforderung, desto mehr muss man(n) die eigenen Gefühle überhören und ihnen misstrauen. Männer sind daher ebenso wie Frauen Leidtragende der toxischen Männlichkeit, die im Patriarchat regiert – nur spüren es viele gar nicht.

Um Stolz zu empfinden, dürfen wir in unserem Leben immer wieder, auch gegen Widerstände, auswählen, was uns stolz macht. Wir sind wahrscheinlich die einzige Spezies, die Veränderungen anstoßen und Entscheidungen treffen kann, die uns unserem persönlichen Glück näher bringen. Das Leben fordert uns auf, detailliert zu ergründen, was uns im Innersten bewegt, was wir persönlich für wichtig halten und was wir unbedingt ausleben möchten, und das unabhängig von der Kritik Anderer und von gesellschaftlichen Bewertungen. Auch wenn solch ein Wandel das Auge unseres Partners, unserer Partnerin oder unserer Kinder nicht im gleichen Glücksmaß erstrahlen lässt wie unseres.

Die Umstände für mehr Gleichstellung waren selten rosig. Das gilt auch heute noch. An allen Ecken gibt es Grenzen, die Frauen in Bestehendem festhalten wollen. Denken wir nur an das Ehegattensplitting, an ungleiche Löhne, die Verteilung von Entscheidungsmacht und Wohlstand und die Zunahme von Misogynie und Gewalt gegen Frauen. Aber wenn wir nicht hinschauen und uns miteinander verbinden in unserem Wollen, passiert nie etwas Neues, und unsere Töchter werden die gleichen Missstände vorfinden und dann fragen, warum wir nichts getan haben!

Machen wir uns also das Geschenk, uns auf uns selbst zu besinnen. Nutzen wir den Blick zurück zu einem Selbst, das wir längere Zeit vernachlässigt hatten. Dort spüren wir unmittelbar, wonach wir uns *wirklich* sehnen. Irgendwo tief in uns allen schlummert ein wunderbarer Anteil, der ganz im Reinen mit sich ist. Vielleicht eine innere Pippi Langstrumpf ... Wollten wir nicht auch einmal so stark, frech und unabhängig sein wie sie? Zumindest als kleine Kinder hatten wir noch etwas zutiefst Lebendiges, Freudvolles, Spontanes und Echtes: Wir waren fußstampfwütend, wenn etwas passierte, was uns missfiel – und uns war schnurzpiepegal, ob unser empörtes Protestgeschrei Andere störte und was sie über uns dachten ... Wir wollten irgendetwas total und unbedingt! Wir waren stolz über die kleinsten Fortschritte, die wir machten. Wir waren so *toll*! Wir waren der Nabel der Welt!

Kannst du ermessen, was alles möglich wäre, wenn wir uns heute erneut mit dieser Lebendigkeit verbänden? Mit diesem unbedingten Wollen, diesem unbezähmbaren Stolz? Welch ungeahnte Freude und Kraft würden wir damit freisetzen! Wir könnten unseren Weg mit allen Höhenflügen und Tränentälern rundum bejahen: *Das ist genau das Leben, das ich wollte. So war ich gemeint. Und ich bin stolz auf mich!* Falls du schon an diesem Punkt bist – herzlichen Glückwunsch! Wenn sich dieser Pfad noch ungewohnt anfühlt, bist du hier ebenfalls richtig: Du findest in diesem Buch Anregungen, um für dein eigenes Frausein eine Art Standortbestimmung vorzunehmen. Das Aufgehen in dem, wofür dein Herz schlägt, in dem, was du tust und wofür du stehst, in deinen Beziehungen, im Lebendigsein – das lässt uns von innen strahlen. Dieses Leuchten wünsche ich uns allen.

➧ Mache deiner Tochter das größtmögliche Geschenk: Tu selbst mehr von dem, was dich stolz und glücklich macht, und zeige ihr, wie schön das Leben dadurch wird.

»Niemand soll sich anmaßen, mir zu sagen, was ich kann und was nicht.« Gewichtheberin Amna al Haddad[4]

Die Hoffnung auf Frauengenerationen mit einem weiter wachsenden Selbstverständnis von stolzem Frausein führte mich auf eine Reise zu den Wünschen, Lebensträumen und Sehnsüchten von Frauen. Meine Erkenntnisse und Erfahrungen möchte ich hier weitergeben. Mögen sie dich, liebe Leserin, als Wegbegleitung liebevoll unterstützen, egal ob du Mutter einer Tochter bist oder die Partnerin eines Vaters, die im Alltag eine mitsorgende Rolle für seine Tochter innehat, oder Tante, Freundin einer Mutter, Großmutter oder sonstige enge Bezugsperson.

Das Buch gliedert sich in drei Teile, die unabhängig voneinander gelesen werden können. Die zentrale Frage des ersten Buchteils lautet: Was möchtest du vorleben? Zwar dient die Auseinandersetzung mit dir selbst, mit deinem Leben, auch deiner Tochter. Doch zuallererst ist es ein Geschenk an die eigene Seele. Denn wann hast du dir zuletzt etwas gegönnt, was dein Dasein dauerhaft strahlender, glücklicher und sinnvoller machte?

Was Frausein auch heute noch unnötig erschwert, macht ein Blick ins letzte Jahrhundert besser verstehbar. Antiquierte Ansichten über Hausfrauen- und Mutterdasein beeinflussen unser Selbstbild und die Wertschätzung unserer Rolle. Echte Gleichberechtigung der Geschlechter besteht höchstens auf dem Papier. Die sogenannte gläserne Decke, die strukturell und ideologisch bedingt als unsichtbare Barriere Frauen oft den beruflichen Aufstieg verwehrt, leistet auch in unseren eigenen Köpfen ganze Arbeit. Und zwar immer dann, wenn wir Eltern meist unbewusst geschlechtsspezifische Erziehung fördern, indem Mädchen weniger Anregung zum Erkunden der Welt erhalten und dafür stärker auf Bindung gepolt werden. Das beeinträchtigt die Entwicklung eines gesunden Selbstvertrauens. Gepaart mit einer gesellschaftlichen Höherbewertung angeblich männlicher Eigenschaften entstehen Alltagssexismus und andere Gewaltformen.

Wie wir Frau- und Muttersein leben, hat viel mit dem Vorbild unserer Mütter zu tun – ob wir dem nun bewusst folgen oder es eher zu vermeiden versuchen. Erst die Auseinandersetzung mit eigenen und fremden Wertvorstellungen ermöglicht uns zu erkennen, welches Frauenbild wir unseren Töchtern vorleben und wie wir unsere eigene Mutterrolle stärken, um eine gute Balance der verschiedenen Lebensbereiche zu finden.

Unverzichtbar für unser Selbstverständnis ist auch unser Umgang mit anderen Mädchen und Frauen, mit Kameradinnen und unseren Freundinnen. Schritte zu einem wertschätzenden, liebevolleren Miteinander können die Lebenszufriedenheit nachhaltig verbessern. Auch bei deiner Tochter.

Schönheit ist für viele Frauen ein zentrales Gut. Gerade in Zeiten von Bildbearbeitung und *Germany's Next Topmodel* benötigen unsere Töchter Vorbilder fernab des Jugend- und Schönheitswahns. Wie sonst können sie ihren eigenen Wert erkennen und Stolz entwickeln? Denn Frauen schämen sich viel zu oft für viel zu vieles!

Im zweiten Buchteil dreht sich alles um Mutter-Tochter-Auszeiten sowie Frauen- oder Mädchentreffen, mit denen du deine Tochter ins Frausein begleiten kannst, z. B. mit einem Fest der Menarche und feierlicher Aufnahme deiner Tochter in den Frauenkreis. (In jedem Schreibratgeber steht, dass zu viele Ausrufezeichen unprofessionell sind. Mir ist das jetzt mal egal: An dieser Stelle können gar nicht genug davon stehen! Deine Tochter wird eine Frau! Wie toll ist das denn!!!) Oder einer Feier mit mehreren Müttern und Töchtern.

Neben der äußerlichen ist auch die innere Fest-Vorbereitung für Mutter und Tochter ein wichtiger Bestandteil: Was also tun, wenn die Große gar keine Lust hat, zu feiern? Was ist trotzdem möglich an Gesprächen, gemeinsamen Aktivitäten oder Zeit für beide auf dieser Etappe des Lebenswegs? Auf diese und viele weitere Fragen findest du hier mögliche Antworten.

Zum Schluss lass uns träumen von alten Zielen und neuen Möglichkeiten. Unser Alltag ist oft übervoll mit Dingen, die unseren ganzen Einsatz benötigen und viel Kraft rauben. Lass dich also in die inneren Orte deiner Sehnsucht locken!

Rituale: Warum sie so wichtig sind und wie sie uns helfen

»Es ändert gar nichts, dass man ein Mädchen ist. Nur der Körper ist anders. Stärke zeigt sich daran, wie viel Kraft man hat, auch wenn die anderen an einem zweifeln.« Oriana, 12 Jahre[5]

Es gibt verschiedene Formen von Ritualen. Kleine Alltagsrituale verschönern und strukturieren unseren Tagesablauf – zum Beispiel die sorgsame Zubereitung des Tees in der Lieblingstasse. Familienrituale wie der allmorgendliche Abschiedskuss für die Kinder stiften emotionale Sicherheit und Verbundenheit. Im ursprünglichen Wortsinn bezeichnen Rituale das feierliche Begehen eines besonderen Ereignisses in einer klar umrissenen Gruppe (Pfarrei, Dorfgemeinschaft oder Ähnliches). Diese Zeremonien folgen einem festgelegten Ablauf, der gesellschaftlich und kulturell variiert.

Initiationsfeste (von lateinisch *initiare* – einweihen) feiern den Übergang eines jungen Menschen in die Erwachsenenwelt. Im deutschsprachigen Raum kennen wir Konfirmation, Firmung und die konfessionsfreie Alternative Jugendweihe. Diese drei Feste haben in der heutigen Zeit an Bedeutung verloren. Bei vielen Naturvölkern hingegen sind Initiationsriten, in der Regel anlässlich der Menarche, noch stärker verbreitet. Regelmäßig decken sie mehrere der folgenden Elemente ab: Die Jugendlichen eignen sich Wissen über ihre Erwachsenenrolle an und erfahren ihren Körper in der Zeit der Veränderungen neu. Sie sollen, beispielsweise in Wettkämpfen, bestimmte Fähigkeiten unter Beweis stellen. Mütter, Großmütter, Tanten, Weise oder Medizinfrauen unterrichten die jungen Frauen in für die jeweilige Gemeinschaft typischen Tätigkeiten (zum Beispiel Haushalt, Erziehung). Sie vermitteln häufig auch Wissen zu Schönheitspflege und Sexualität. In vielen Ländern wird für die Zeit der Unterweisung eine spezielle Hütte für das Mädchen erbaut, in der sie mit Betreuerin(nen) oder auch allein für einige Tage oder Wochen wohnt.[6]

Seit ihrer Geburt lernen auch unsere Kinder durch uns und ihre Mitmenschen, was Geschlecht in unserer Gesellschaft bedeutet und welche Rollenbilder und Erwartungen mal mehr, mal weniger damit verknüpft sind. In der Pubertät beziehen junge Frauen diese Botschaften von außen noch stärker als zuvor auf sich, ihre körperliche Entwicklung und ihr Verhalten.

Obwohl andere Jugendliche nun besonders wichtig werden, prägen auch wir Eltern noch einige Jahre die Bilder von Weiblichkeit und Männlichkeit mit. Welche Mutter-Tochter-Aktivitäten bieten sich an, die Stolz am Frausein vermitteln? Oder du denkst über eine Feier unter Frauen nach und wann der beste Zeitpunkt dafür wäre.

Was deine Tochter annehmen möchte und welchen Themen gegenüber sie zugänglich ist, kannst du nur über offene Gespräche herausfinden. Für manche junge Frau ist die zunehmende Weiblichkeit ihres Körpers und die damit verbundene Reaktion ihrer Mitmenschen, besonders der Peers, eine große Herausforderung. Dann kann das genüssliche Spüren der Rundungen durch eine Massage das liebevolle Annehmen erleichtern und als rituelle Übung genau das Richtige sein. Eine Auseinandersetzung mit der Clique mag zu Diskussionen zwischen dir und deiner Tochter über eigene und fremde Werte und Wünsche anregen, was sich zu einer Gesprächsrunde mit Frauen verschiedenen Alters ausweiten lässt.

Für viele Mädchen ist der Tag der ersten Periode ein ganz entscheidender Schritt des Erwachsenwerdens, dessen Bedeutung sowohl einzelne Rituale als auch ein spezieller Festtag unterstreichen können. Selbst in späteren Pubertätsjahren oder im Erwachsenenalter kann eine Frauenzeremonie für Mutter und Tochter eine wunderbare gemeinsame Insel im Alltag sein.

Weiblichkeitsrituale aus aller Welt

Die Quellen für meine Informationen über Rituale für den Übergang vom Mädchen zur Frau sind teilweise veraltet. Obwohl ich im Folgenden die Präsens-Form verwende, bedeutet dies nicht, dass alle Rituale noch praktiziert werden.

Bei den nordamerikanischen Cheyenne wird der komplette Körper des Mädchens mit roter Farbe bemalt und danach in spezielle Gewänder gekleidet.[7] Die Bedeutung der Periode als Fruchtbarkeitssymbol verdeutlicht ein Ritual der Tiv (Nigeria), wo das Mädchen Tropfen ihrer ersten Menstruation auf allen Feldern des Dorfes verteilt, um eine reiche Ernte zu fördern.[8] Auch bei den Luvale (Sambia) wird das spezielle erste Blut auf einem besonderen Tuch aufgefangen und durch Vergraben unter einem heiligen Baum der Natur zurückgegeben.[9] In Sri Lanka wird das Haar der Erstmenstruierenden komplett abgeschnitten,[10] und auch bei den Aiary in Nordwest-Brasilien schneiden Frauen die Zöpfe des Mädchens ab und verteilen Haarsträhnen davon an Verwandte und Freundinnen.[11] Die Speisen für das Initiationsfest sind vielerorts detailliert festgelegt; so gibt es beispielsweise in Japan ein besonderes, rot eingefärbtes Reisgericht.[12]

Ausgelassenes Feiern drückt sich in vielen Menarcheritualen in Form fröhlicher Tänze und Gesänge aus. In manchen Gegenden gibt es besondere Schrittfolgen, die nur von Frauen – und zum Teil nur verborgen vor den Augen der Männer – getanzt werden dürfen.

So weit die Rituale, die die Stärke der Frauen feiern, die das erste Menstruationsblut ehren und den Wechsel vom Mädchen- zum Frausein positiv gestalten.

Leider gibt es jedoch auch viele gefährliche und sogar misshandelnde Praktiken bei jungen Frauen. So ist es in Nepal (trotz Verbotes seit 2005) noch Brauch, dass das Mädchen die Zeit der Menstruation in einer eigenen instabilen Hütte verbringt. Sie ist dort unter anderem Gefahren durch giftige Tiere, sexuell gewalttätige Männer oder Erfrieren ausgeliefert.[13]

Weitere grausame Riten wie die Verstümmelung der Brust (als Schutz vor Vergewaltigung) oder die Genitalverstümmelung, die vorwiegend in Afrika und einigen asiatischen Ländern vorkommt, traumatisieren Frauen und verursachen oft lebenslange Schmerzen.

Weiblichkeitsrituale hier und heute

Zur Anregung für neue Frauenrituale sind aus anderen Kulturen insbesondere die festlichen Anteile wie das gemeinsame Tanzen und Singen sowie Aufklärung über Zyklusgeschehen und Frausein geeignet. Anstatt langbärtige Rollenmuster weiterzugeben, sollte der Fokus auf einer möglichst freien Entfaltung der eigenen Persönlichkeit liegen.

Bei meinen Überlegungen kam mir die Idee, mich direkt bei jungen Mädchen zu erkundigen, was in einer Schule für das Frausein – so es sie gäbe – unterrichtet werden sollte. In Workshops mit Gymnasiastinnen im Alter von circa 12 bis 13 Jahren bat ich diese, aus den folgenden Punkten alle für sie interessanten auszuwählen:

- Informationen über die Monatsblutung und den Umgang damit
- Schönheits- und Schminktipps
- Kleider- und Stilberatung
- Tipps für das Verliebtsein
- Informationen über Geschlechtsverkehr und Verhütung
- Körperliche Selbstverteidigung
- Gespräche über Freundschaft
- Entspannungstechniken wie Yoga oder Meditation
- Gespräche über den Umgang mit Erwartungen Anderer und eigenen Wünschen
- Informationen über Berufsausbildung und Studium
- gesunde Ernährung

Die Ernährung war zwei Drittel aller Mädchen wichtig. Danach folgten Körperliche Selbstverteidigung und Berufs-/Studieninformationen mit jeweils etwas mehr als 50 Prozent. Drittwichtigste Posten waren wiederum etwa gleich häufig genannt Gespräche über Freundschaft und Gespräche über den Umgang mit Erwartungen Anderer und eigenen Wünschen, mit knapp 50 Prozent. Erst danach kam der Punkt Verliebtsein mit fast 40 Prozent, was auch daran liegen mag, dass die Mädchen noch relativ jung waren. Immerhin ein Drittel benannte das Thema Monatsblutung als Unterrichtsthema im Frausein, und auch Kleidung und Stilfragen waren rund 35 Prozent der Mädchen wichtig. Sexualität und Verhütung interessierte ein Viertel der Mädchen, danach kamen Schönheits- und Schminktipps (20 Prozent) und an letzter Stelle Entspannung (12 Prozent).

Auch wenn meine Befragung mitnichten den Kriterien einer empirischen Untersuchung entspricht, zeigt sie, dass Gesundheit, körperliche Sicherheit und berufliche Zukunft wichtige Punkte für junge Frauen sind. Warum Selbstverteidigung wichtig ist, kann vermutlich jede Frau gut nachvollziehen: Die Gefahr körperlicher und speziell sexueller Übergriffe beeinflusst auch nach #MeToo noch stark das Sicherheitsempfinden von Frauen jeden Alters in der Gesellschaft.

Das Fehlen allgemeingültiger Menarcherituale führt erfreulicherweise dazu, dass Frauen sich zunehmend selbst Gedanken machen über einen festlichen Übergang ihrer Tochter in das Leben als Frau. Im Internet nach *Ritual/Feier für Menarche* beziehungsweise *erste Menstruation* gesucht, finden sich regional recht unterschiedliche Angebote. Es gibt Feierlichkeiten und mehrtägige Kurse für Gruppen von Müttern und Töchtern oder reine Mädchenkurse und -feste. Als Vorbereitung auf die Menarche lohnt sich übrigens auch ein Mädchenkurs des mittlerweile größten sexualpädagogischen Programms in Europa, MFM (My Fertility Matters)[14], in dem der Zyklus und andere wichtige Informationen zum Frausein auf spielerische und zeitgemäße Art ergründet werden.

Hilfreich für die Entscheidungsfindung, ob ein solches Angebot zu deiner Tochter und dir passen könnte, sind Rückmeldungen vorheriger Teilnehmerinnen oder ein Kennenlern-Telefonat mit der Anbieterin. Wenn du nichts in eurer Nähe oder für euch Passendes entdecken kannst, möchte ich dich mit diesem Buch ermuntern, herauszufinden, wie du mit deiner Tochter Etappen ihrer Reise ins Frausein feiern kannst.

Pubertät: Alles wird anders ...

»Wozu brauche ich Füße, wenn ich doch Flügel habe?« Frida Kahlo[15]

In den Jugendjahren verändern sich unsere Töchter nicht nur körperlich, sondern auch in ihrem Verhalten und im Umgang mit Eltern, Familie und Anderen. Um unser Einfühlungsvermögen zu trainieren, möchte ich dich zu einem kurzen Abstecher in die eigene Vergangenheit einladen. Denn was uns in unserer körperlichen und seelischen Entwicklung gutgetan und geholfen hat, bietet Orientierung dabei, wie wir unsere Töchter noch besser unterstützen können. Nimm dir einige Minuten Zeit für die schriftliche Beantwortung der nachfolgenden Fragen.

→ Übung: Erinnere dich an deine Pubertät

Wie ging es dir mit den Veränderungen deines Körpers in der Pubertät, dem Wachstum der Brust, der hormonellen Umstellung?
Wie haben Andere auf dein sich wandelndes Äußeres reagiert und wie gingst du um mit dieser Aufmerksamkeit?
In welchem Alter hattest du deine erste Regelblutung?
Hat dich dieses Ereignis überrascht oder warst du vorbereitet?
Wo warst du in diesem Moment und mit wem hast du danach das Gespräch gesucht? Wie hat diese Person reagiert, und welche Gefühle hat dies bei dir ausgelöst?
Wann fühltest du dich das erste Mal richtig wohl in deiner neuen »Frauenhaut«?
Welche Menschen waren dir generell in dieser Zeit wichtig – waren es Freundinnen oder Freunde, Geschwister, Mutter, Vater oder andere Personen?
Welche Frauen waren positive oder negative Vorbilder für dich?

Freutest du dich auf das Erwachsenwerden oder machte dir der Gedanke Angst?
Gab es Zukunftsvisionen beruflicher, familiärer und anderer Art?

Wenn du in deine frühere Innenwelt eintauchst, verbinde dich mit deinen damaligen Bedürfnissen, z. B. dem Wunsch nach Verständnis für deine Launen, nach Verbundenheit mit Gleichaltrigen oder dass deine Sorgen und Wünsche ernst genommen werden. Es hilft dir, dich besser auf deine Tochter einzustellen, auch wenn die Lebensbedingungen von Teenagern heute andere sind als zu unseren Zeiten. Themen, die uns Kopfzerbrechen bereiteten, können unsere Töchter womöglich völlig gechillt gegenüberstehen – und umgekehrt.

Körperliche Veränderungen

Mich traf die Frage meiner Tochter, wie sich die erste Blutung ankündigt, ziemlich unvorbereitet … Deshalb kann ich nur alle Mütter ermutigen, sich rechtzeitig auf das Thema einzustimmen. Gleich vorweg: Menschen sind keine Uhrwerke, und das Sicherste nach langer Recherche ist für mich heute, dass nichts wirklich sicher ist. Jeder Körper hat seinen eigenen Rhythmus und seine Besonderheiten, und schon allein der Zeitpunkt der ersten Blutung kann stark variieren.

Viele Mädchen sorgen sich, wenn dieses Ereignis bei ihnen besonders früh oder viel später als bei ihren Freundinnen eintritt. Die meisten sind 11 bis 15 Jahre alt bei ihrer Menarche, es gibt aber auch außergewöhnlich frühe erste Blutungen mit 9 oder sehr späte mit 16 oder 17 Jahren. Letzteres kann, muss aber nicht, an einem niedrigen Körpergewicht liegen. Insgesamt dauert die gesamte körperliche Verwandlung ungefähr fünf Jahre. Sie geht mit allgemeinem Körperwachstum und Gewichtszunahme einher. Ein erhöhter Körperfettanteil ist unabdingbar, um ein Kind auszutragen, weil der Organismus dafür umfangreiche Energiereserven benötigt. Häufig formt sich der Po deutlicher heraus, und die Schenkel werden breiter, da sich auch das Becken für eine mögliche Geburt weitet.

Erstes sichtbares Zeichen der Pubertät ist das Wachstum der Schamhaare (im Alter von circa 8 bis 12 Jahren). Die *Vulva,* das äußere weibliche Geschlechtsorgan mit Venushügel, äußeren und inneren Schamlippen, Klitoris und Scheidenvorhof, wurde früher oft auch als *Scham* bezeichnet, was den Begriff *Scham*haare erklärt. Aber schämen muss frau sich mitnichten für ihre Körperhaare, auch wenn es gerade total *in* ist, sie vollständig abzurasieren. Die Verwendung wertfreier Begriffe wie *Charmehaare* hat sich leider noch nicht allgemein durchgesetzt. Aber wir können ja schon einmal damit anfangen – oder Mutter und Tochter suchen sich ihre eigene liebevolle Bezeichnung dafür.

Erste Achselhaare bilden sich meist einige Wochen oder Monate später. Das Brustwachstum startet in der Regel im Alter von 9 bis 13 Jahren mit einer Verdickung des Gewebes, die sich wie ein Knoten anfühlen kann. Manche Mädchen fühlen dabei leichte ziehende Schmerzen oder Jucken. Wenn deine Tochter empfindlich darauf reagiert, sollte sie Shirts oder Unterhemden aus besonders weichem Stoff tragen. Es dauert zwei bis drei, seltener auch mehrere Jahre, bis die Brust ihre endgültige Form erreicht. Manchmal wachsen die beiden Brüste unterschiedlich schnell, das gleicht sich aber meist später wieder aus. Gewicht zu- und abnehmen kann das Wachstum bremsen beziehungsweise beschleunigen.

Im Alter von circa 9 bis 15 Jahren setzt bei den meisten Mädchen der sogenannte Weißfluss (Zervixschleim) ein, als Zeichen, dass die inneren Geschlechtsorgane ihre Tätigkeit aufgenommen haben. Er ist ein Vorbote der Menstruation, die häufig etwa 6 bis 12 Monate nach dem ersten Auftreten von Zervixschleim, spätestens aber zwei Jahre danach beginnt. Einen exakten Hinweis hat frau damit also nicht ... Jede ist anders, das zeigt sich hier erneut.

Übrigens: Der Volksmund verwendet das Wort *Scheide* oft für die äußeren Geschlechtsorgane der Frau, die korrekt aber *Vulva* heißen. Tatsächlich ist die Scheide oder *Vagina* die innen liegende Verbindung der Vulva mit der Gebärmutter.

In der Pubertät wachsen außerdem die Schamlippen, wertfreier auch Venuslippen, Vulvalippen oder Labien genannt. Als normal in der weiblichen Entwicklung gilt fälschlicherweise, wenn die inneren Labien von den äußeren vollständig umschlossen und zudem gleich lang und dick sind. Dieser Barbie-Look für Schamlippen stammt ursprünglich aus der Pornofilmindustrie und ist völliger Nonsens! Tatsächlich sehen innere Vulvalippen bei jeder Frau anders aus; dass sie über die äußeren hinausragen und asymmetrisch wachsen, ist gesund und weit verbreitet.[16]

Die Verherrlichung der Jugend in unserer Gesellschaft führt auch hier dazu, dass ein hauptsächlich bei Kindern vorkommendes Phänomen zum Ideal postuliert wird. Mädchen und Frauen fühlen sich deshalb zunehmend genötigt, ihren Intimbereich operativ »verschönern« zu lassen. Dabei werden die inneren Schamlippen verkleinert. Diese sogenannte Labioplastik rangiert inzwischen auf Rang 19 der beliebtesten chirurgischen Eingriffe. 2015 waren es nach Angaben der Internationalen Gesellschaft für Ästhetische und Plastische Chirurgie (ISAPS) weltweit insgesamt mehr als 95 000 Schönheits-OPs des Intimbereichs. Dabei warnen Mediziner*innen vor den gesundheitlichen Risiken. So kann es zu chronischen Vulva-Schmerzen kommen, und da ein Stück Gewebe abgetrennt wird, können Blutungen und Infektionen auftreten sowie eine spätere Narbenbildung, die Schmerzen und Beschwerden verursachen kann.[17]

Auch die Haut verändert sich in der Pubertät, sie produziert mehr Talg und Hornzellen und begünstigt damit das Verstopfen der Poren, was Pickel und Mitesser hervorrufen kann. Schminkutensilien mit schädlichen Inhaltsstoffen können das Hautgeschehen zusätzlich nachteilig beeinflussen.

Die erste Menstruation ist für viele Mädchen der eindrücklichste Entwicklungsschritt auf ihrem Weg ins Frausein. Meist gibt es anfänglich noch Pausen im Zyklusgeschehen, die mehrere Monate andauern können. Wirklich regelmäßig kommt die Periode häufig erst nach vier bis sechs Jahren. Übrigens entstehen die Eizellen nicht im Laufe unseres Lebens, sondern wir werden bereits mit 300 000 bis 400 000 Exemplaren geboren.[18] Bis zur Pubertät stirbt schon ein beträchtlicher Teil ab, sodass im Lauf unseres Frauenlebens nur ungefähr 400 bis 600 von ihnen heranreifen. Und eine der glücklichsten unter ihnen wurde zu deiner Tochter!

Frauen und Blut – (k)eine Liebesgeschichte

»‚Wenn Männer ihre Periode hätten, wären 90 Prozent der Stand-up-Comedians Leute, die rumrennen und kreischen: Ich habe aus dem Schwanz geblutet!‘ Das sollte man wirklich zu Ende denken: Mario Barth hätte endlich ein neues Thema!« Original-Zitat von US-Comedystar Chelsea Peretti, kommentiert von Heike Kleen[19]

Unsere innere Haltung zu unserem Körper und seinem Zyklus beeinflusst nachhaltig unser Selbstverständnis und die Art und Weise, wie wir unsere Weiblichkeit im Alltag leben. Die über Generationen übliche frauenfeindliche Darstellung von Menstruation und damit verbundene Tabus wirken als schweres Erbe weiter. In vielen Ländern der Erde werden menstruierende Frauen immer noch als unrein betrachtet und sollen keinen Kontakt zu Männern haben. Du kennst vielleicht selbst noch das Vorurteil, frau dürfe in dieser Zeit keine Sahne schlagen (weil die nicht steif würde) oder kein Obst einmachen. Wenn du dich rund um die weiblichen Geschlechtsorgane und ihre schambeladene Vergangenheit fundiert informieren und gleichzeitig Tränen lachen möchtest, empfehle ich dir das Comic-Fachbuch *Der Ursprung der Welt*[20] von Liv Strömquist. Mit wunderbarem Witz beschreibt sie darin die Methodik, mit der Frauen suggeriert wird, die Menstruation sei etwas Schmutziges, indem beispielsweise in der Tamponwerbung die Wörter *frisch* und *sicher/geschützt* verwendet werden. Die häufig geäußerte Sorge von Frauen, das Blut könne irgendwo Spuren hinterlassen, lässt die feministische Comiczeichnerin als Grund für Angst nicht gelten, denn frau reagiere ja auch nicht panisch auf einen Rotweinfleck: »Wovor man sich fürchtet, wenn man seine Tage hat, ist also nicht in erster Linie, dass man zusätzliche unbezahlte Hausarbeit verrichten und z. B. Textilien reinigen muss, sondern man fürchtet sich davor, dass jemand entdeckt, dass man seine Tage hat.«[21]

Aufgrund der kollektiven Scham sprechen viele Frauen nicht einmal mit ihrem Partner oder der besten Freundin über ihre Periode. Ob auch unter Männern eine solche Geheimhaltungstaktik herrschen würde? Wenn du und ich frei über unsere Blutung sprechen, ermöglichen wir einen selbstverständlichen und wertschätzenden Umgang damit. Mittlerweile gibt es auch Apps, die Frauen darin unterstützen, ihren Zyklus zu beobachten und sich und ihren Körper besser zu verstehen. (Achte dabei auf den Schutz deiner Daten.) Ein Zykluskalender und eine sensiblere Körperwahrnehmung sind sichere Alternativen.

Generell trägt die offene Beschäftigung mit dem eigenen Menstruationsgeschehen sehr dazu bei, die uralten Tabus aufzulösen. Und sie unterstützt uns dabei, unseren Körper mit all seinen Wundern zu lieben!

»Meine erste Periode? Das habe ich allein durchgemacht. Die Binden habe ich von meinem Taschengeld gekauft. In unserer Familie wurde über Körperliches nicht gesprochen.« Eine Frau im Interview

Das Wissen um die körperlichen Veränderungen hilft dir, deine Tochter in der Pubertät gut zu begleiten und passende Worte für Gespräche zu finden. Leider kursieren im Internet häufig noch falsche Bezeichnungen (Scheide statt Vulva) oder Mythen über das Jungfernhäutchen und die Klitoris.[22] Für deine Tochter empfehle ich *Jules Tagebuch*[23], in dem sie mit der liebenswert natürlichen Protagonistin Jule mitfiebern und hautnah ihre Sorgen über unterschiedlich große Brüste, Pickel und erste Verliebtheit teilen kann.

Eine Auswahl von seriösen Informationen im Netz, z. B. der Bundeszentrale für gesundheitliche Aufklärung, und weiterführende Literaturangebote sind im Anhang gelistet.

Bevor du Gespräche mit deiner Tochter führst, solltest du für dich stimmige Bezeichnungen und Begriffe finden. Denn dein eigener Umgang mit deinem Zyklus hat eine wichtige Vorbildfunktion inne. Sprichst du beispielsweise offen über Gefühle und Befindlichkeiten oder läuft bei dir alles hinter verschlossenen Türen ab? Spottet jemand aus der Familie darüber, dass du wegen prämenstrueller Beschwerden (kurz PMS = prämenstruelles Syndrom) ungenießbar seist? All das sind, ob offen oder verdeckt, Botschaften über die Blutung. Apropos PMS: Neuere Untersuchungen weisen darauf hin, dass uns Frauen in den Tagen vor der Blutung erhöhte Sensibilität und Kreativität zur Verfügung stehen. Hierüber dringen wir leichter zu unbewussten oder unterdrückten Wünschen vor. Verschließen wir uns diesem inneren Wissen jedoch, verstärken sich möglicherweise unangenehme körperliche Begleiterscheinungen der Menstruation. So wirken während der Zyklusphasen unterschiedliche Energien, die uns, wenn sie verdrängt werden, von uns selbst entfernen und unzufrieden machen können. Eine mögliche Folge sind gereizte Reaktionen gegenüber Anderen. Noch ein Grund, gut für uns selbst zu sorgen! Wer mehr zu diesem Thema erfahren möchte, dem empfehle ich die Bücher *Frauenkörper – Frauenweisheit* von Christine Northrup und *Roter Mond* von Miranda Gray.

Bei dem Mutter-Tochter-Gespräch sollte auch das, was für dich unangenehm ist, z. B. Krämpfe oder andere Beschwerden, offen angesprochen werden. Hilfreicher als bagatellisieren oder verschweigen ist eine gute Erklärung, warum die Kontraktion der Gebärmutter ziehende oder krampfartige Empfindungen verursachen kann und mit welchen Hausmitteln wir gut für uns sorgen können. Gelebte Selbstfürsorge hilft unseren Töchtern, sich positiv auf ihre eigene Periode einzustimmen. Und zeigt, dass du dich gut um dich kümmerst und dir und deinen Bedürfnissen Vorrang einräumst vor anderen Dingen, die angeblich nicht warten können. Wenn das kein starkes Vorbild ist!

Wohltuende Hausmittel:

- Wärme in allen Formen (Wärmflasche, Vollbad, Kirschkernkissen, Wärmesalbe)
- Spezielle Tees (Frauenmantel, Ingwertee, Zimtwasser)
- Bauchmassage
- Bewusste Ernährung (magnesiumhaltige Lebensmittel, Verzicht auf Kaffee und Alkohol)
- Ein Orgasmus entspannt den Unterleib und den gesamten Organismus und hilft ebenfalls gegen Krämpfe.
- Bewegung hilft fast allen Frauen, weil dadurch der gesamte Bauchraum gelockert wird. Videos mit Yoga- oder anderen leichten Körperübungen speziell für Menstruationsbeschwerden finden sich im Internet.

Thema Hygieneartikel: Was benutzt du selbst und was willst du deiner Tochter empfehlen? Slipeinlagen und Binden sind zunächst am einfachsten zu handhaben. Hinzu kommt die anfängliche Scheu vieler Mädchen, sich einen Tampon einzuführen. Nachteil bei all diesen Artikeln ist jedoch, dass viel Abfall produziert wird. Auch die Verwendung von Kunststoffen und Weichmachern bei den meisten Binden (undurchlässige Plastikfolie und Vliesoberfläche) sowie Chlor, Formaldehyd und Glyphosat bei Tampons spricht nicht unbedingt für diese beiden bewährten Produkte.[24] Mittlerweile wählen Frauen vermehrt wiederverwendbare Erzeugnisse: So gibt es unterschiedlich saugfähige Menstruationsunterwäsche, Naturschwämme, Menstruationstassen und Stoffbinden. Wenn du selbst schon damit experimentiert hast, erleichtert das deiner Tochter unverkrampft und selbstbewusst auszuprobieren, was für sie das passende Produkt ist. Das kann sie dann auch vorsorglich in der Schultasche mitnehmen.

Eine frauenärztliche Untersuchung ist zu diesem Zeitpunkt nur bei Problemen oder auftauchenden Beschwerden – oder natürlich auf ausdrücklichen Wunsch deiner Tochter – nötig. Manche gynäkologischen Praxen bieten eine spezielle Jugendsprechstunde an, wobei eine körperliche Untersuchung bei jungen Mädchen vor dem ersten Geschlechtsverkehr selten oder nur eingeschränkt vorgenommen[25] wird. Es kann für deine Tochter hilfreich sein, dich einmal zu einem deiner Termine zu begleiten, um zu erfahren, wie das Ganze abläuft. Manche Frauen lassen sich auch im Beisein der Tochter untersuchen, um ihr die Scheu zu nehmen.

Ob ein gemeinsamer Besuch stattfindet und was währenddessen passiert, sollten deine Tochter und du gemeinsam entscheiden. Gegen ihren Willen »mitgeschleppte« Mädchen profitieren vermutlich wenig von dieser Erfahrung.

Sprich mit deiner Tochter über alles, was sie selbst interessiert. Ist sie Gesprächen momentan nicht zugänglich, gib ihr zu verstehen, dass du für Fragen offen bleibst. Dann wird sie später vermutlich selbst auf dich zukommen. Bis dahin gehe möglichst entspannt mit dir selbst, deinem Körper und deiner Periode um und zeige deiner Tochter damit ohne Worte, dass auch das körperliche Frausein wunderbar ist, mit allem, was dazugehört!

Ein revolutionäres Beispiel für einen selbstsicheren Umgang mit der Periode lieferte 2015 übrigens Kiran Gandhi, damals Harvard-

Studentin, die während des Londoner Marathons frei, ohne die Verwendung von Hygieneartikeln, blutete. Und von wegen Scham: Bei einigen matriarchalen Gesellschaften in Zentralaustralien wurde ein Ritual beobachtet, bei dem Männer ihrem Penis Schnitte beibringen (Subinzision) und so eine Menstruationsblutung imitieren.[26]

Stolze Frauen

»Mein Arzt sagte, ich würde nie wieder laufen. Meine Mutter sagte das Gegenteil. Ich glaubte meiner Mutter.« Läuferin und dreifache Weltrekordhalterin Wilma Rudolph[27]

Segenswünsche

Was wünschst du ganz konkret deiner Tochter für ihr Leben als Frau? Um dir darüber bewusster zu werden, empfehle ich dir diese kleine Übung:

→ Übung: Segenswünsche für deine Tochter – Teil 1

Lege am besten schriftlich eine möglichst präzise Wunschliste für das Leben deiner Tochter an. Das muss auch nicht ausgefeilt klingen – außer dir sieht es niemand.
Wenn du nun liest, was du dazu notiert hast:
Gibst du deiner Tochter darin bestimmte Wege zum Glück vor? Oder sind deine Wünsche so konkret, dass sie die freie Entschei-

dungsmöglichkeit einengen, wie z. B. deine Tochter möge das Familienunternehmen weiterführen?

Dann geht es wahrscheinlich mehr um dich und um deine Erwartungen und dein Glück. Denn ein gut gemeinter Wunsch, wie beispielsweise die Tochter möge nie eine Scheidung durchzustehen haben, bedeutet in letzter Konsequenz, ihr im Fall einer unglücklichen Ehe die Chance zu rauben, sich daraus lösen und auf andere Weise glücklicher zu werden.

Diese zu starr definierten Wünsche streichst du deshalb aus der Wunschliste für deine Tochter und überträgst sie auf eine neue, zweite Liste mit dem Titel: Die Träume, die ich mir gern erfüllen würde. Oder: Was ich für mich erreichen möchte. Oder was sonst für dich passt. Auf diese zweite Liste kommen wir im dritten Teil des Buches zurück.

Aus dem Gespräch mit anderen Müttern weiß ich, dass wir uns oft ähnliche Dinge für unsere Töchter wünschen:

Mögest du glücklich sein, meine Tochter!
Mögest du schwierige Lebenssituationen unbeschadet überstehen und gestärkt daraus hervorgehen!
Mögest du frei in deinen (Lebens-)Entscheidungen sein – hinsichtlich Beruf, Lebensweise, Kinderwunsch und so weiter!
Mögest du Menschen um dich haben, die du liebst und die dich lieben!
Mögest du dich trauen, zu dir und deinen Wünschen zu stehen und dich nicht für Andere zu verbiegen!
Mögest du gesund sein an Körper und Geist!
Mögest du Paarbeziehungen führen, die von gegenseitigem Respekt und Liebe getragen sind!
Mögest du spüren, dass du so, wie du bist, richtig und wertvoll bist!

Mögest du den Ort finden, an dem du Heimat und Geborgenheit spürst!
Mögest du deinen Körper lieben und annehmen und ihn achten dafür, was er tagtäglich für dich tut!
Mögest du deine Fähigkeiten entfalten und frei ausleben können!

Diese Segenswünsche berühren direkt unser Herz und wirken positiv auf unsere Kinder. Wenn dir weitere Wünsche einfallen, ergänze diese auf deiner Liste.

Segenswünsche vorleben

Ich arbeite in einer Beratungsstelle mit Frauen, die unglücklich in ihrer Partnerschaft sind. Neben alltäglichen Beziehungsschwierigkeiten erleben manche auch psychische Gewalt, die sich beispielsweise in Demütigungen, mangelnder Wertschätzung und Ignorieren äußert. Auch körperliche Gewalt kommt oft zur Sprache: Da wird eine Frau von ihrem Ehemann mit dem Kopf gegen eine Wand geschlagen. Wenn sie ihm sagt, das sei Gewalt gewesen, lacht er so lange, bis sie selbst an ihrem Empfinden zweifelt. Obwohl so manche Beziehung unerträglich ist, fällt es aus den verschiedensten Gründen häufig sehr schwer, einen gewaltausübenden Partner oder eine gewaltausübende Partnerin zu verlassen. Und *wenn,* dann ist der vorrangige Grund oft nicht, die eigene Haut zu retten, denn die ist manchen der Betroffenen, so furchtbar das klingt, »nicht so wichtig«. Nein, viele von ihnen gehen, weil sie nicht wollen, dass das ganze Leid sich bei ihren Kindern wiederholt. Sie gehen, weil sie erkennen, dass sie mit ihrem Bleiben ein bestimmtes Frauenbild mittragen, das ihren Töchtern und auch Söhnen nachhaltig schadet.

Mit allem, was du als Frau lebst oder *nicht* lebst, bist du Vorbild.

Auch der Vater, oder bei Zwei-Mütter-Familien die zweite Mama, sind natürlich Vorbild. Und unsere Kinder lernen auch von anderen Menschen, denen sie begegnen. Doch Mütter sind und bleiben Frau Nummer eins in ihrem Kopf. Manches an dir wird deine Tochter heute gutheißen und sich später davon abgrenzen. Anderes mag sie momentan nervig finden und es trotzdem später wiederholen. Das kann frau nie wissen. Wie dem auch sei – sie wird *dich* als Maßstab nehmen, entweder um es dir nachzutun oder um sich von dem abzugrenzen, was du lebst oder wofür du stehst. Und dafür braucht sie *deinen Stand*, dass du Position beziehst, für etwas stehst und einstehst.

Wir Eltern fungieren wie Wegweiser: Das Schild zeigt auf ein Ziel und beschreibt den Weg dorthin. Meist sind mehrere Richtungen angegeben, sodass wir eine Wahl haben. Dir ist möglicherweise Kreativität wichtig, und dein Wegweiser wird deshalb Pfade in diese Richtung anbieten. Hat deine Tochter andere Intentionen und Ziele, wird sie dein Schild links liegen lassen und nach Hinweisen Ausschau halten, die ihren Vorstellungen entsprechen. Unsere Wegweiser-Funktion ändert sich auch im Laufe des Lebens, wenn wir unsere Werte und Ziele nach einschneidenden Lebenserfahrungen überdenken müssen. Letztlich können wir nur Wege anzeigen. Gehen müssen sie unsere Töchter selbst.

→ Übung: Segenswünsche für deine Tochter – Teil 2

Damit sich für dich deine Vorbildfunktion noch klarer fassen lässt, nimm die Segenswünsche für deine Tochter nochmals zur Hand und lese sie mit Blick auf deine Werte und Ziele.
Lasse dabei alle Gefühle zu und nimm dir Zeit. Wenn dir noch weitere Wünsche einfallen, die für dich ein gelungenes Leben ausmachen, nimm sie mit auf die Liste.
Zur Verdeutlichung für dich selbst notiere an jeden Wunsch, wie weit du bereits Vorbild bist mit einer Zahl von 1 (am wenigsten) bis 10.

Hast du beispielsweise den Wunsch notiert: *Nimm dich selbst ernst und sorge gut für dich,* und eine 10 dahintergesetzt, weil du Expertin auf diesem Gebiet bist, dann formuliere das Warum in ein, zwei Sätzen, beispielsweise: *weil ich jederzeit weiß, was ich brauche und regelmäßig dafür sorge, dass ich Zeit für mich selbst, für Entspannung und Treffen mit meinen Freundinnen habe.*
Eine 1 könnte dagegen heißen: *Oje, das schaffe ich nie, wenn ich ehrlich zu mir selbst bin.*

Erfahrungsgemäß werden 1 und 10 selten vergeben. Aber unabhängig davon, wo du stehst und was das für dich bedeutet: Du kannst heute anfangen, etwas anders zu machen! Und geht es dir wie mir, dann ist an einigen Stellen noch Luft nach oben.

In den folgenden Kapiteln findest du weitere Anregungen und kleine Hilfestellungen für die eigene Standortbestimmung. Manches davon mag dich berühren und eine tiefergehende Auseinandersetzung mit der momentanen Lebenssituation anstoßen. Vielleicht regt dich etwas an, was Bewegung in deine berufliche Tätigkeit bringen würde. Oder du findest möglicherweise heraus, wie du dir selbst eine bessere Freundin sein kannst, oder triffst dich das erste Mal zum fröhlichen Kaffeeklatsch mit deinen »Problemzonen« und merkst, dass sie eigentlich ganz nett sind. Vielleicht verabredest du dich auch wieder häufiger zum realen Kaffeetrinken mit der besten Freundin, die schon viel zu lange aus deinem Leben verschwunden ist. Und futterst dabei mit Genuss deine Lieblingstorte, ohne Kalorien zu zählen. Es kann alles passieren.

Dann lass uns anfangen! Und keine Sorge. Wir dürfen als Mütter auch mal schlecht gelaunt sein und uns mies fühlen. Wir dürfen ganz normale Mamas sein, die auch mal unfair werden und unsere Partnerin oder unseren Partner anschnauzen, um uns danach wieder zu versöhnen und auch damit Vorbild zu sein. Faires Streiten ist nötig und will gelernt sein. Vertragen auch.

Und wo wir gerade über das Frausein nachdenken, wäre jetzt der richtige Zeitpunkt darauf einzugehen, wie wir Frauen denn so sind – oder sein sollen nach landläufiger Meinung.

Gleichberechtigt?

»Solange ich lebe, werde ich die Gewalt über mich haben.« Malerin Artemisia Gentileschi[28]

Unterschiede zwischen den Geschlechtern gab es zu allen Zeiten, und vieles davon wird auch noch heute evolutionär begründet. Ob unserem Patriarchat wirklich Zeiten von Matriarchat vorausgingen, ist bis heute Gegenstand von Diskussionen. Gesichert ist jedoch, dass die lebensspendende Kraft der Frauen früher als wunderbare Macht geehrt wurde und wichtige Anteile daran wie die Menstruation erst später in Verruf gerieten. Die bereits erwähnte geniale Liv Strömquist lässt in ihrem mitreißenden Comic-Fachbuch einen Priester die Verteufelung der weiblichen Blutung wie folgt erklären: »Also, wenn ICH menstruieren würde, würde ich vielleicht sagen, dass die Menstruation eine physische Verbindung zu Kosmos und Schöpfung sei und das ultimative Argument dafür, dass NUR LEUTE MIT MENSTRUATION Priester werden dürfen usw.! [...] Aber da es nun einmal nicht so ist, bleibe ich bei meinem Standpunkt – nämlich, dass die MENSTRUATION EKLIG IST!!«[29]

Die Rolle der Frau beinhaltet seit Menschengedenken die vorrangige Zuständigkeit für Kinder und Familie. In Zeiten von Personalmangel und in Kriegen wurden Frauen zwar auch als Arbeiterinnen beschäftigt, jedoch nie so vollwertig geschätzt und gut bezahlt wie Männer. Nach dem Zweiten Weltkrieg war es in Deutschland mit der beruflichen »Gleichberechtigung« wieder vorbei – trautes

Heim, Glück allein! Frauen durften nur noch außerhäuslich tätig sein, »soweit dies mit ihren Pflichten in Ehe und Familie vereinbar« war (Bürgerliches Gesetzbuch aus dem Jahr 1957)[30]. Ob dies zutraf oder nicht, entschied ausschließlich der Ehemann. Und um einer Erwerbsarbeit nachgehen zu dürfen, war bis 1977 seine Erlaubnis erforderlich.

Da bei Weitem nicht alle Frauen beglückt darüber waren, sich nur um Haushalt und Kinder zu kümmern und alle Entscheidungsgewalt dem Ehemann zu überlassen, erfand man(n) Wunderwässerchen wie das Elixier *Frauengold*: »Frauengold schafft Wohlbehagen, wohlgemerkt – an allen Tagen«. Selbstredend benennt der Werbefilm[31] die Blutung nicht explizit (und zeigen kommt erst recht nicht infrage). Frau sieht nur, wie sich das Tonikum auswirkt: Die gestresste Hausfrau kann es plötzlich nicht mehr erwarten, den tollpatschigen und schmerbäuchigen Gatten ins Bett zu locken. Hernach springt sie frohlockend mit der ganzen Familie über eine schöne grüne Wiese. Die stimmungsaufhellende Wirkung verwundert kaum angesichts des Alkoholgehalts von 16,5 Prozent (!). Zum selben Zweck wurde auch Kölnisch Wasser getrunken – und ich dachte immer, das sei Parfum?! Viele Konsumentinnen wurden abhängig. Soweit zum Mythos passionierte Hausfrau.

Der Kampf um Gleichberechtigung auf politischer Ebene begann bereits im 18. Jahrhundert und führte 1918 endlich zur Durchsetzung des Frauenwahlrechts in Deutschland. Wirkliche Machtpositionen bekamen politisch tätige Frauen jedoch kaum, und es war noch ein weiter Weg bis zu Angela Merkel. Und wie sieht es heute aus? Der Frauenanteil im Bundestag (gemittelt derzeit bei knapp 35 Prozent) variiert stark zwischen den Gruppierungen. Die fortschrittlichen GRÜNEN knackten 1994 sogar die faire 50-Prozent-Hälfte und sind derzeit bei 59,3 Prozent! Knapp darauf folgt die Linke, bei gut 40 Prozent liegt die SPD. CDU, CSU und FDP haben jeweils einen Anteil von etwas mehr als 20 Prozent und absolutes Schlusslicht mit rund 13 Prozent bildet die AfD.[32] Im Durchschnitt gleicht die Politik damit der Wirtschaft: Kaum 30 Prozent der Führungskräfte von in Deutschland ansässigen Unternehmen waren 2019 weiblich.[33] Damit fünf Punkte weniger als im europäischen Mittel. Frauen scheitern immer noch an der gläsernen Decke, die knapp unterhalb der Chefetage beginnt. Nur 4 Prozent der berufstätigen Frauen sind in Führungspositionen (Männer rund 10 Prozent). Es bewerben sich interessanterweise jedoch auch viel weniger Frauen als Männer auf diese Jobs: Auf 100 Anwärter*innen kommen nur circa 32 Frauen[34], vermutlich deshalb, weil Frauen sich generell weniger zutrauen als Männer: »Was Frauen oft vergessen: Unternehmen beschreiben das absolute Ideal, wohl wissend, dass in der Praxis selten jemand diesem Ideal entspricht und man Abstriche machen muss.

Kaum ein Mann lässt sich von einer Bewerbung abhalten, nur weil er ein paar Kriterien nicht erfüllt. Die meisten Frauen schon. Wenn sie nur 90 Prozent der Anforderungen erfüllen können, verzichten sie oft auf den Versuch«, wie Anke Domscheit-Berg resümiert.[35]

Wenn Frauen dann selbstbewusst und mit Ellenbogen auftreten, wird ihnen das oftmals negativ als unweiblich und aggressiv angelastet, während Männern dasselbe Verhalten als Führungsqualität angerechnet wird.

Auch die Vereinbarkeit von Familie und Beruf spielt in der Karrierefrage eine entscheidende Rolle. Selbst wenn beide Elternteile gleich viele bezahlte Berufsstunden leisten, erledigen die Mütter noch den Großteil der Erziehungs- und Hausarbeit. Während Männer im jungen Erwachsenenalter ihre Qualifikationen für die berufliche Weiterentwicklung einsetzen, fehlen vielen Frauen durch Familienpausen (Schwangerschaft, Stillzeit) die berufliche Weiterqualifikation und die regelmäßigen Gehaltserhöhungen. So ist in den Familien oft schnell klar, dass es finanziell lohnender ist, wenn weiterhin *sie* beruflich zurücksteckt und sich um die Kinder kümmert.

Neben dem Geld bleiben dabei noch andere Werte auf der Strecke, wie Unabhängigkeit, Selbstwert und Anerkennung sowie auf Seiten des Vaters gemeinsame Zeit mit Kind(ern) und die dabei entstehende Bindung. Es gibt glücklicherweise immer mehr Väter, die *wirklich* Zeit mit dem Nachwuchs verbringen wollen. Sie wechseln Windeln, kuscheln, bevatern, spielen. Doch Arbeitszeitmodelle, die eine solche Vaterrolle fördern, sind in Deutschland noch kaum etabliert, und länger in der Erziehungsarbeit tätige Männer sind absolute Ausnahmen. Immer mit dem Hinweis auf fehlendes Gehalt oder der Angst, die Karriere könnte darunter leiden. Aber gilt das nicht genauso für Mütter?[36] Und warum glauben viele Frauen insgeheim, nur sie wüssten, was wirklich gut für die gemeinsamen Kinder ist? Was ursächlich immer noch auf dem verstaubt-glorifizierten Mutterbild beruht, das so viele von uns dazu treibt, sich zwischen Arbeit und Familie völlig zu verausgaben. Kein Wunder, dass wir Mamas gut dabei sind, wenn es um Erschöpfungssymptome und Burn-out geht. Andere Frauen verzichten zugunsten einer erfüllenden Berufstätigkeit auf Kinder. So konstatiert Wissenschaftsautorin Cordelia Fine in ihrem Buch *Die Geschlechterlüge*: »Hinter jedem erfolgreichen Akademiker steht eine Frau, doch hinter jeder erfolgreichen Akademikerin findet sich eine ungeschälte Kartoffel und ein Kind, das Zuwendung braucht.«

Nicht die Frauen müssen sich ändern, sondern das System. Die sogenannte Männerkultur in Unternehmen, die Qualitäten wie Dominanz, aggressives Verhalten und eine gewisse Ellbogenkultur priorisiert und über gepflegte Seilschaften Posten und Pöstchen, Auszeichnungen und andere Ehrungen immer wieder *unter Männern* neu verteilt, ist ein weiteres Karrierehindernis für Frauen.

Überdies vollziehen sich Karrieresprünge besonders häufig im Lebensalter zwischen 30 und 35 Jahren[37] – einer Zeit, die heutige Frauen oft mit nässenden Stilleinlagen im BH oder Legotürmchen bauend zu Hause verbringen. Die Gründe dafür sind vielfältig und komplex. Auch, weil sich für viele unserer Geschlechtsgenossinnen das eigene Selbstbild nicht mit primär männlich definierter Macht vereinbaren lässt.

Die seit 1980 gesetzlich festgelegte Gleichbehandlung von Männern und Frauen am Arbeitsplatz ist noch lange nicht erreicht. Laut unbereinigtem Gender-Pay-Gap (bedeutet: der Vergleich beinhaltet unterschiedliche Tätigkeiten) kriegen Frauen im Schnitt für jeden Euro, den ein Mann verdient, gerade mal 82 Cent bezahlt – 18 Prozent weniger als die Kollegen. Selbst bei gleicher Qualifikation und identischem Arbeitsfeld bleiben laut bereinigtem Gender-Pay-Gap immer noch 7 Prozent weniger Verdienst.[38] Man(n) erkläre mir jetzt mal bitte, womit sich das rechtfertigen lässt! Übrigens nicht durch angeblich besseres Verhandeln der Herren Kollegen, denn tun Frauen dieses ebenfalls, wird es ihnen aufgrund anderer Rollenerwartungen immer negativ ausgelegt – *was erlaubt sie sich, bitteschön?* Während der Mann als selbstbewusst und kompetent wahrgenommen wird.

Für gleiche Chancen von Frauen am Arbeitsmarkt (und zu Hause) ist eine gerechtere Vereinbarkeit von Familie und Beruf für beide Geschlechter notwendig. Dazu müssen neue Work-Life-Modelle her, die beispielsweise wellenartige statt lineare Karrierekurven sowie Entlastung in der Familienzeit beinhalten.[39]

Alle hier aufgezählten Ungerechtigkeiten potenzieren sich noch, wenn die Marginalisierung nicht nur das Geschlecht betrifft, sondern sich auf weitere Bereiche (Intersektionalität) erstreckt. So sind beispielsweise Frauen mit Behinderung (Ableismus), ältere Frauen (Altersdiskriminierung), FLINTA*[40] und *BIPoC*-Frauen (Black, Indigenous, People of Color) den Benachteiligungen um ein Vielfaches häufiger ausgesetzt als junge *weiße* Cis-Frauen[41].

Es wird viel über Gender und den Sinn oder Unsinn von Geschlechtsbezeichnungen diskutiert. Ja, manches ist komplizierter, wenn bisher unreflektierte Begriffe wie »man« neu gedacht werden müssen und ein Text gleichzeitig allen Lesern und Leserinnen gerecht werden soll. Doch es macht etwas mit uns, wenn wir dazu aufgefordert werden, *unseren Arzt oder Apotheker zu fragen.* Es erschafft Bilder in unserem Kopf, die eine Ärztin oder Apothekerin ausschließen. Mir ist es wichtig, dass wir so miteinander leben, dass jede*r Respekt und Wertschätzung erlebt – ein Grundziel des Feminismus. Einige Meilensteine in der Gleichberechtigung sind erreicht, aber es ist noch genug Luft nach oben. Und mit der Erziehung einer Tochter kann frau schon viel beitragen. Deshalb habe ich mir die Frage gestellt:

Wie wird frau eine Frau?

»Ich kann alles, was mein Bruder kann. Nur besser, glaube ich.«
Anna, 8 Jahre[42]

Wie Jungen zu Männern werden, hat Herbert Grönemeyer bereits in den 80ern beantwortet: Sie werden auf Mann geeicht … Aber ist das denn so – werden wir als Kind »geeicht«? Erziehen wir Mädchen und Jungen unterschiedlich oder hat doch alles mit den Genen zu tun?

Es gibt zahlreiche Bücher zum Thema Geschlechterunterschiede. Die einen betonen, alles sei durch unterschiedliche Hirnstrukturen und/oder Hormone erklärbar, die anderen betrachten die Erziehung als ursächlich für alle Verschiedenheit. Dabei bestimmt die Profession den Blickwinkel. Okay, es ist offensichtlich, dass Hormone und *Biologie* bei den Geschlechtern Unterschiede aufweisen. Aber wir wachsen nicht im luftleeren Raum auf: Mütter und Väter wünschen sich zwar für Töchter und Söhne gleichermaßen den besten Mix aus den (angeblich) weiblichen und männlichen Eigenschaften, wie Hilfsbereitschaft, Ordentlichkeit, Selbstständigkeit, Gelassenheit, moderate Risikobereitschaft und Rücksichtnahme.[43] Offensichtlich verhalten sich Eltern jedoch grundlegend anders gegenüber weiblichen und männlichen Sprösslingen. Das beginnt schon in der Säuglingszeit: Weibliche Babys werden häufiger gestreichelt als männliche, denen frau/man zumutet, sich auch mal selbst zu beruhigen. Allerdings machen Letztgenannte auch einen Anteil von rund 70 Prozent aller Schreibabys aus – ob da ein Zusammenhang besteht?

Ich fürchte, Jungen lernen bereits hier, gegen ihr inneres Gefühl alleine klarzukommen. Mädchen werden jedenfalls schneller bemuttert und beruhigt. Ruhiggestellt – könnte frau auch sagen. So fängt es wohl an, dass Frauen sich später kaum trauen, ärgerlich oder wütend zu reagieren. Wer kennt dieses Lieb-und-nett-sein-Müssen nicht, das Mädchen auch heute noch antrainiert wird? Wut ist halt bei Mädchen nicht sexy und schon im Windelalter negativ besetzt. Denn Untersuchungen zeigen, dass wir dieselben Unmutsäußerungen bei weiblichen Säuglingen als Angst, bei männlichen jedoch als Ärger bewerten.[44]

Mädchen werden häufig nicht nur in größerer emotionaler Abhängigkeit erzogen, sondern auch weniger dazu ermutigt, die Welt zu erforschen, Risiken einzugehen und Herausforderungen alleine zu bewältigen.[45] Der kleine Bub darf auf dem Spielplatz schon mal bis gefährlich nah an den Rand des Klettergerüsts robben, bevor Mama eingreift. Die kleine rosa Krabbelmaus aber wird sofort festgehalten, damit ihr nur ja nix passiert, und sie lernt: *Ich kann das nicht alleine. Die Welt ist gefährlich und retten können mich nur die Anderen.*

Mütter sprechen auch mehr mit der sechs Monate alten Lara als mit dem gleichaltrigen Tom. Einer der Gründe dafür, warum viele Frauen häufiger Blickkontakt halten und ihnen Empathie sehr wichtig ist, sie Schweigen aber manchmal nicht aushalten. Weitere Beispiele: Schon im Alter von zehn Monaten guckt Tom irritiert, wenn Papa plötzlich die Wäsche aufhängt (es sei denn, sein Vater ist einer der wenigen, die mehr als zwei Vätermonate Elternzeit genommen haben). Es irritiert ihn auch, wenn als Heldin im neuen Bilderbuch plötzlich eine Polizistin auftaucht, schließlich hat er in den alten nur Männer in Uniform gesehen.[46] Und das alles geschieht lange, lange, bevor Tom überhaupt weiß, dass er selbst ein Junge ist, denn diese Erkenntnis haben die Kleinen nicht vor der sogenannten phallischen Phase, die im Alter von drei bis vier Jahren beginnt. Mit dem regelmäßigen Besuch von Kita oder anderen Gruppen verstärkt sich das geschlechtsspezifische Verhalten[47] – *peer pressure* im Windelalter.

Wir Eltern sind zwar sehr wichtig für die Entwicklung von Rollenmustern unserer Kinder. Doch die allgegenwärtigen Einflüsse durch Vorbilder in Büchern, Filmen und Werbung können wir nicht vermeiden. Schon Schnuller oder Kinderwagendeko werden häufig in den typischen Farben gekauft, und die Kleinen orientieren sich daran. Jede Fremdbetreuung, jede außerfamiliäre Begegnung konfrontiert Lara und Tom mit den persönlichen und gesellschaftlichen Prägungen anderer Menschen. Die Summe dieser Eindrücke bestimmt mit, wie unsere Kinder Geschlechtsidentität definieren und welche Rollenbilder sie daraus ableiten.

Doris Bischof-Köhler beschreibt Untersuchungen, die zeigen, dass die bei uns übliche Koedukation (gemeinsame Beschulung) binär-geschlechtsbezogene Verhaltensmuster fördert. Jungen loten bereits im Vorschulalter eher Grenzen aus und melden sich in der Klasse auch dann zu Wort, wenn sie keine relevanten Beiträge zum Thema haben. Damit erhalten sie insgesamt mehr Aufmerksamkeit – jedenfalls quantitativ. Außerdem bewerten sie schulische Misserfolge über Außenfaktoren (zu schwerer Lernstoff), während sie gute Noten mit eigener Kompetenz erklären. Mädchen hingegen machen es genau umgekehrt: Sie schreiben eine Sechs ihrer vermeintlichen Dummheit zu und nehmen gute Noten als Zufallstreffer hin. Schüler überschätzen sich daher im Allgemeinen, während Schülerinnen ihre Fähigkeiten eher als zu gering bewerten. Diese Angewohnheit behalten beide Geschlechter meist über den gesamten Lebensverlauf bei und korrigieren ihr Selbstbild selbst dann nicht, wenn die Realität ihre Zuschreibung wiederholt widerlegt. Das Konzept geschlechtergetrennter Schulen gilt zwar heute als überholt, wäre jedoch zumindest im Hinblick auf naturwissenschaftliche Fächer eine gute Idee: Ohne Jungen, die ihnen signalisieren »Das ist nichts für euch!«, zeigen Mädchen viel mehr Interesse an den technischen und wissenschaftlichen Themen, die später die gut bezahlten Jobs bringen.[48]

Im zarten Alter von ungefähr neun bis zwölf Jahren sind die meisten Jugendlichen zwar noch durchsetzungsstark – sie insistieren, wenn sie etwas wollen, und können damit auch mal anstrengend sein. Doch mit Beginn der Pubertät scheint etwas Wesentliches, Starkes bei den Mädchen verloren zu gehen: Sie berichten, dass niemand sich mehr so recht für sie interessiere, und entwickeln daraus die Tendenz, ihre wahre Meinung für sich zu behalten. Die Psychologinnen Lyn Brown und Carol Gilligan[49] begleiteten Mädchen im kritischen Alter fünf Jahre lang und beobachteten, wie sich beispielsweise deren Sprechweise veränderte und immer zögerlicher und verhaltener wurde. Auf Fragen antworteten sie immer häufiger mit »Ich weiß nicht«. Ursächlich für diese unsichere Haltung sind nach Vermutung der Wissenschaftlerinnen Erfahrungen schmerzhafter Auseinandersetzungen sowie das Fehlen durchsetzungsstarker weiblicher Vorbilder.

Theresa Bücker beschreibt in *Alle Zeit – Eine Frage von Macht und Freiheit* die Verfügbarkeit für Andere als Teil der weiblichen Erziehung und beklagt, dass das Verständnis von Frausein immer noch damit einhergehe, sich keine Zeit für eigene Bedürfnisse zugestehen zu dürfen.

Zusammenfassend können wir sagen, dass unsere Sozialisation allen Menschen das Ausleben von Emotionen massiv erschwert. In den letzten Jahren ist analog zum Begriff *toxische Männlichkeit*[50] der Terminus *toxische Weiblichkeit* aufgekommen, mit dem ein auf Neid basiertes Agieren von Frauen untereinander, den sogenannten girl hate, beschrieben wird.[51] Diese Zuschreibung ist ein weiteres Beispiel für die in unserer patriarchal strukturierten Kultur vorherrschenden weiblichen Geschlechterstereotype und ihre negativen Konsequenzen, wie etwa die Fixierung auf Schönheit und Schönsein, die Pflicht zum permanenten »Nettsein«, die Festlegung auf ein idealisiertes Mutterbild und vieles mehr.

Gewaltige Einflüsse

»Wir sind die einzige Mädchenmannschaft in unserer Football-Liga. Es kann einen schon einschüchtern, wenn man doppelt so großen Jungen gegenübersteht. Doch wenn man sich trotzdem traut, verändert das das ganze Leben.« Abby, 12 Jahre[52]

Wie sehr das Selbstvertrauen von Frauen von Geschlechterstereotypen und Vorurteilen beeinflusst wird, zeigt sich bereits in den späten Schuljahren und während Ausbildung und Studium. Werden beispielsweise Abiturientinnen Untersuchungsergebnisse vorgelegt, die die räumliche Wahrnehmungsfähigkeit von Frauen positiv bewerten, erzielen sie bei der anschließenden Aufgabenstellung genauso gute Ergebnisse wie Männer.[53] Andererseits schneiden Frauen in Mathetests schlechter ab, wenn sie zu Beginn des Tests ihr Geschlecht angeben müssen. Frauen haben also so viel Erfolg, wie sie sich selbst zutrauen. Starke weibliche Vorbilder, z. B. in den gut bezahlten MINT-Berufen (Mathematik, Informatik, Naturwissenschaft und Technik), können Mädchen und junge Frauen in ihrer Berufswahl bestärken. Doch wie in anderen Bereichen auch ist eine gute Vereinbarkeit von Beruf und Familie für Frauen und insbesondere Mütter ein wichtiger Aspekt bei der Arbeitgeber*innenwahl.

Auch die Produktwerbung spielt mit den Zuschreibungen von Geschlechterrollen. *Pink Tax* beispielsweise bezeichnet den Ästhetik-Aufpreis eines Produkts für eine Optik, die Frauen angeblich mehr anspricht. Rosa Handy gefällig? Dabei geht Design oft über Funktion. Autos, die auf die Zielgruppe Frauen abzielen, haben meist nicht nur weniger PS und weniger technisch raffinierte Ausstattung. Auch die Wirkung von Sicherheitsvorrichtungen, wie Gurt, Aufprallschutz etc., orientiert sich bislang ausschließlich an männlichen Körpern und ihren Maßen. Und wir Frauen werden uns in naher Zukunft noch auf einiges gefasst machen müssen, wenn Künstliche Intelligenz (KI) immer mehr Bereiche des Konsum- und Arbeitslebens steuert. Denn diese KI wird nicht nur überwiegend von Männern entwickelt und programmiert, ihre »Intelligenz« basiert mehrheitlich auf Daten, die vor allem den weißen Durchschnittsmann als Zielgruppe abbilden.

Gewalt hat viele Gesichter, und keins davon ist angenehm. Strukturelle Gewalt, die ungleiche Verteilung von Lebenschancen und Macht, verlangt unser besonderes Interesse. Im weltweiten Vergleich geht es für Frauen dabei oft um pures Überleben: das gezielte Abtreiben weiblicher Föten, die in einigen Weltregionen erschreckend hohe Müttersterblichkeit, Ehrenmorde oder Mitgiftmorde aus purer Habgier. Das Buch *Die Hälfte des Himmels: Wie Frauen weltweit für eine bessere Zukunft kämpfen*[54] hat mich bei der Lektüre überwältigt und sprachlos gemacht. Diese Zeit war die einzige Phase, in der ich ernsthaft am Sinn meines eigenen Buches gezweifelt habe. Der Kampf gegen Gewalt an unseren Schwestern weltweit erschien mir plötzlich so ungleich wichtiger als alles, was sich hier vor meiner Haustüre bewegen lässt. Doch dann dachte ich wieder an all die jungen Frauen, die ihr Licht unter den Scheffel stellen und die sich (noch) nicht trauen, für eine gleichberechtigte Welt zu kämpfen. Ich glaube fest daran, dass wir das *wirklich Wichtige* im Leben durch

Vorbild in Worten und Taten wie einen Samen an unsere Töchter weitergeben können. Möge dieser Samen heranreifen und durch sie Früchte tragen, hier und in anderen Regionen der Erde.

Zur strukturellen Gewalt gehört auch die »häusliche Gewalt«, klarer benannt als Partnergewalt oder Expartnergewalt in psychischer und/oder körperlicher Form, die insbesondere durch die Ungleichbehandlung der Geschlechter und die Zuweisung von Schuld an das Opfer legitimiert wird, und damit weniger »hausgemacht« ist, als der traditionelle Begriff vermuten lässt.

In Deutschland hat jede dritte Frau schon Gewalt durch ihre*n Beziehungspartner*in erlebt, und jeden dritten Tag tötet ein Mann seine (Ex-)Partnerin. Häufigster Grund für den Femizid (die Tötung aufgrund weiblichen Geschlechts) ist, dass er eine Trennung nicht akzeptieren kann. Täglich sterben unzählige Frauen, Mädchen und FLINTA* durch andere Formen von Femiziden, beispielsweise in Verbindung mit Sexualdelikten, durch *Ehren*-Mord, weiblichen Kindsmord, geschlechtsspezifische Abtreibung oder gezielte Tötung nichtbinärer Personen, wie Transfrauen. Weltweit werden Frauen zwischen 15 und 44 Jahren, so Susanne Kaiser in ihrem lesenswerten Buch *Backlash – Die neue Gewalt gegen Frauen*[55], »eher durch Gewalt ihres Partners getötet oder verletzt als durch Krebs, Autounfälle, Krieg und Malaria – und zwar zusammengenommen«.

Die Istanbul-Konvention[56] des Europarats zum Schutz von Frauen gegen Gewalt wurde 2017 von Deutschland unterzeichnet. Die tatsächliche Umsetzung lässt jedoch viel zu lange auf sich warten.

Wir alle kennen wahrscheinlich die Angst vor männlichen Übergriffen, insbesondere sexueller Art. Und auch nach der Strafrechtsreform 2017 sorgt das alte Beweisproblem dafür, dass Vergewaltiger häufig straffrei ausgehen.[57] Frauen bleibt so kaum mehr, als zu versuchen, bedrohlichen Situationen so gut es geht aus dem Weg zu gehen und sich selber zu schützen.

Was für ein Unding!

Gleichstellungsbüros oder die Kriminalpolizei[58] bieten Informationen und Beratung für den Eigenschutz. Empfehlen möchte ich auch den TV-Beitrag *Männerwelten* der Moderatoren Joko und Klaas.[59] Die Sendung räumt auf mit dem Vorurteil, dass Frauen mit besonders sexy Kleidung Männer erst zu sexuellen Straftaten provozieren, und zeigt, wie früh Grenzüberschreitungen beginnen.

Alltagssexismus, demgegenüber frau sich immer wieder behaupten muss, gehört ebenfalls in den Bereich struktureller Gewalt. Angefangen von sexistischer Werbung bis hin zum Kompliment des Kollegen über die tolle Figur, das im Berufsalltag so gar nichts verloren hat. Ein anderes Beispiel sind »versehentliche« Berührungen im Gedränge öffentlicher Verkehrsmittel. Viele Frauen verharmlosen diese Übergriffe und schweigen aus Angst, dem Gegenüber Unrecht zu tun oder als Zicke beschimpft zu werden. Liebe Frauen, an dieser Stelle ist eine gehörige Portion Zorn und Zickigkeit das probate Mittel, um unmissverständlich Grenzen zu ziehen! Denn Männer setzen hier auf euer verschämtes Schweigen. Auf eine direkte, lautstarke und öffentliche Zurechtweisung sind sie selten vorbereitet.

Diesen sexistischen Übergriffen, wo immer sie auch passieren, vehement entgegenzutreten, sind wir uns und unseren Töchtern schuldig. Schwieriger wird es im Internet, da die Angreifer meist anonym agieren können. 2019 entschied ein Gericht allen Ernstes, die GRÜNEN-Politikerin Renate Künast müsse es hinnehmen, als »Stück Scheiße«, »Drecks Fotze« und »alte perverse Drecksau« bezeichnet zu werden. In einer Revision erhielt Künast endlich Recht.[60] Auch andere öffentlich in Erscheinung tretende Frauen treffen vielfach auf verbale Gewalt. So gibt es immer wieder Morddrohungen gegen Genderforscherinnen und Feministinnen, nur, weil sie sich gegen Frauenfeindlichkeit wehren oder für Gleichberechtigung einsetzen.[61] Sieht so moderne Hexenverbrennung aus? Und wie sehr müssen sich manche Männer von den bloßen Worten von Feministinnen bedroht fühlen, wenn sie ihnen mit dem Tod drohen?

Durch Abwertungen oder sogar Drohungen verhalten sich mittlerweile mehr als die Hälfte aller Frauen vorsichtiger in den sozialen Medien.[62] Diese Selbstzensur kann dazu führen, dass wir nur noch das sagen oder in sozialen Netzwerken posten, was keine Angriffsfläche bietet. Womit die wichtigen und wütenden Stimmen von Frauen, die nötig sind, um gesellschaftlich überfällige Veränderungen zu bewirken, immer weniger werden. Das darf nicht passieren! Frauen finden sowieso bereits deutlich weniger Gehör online[63], sie haben weniger Einfluss, Macht und finanzielle Ressourcen als Männer; ein Verstummen können wir uns schlicht nicht leisten!

Zum Schutz vor digitaler Gewalt empfiehlt es sich, die Privatsphäre-Einstellungen in den sozialen Medien sorgsam vorzunehmen, lange und sichere Passwörter zu verwenden und Zwei-Faktor-Authentifizierungen zu aktivieren.[64]

Glücklicherweise sind wir Erziehungsmustern und unserem Umfeld nicht machtlos ausgeliefert. Wir alle können etwas ändern. Wir können eigene Vorstellungen überdenken, uns informieren (Empfehlungen gefällig?[65]), zickig werden, unsere eigene Wahrheit sagen, uns mit anderen zornigen Frauen verbinden, unser Wahlrecht mit dem Fokus auf Gleichberechtigung nutzen und selber im kleinen oder großen Rahmen aktiv werden. Schon winzig kleine Schritte können Raum schaffen für Neubegegnung und Umdenken. Personen jeglichen Geschlechts sollten sich mehr und mehr trauen, tradierte Zuschreibungen zu verlassen. Denn für die uns bevorstehenden großen Herausforderungen brauchen wir die größtmögliche Vielfalt an Eigenschaften, Fähigkeiten und Begabungen.

Alles, was visuell hereinfließt – Bilder aus Büchern, Filmen und anderen Medien –, gestaltet die Männer- und Frauenbilder in den Köpfen unserer Kinder mit. Interessanterweise sind es in Kinderfilmen hauptsächlich Mädchen, die die tradierten Muster sprengen: Ronja Räubertochter und Pippi Langstrumpf, die frech und mutig waren und die Kinder-Generationen verzauberten. Oder in heutigen Animationsfilmzeiten die heldenhafte Vaiana, die ihre Insel vor bösen Mächten rettet, und Mulan, die als Mann verkleidet zur Kriegerin wird.

In Kunst und Literatur finden wir zum Beispiel das geniale Fotobuch *Wilde Mädchen: Am schönsten sind wir, wenn wir niemandem gefallen wollen*[66]. Porträtiert werden Mädchen, ihre besonderen Fähigkeiten und ganz einfach pure, selbstbewusste Lebensfreude. Mein anderes Lieblingsbuch für die Entdeckung neuer Lebenspläne sind die *Good Night Stories for Rebel Girls: 100 außergewöhnliche Frauen*[67], in denen es von Piratinnen, Widerstandskämpferinnen, Erfinderinnen, Umweltaktivistinnen und anderen kraftstrotzenden Frauen nur so wimmelt.

Und wie sieht die Rollenverteilung bei euch zu Hause aus? Entdeckst du Parallelen zu deiner Kindheit oder habt ihr das ganz anders ausgehandelt?

Frau, Tochter und Mutter

»Das schönste Geschenk, das eine Mutter ihrer Tochter und eine Tochter ihrer Mutter machen kann, ist die Erlaubnis, sie selbst zu sein.« Linda Jarosch/Andrea Larson: Ich sehe dich und finde mich[68]

Wie du als Jugendliche das Frausein wahrgenommen hast, beeinflusst heute deine Mutterrolle, ob du willst oder nicht. Um den eigenen Blickwinkel – und somit auch den deiner Tochter – zu erweitern, lade ich dich ein, die folgenden Fragen für dich zu beantworten:

- Wie hast du deine eigene Mutter während deiner Kindheit in ihrem Frausein erlebt?

- Ging sie in der Rolle der Hausfrau und Mutter auf oder hatte sie Lebensbereiche außerhalb davon, die du gar nicht so direkt mitbekommen hast?
- Was weißt du über ihre Pläne, Ziele und Wünsche vor ihrer Zeit als Mutter?
- Ließ sie dich teilhaben an ihren Ideen, Gedanken und Träumen?

Vielleicht bist du als Tochter mit vielem einverstanden, was ihr wichtig war und ist, und kannst dir nichts Besseres vorstellen, als ihr in vielem ähnlich zu sein oder zu werden.

- Oder gehörst du zu den Frauen, die der Satz »Du bist wie deine Mutter« sofort auf die Palme bringt?
- Oder liegst du irgendwo zwischen diesen beiden Polen?

Die Beziehung zwischen Mutter und Tochter ist eine der engsten im Leben, für viele auch eine der kompliziertesten. Die Autorin und Bildungsreferentin Linda Jarosch und ihre Tochter Andrea Larson haben zusammen ein wunderbares Buch[69] über die Herausforderungen und Möglichkeiten dieser ersten Bindung zwischen zwei Frauen verfasst. Darin werden sechs Muttertypen beschrieben, die potenziell jede Frau in sich trägt:

- die (Über-)Fürsorgliche, die viel Wert auf Außenwirkung legt
- die Frustrierte, die niemand belasten darf
- die Kritische, die keine echte Nähe zulassen kann
- die Einsame, die die Tochter symbiotisch umklammert
- die Abwesende, deren Tochter viel zu schnell erwachsen werden muss
- die Unabhängige, die für sich und ihre Familie gleichermaßen sorgt

Schwingen in deiner Elternrolle, abhängig von Lebensphase oder Tagesform, auch Anteile dieser Typen mit?

Eine Auseinandersetzung mit diesen Aspekten, sowohl aus der Perspektive der Tochter als auch der Mutter, kann verstehen helfen. Als Tochter müssen wir manchmal schmerzhaft begreifen, dass weder Leid noch unerfüllte Träume unserer Mutter oder unseres Vaters uns persönlich mein(t)en. Und unsere Schuld sind sie erst recht nicht: Was ihr oder ihm nicht gelungen ist, hat nichts mit uns zu tun. Wir dürfen selbst wählen, ob wir ihre ungelebten Sehnsüchte in unserem Leben weitertragen oder nicht. Je weniger der Maßstab unserer Eltern (ob im positiven oder negativen Sinn) bei unseren Entscheidungen eine Rolle spielt, desto freier werden wir. Wir dürfen uns abgrenzen und eigene Ziele finden. Egal, wie unglücklich, froh, fordernd oder liebevoll unsere Eltern sind, wir sind von ihnen getrennte Wesen, spätestens als Erwachsene.

Manche Werte tragen wir ungewollt weiter, oft in verinnerlichten Sätzen wie »Das ist aber egoistisch von dir!« oder »Das kann man doch nicht machen!«. Doch, *man* und *frau* können. Diese Mama- oder Papa-Stimmen in unserem Kopf können anklagen, ermuntern, uns zu Leistung antreiben, Angst einjagen, uns groß oder klein machen, Erwartungen an uns haben oder uns Glück wünschen.

Egal, welche Sätze du in dir lebendig hältst: Sie sind nur *eine* Möglichkeit, die Welt zu sehen und zu interpretieren. Wir dürfen neue, passendere Stimmen in unser Denken einladen und damit die Automatismen in uns zum Schweigen bringen. Ich stelle mir gerne vor, dass ich meine inneren Stimmen wie in einem Supermarkt auswählen kann: Da nehme ich ja auch nicht das Erstbeste, sondern vergleiche Frische, Aussehen, Qualität und Preis. Überlegungen wie: »Hab ich schon oft gedacht, bekommt mir nicht, lass ich im Regal.« Oder ein alter Satz kommt in neuer Verkleidung, und ich muss erst einmal ein bisschen an der Verpackung kratzen, bevor klar wird, dass das die Verfallsware von letzter Woche ist, nur neu eingeschweißt.

Und der Preis ist auch wichtig. Denn was es mich kostet, etwas zu denken oder mir manche Gedanken nicht zu erlauben, wird nicht selten erst später bewusst. Weil aus Gedanken Handlungen werden, und die lassen sich viel klarer erkennen als das, was verborgen in meinem Kopf abläuft.

Kreativität ist eine weitere Möglichkeit, sich eigene Prägungen bewusster zu machen: Male die Atmosphäre deiner Kindheit, schalte dabei den Kopf aus und lass dein Inneres Farben, Muster und Bilder wählen.

Ergänze dieses Bild um ein zweites, das deiner kindlichen Sehnsucht nach der idealen und bedingungslos liebenden Familie entspringt und dir hilft, dich mit dem eigenen Vergangenen und Heutigen zu versöhnen. Notiere dir, was du dadurch Neues über dich und deine Familie erfahren hast und was dich im Hinblick auf dein eigenes Muttersein unterstützen kann.

Und behalten wir im Kopf, dass so manches Hindernis auf unserem Weg auch positive Auswirkungen hat. Welche Fähigkeiten hast du beispielsweise gerade in schweren, herausfordernden Zeiten entwickelt, die nun in deinem Alltag unverzichtbar sind?

Zufriedenheit setzt voraus, dass wir uns aussöhnen mit allem, was geschehen ist, mit uns und allen unseren Lieben, wie sie waren und sind. Oft ist das ein langes inneres Ringen und manchmal braucht es dafür Unterstützung durch eine Therapie. Sich versöhnen mit der eigenen persönlichen Geschichte, Herkunft und den Ahn*innen, die keine idealen Bezugspersonen waren. Ihnen und uns verzeihen können, wenn diese Beziehungen von Schmerz geprägt waren, durch Akzeptanz und Verstehen. Den größten Gewinn dabei haben wir selbst. Denn in Vorwürfen verhaftet bleiben, bedeutet, sich nicht von vergangenen, schmerzhaften Prägungen verabschieden und in das eigene Leben aufbrechen zu können. Doch dies ist unverzichtbar, um unser Glück selbst in die Hand zu nehmen. Das

Kind in uns muss irgendwann begreifen, dass von dem alten, was uns vielleicht irgendwann einmal fehlte, heute nichts mehr nachgeholt werden kann. Dieser meist zutiefst schmerzliche Prozess birgt die Chance, Frieden zu schließen und dankbar zu werden für das, was trotz allem da war und ist und werden kann.

Sich an die Sichtweisen der eigenen Kindheit zu erinnern, lässt uns heute unsere Töchter und ihre Bedürfnisse besser verstehen. Ich erinnere mich an eine Begebenheit auf dem Spielplatz. Unsere Tochter hatte eine neue Hose an, und ich bat sie, die nicht so einzuschmutzen. Sie sah mich genervt an und meinte: »Aber es ist doch nicht deine Hose! Ich bin es doch, die mit der schmutzigen Hose rumläuft!« Danke, wieder was gelernt.

Gerade während der Pubertät deiner Tochter sind die Erfahrungen der eigenen Jugendzeit unbezahlbar:

- Welche Kommentare, Haltungen und Handlungen deiner Mutter, deines Vaters, waren damals hilfreich für dich?
- Wie viel Freiheit hattest du, du selbst zu sein und immer wieder neu zu lernen, was für ein Mensch das ist, dieses DU?
- In Zeiten, wo das Miteinander schwierig war, wie hätte in einer perfekten Welt mit einer perfekten Mutter die Unterstützung ausgesehen, die du dir gewünscht hättest?

Mache aus den Antworten eine Liste mit den DOs und DON´Ts und hänge sie dort auf, wo nur du sie siehst, für Zeiten, in denen in der Kommunikation mit deiner Tochter alles schiefzugehen scheint. An solch schwarzen Tagen habe ich das Glück, mich an eine liebevolle Stimme aus meiner Therapieausbildung zu erinnern: »Mit manchem, wie du es tust, bin ich nicht einverstanden. Aber mit dir als Mensch bin ich immer einverstanden.« (Danke, Angelika!)

Das schriftliche Festhalten verhindert, dass im Alltag die vielen nützlichen Impulse verloren gehen. Achte auf das, was dir spontan als hilfreich erscheint, und spinne es gedanklich weiter. Um Gedankenballast loszulassen, notiere alles auf einen Extrazettel und verbrenne ihn. Die intensive Beschäftigung mit dem eigenen Tochtersein kann starke Gefühle auslösen. Dann solltest du dir überlegen, ob du dir nicht die Aufmerksamkeit und Zeit schenken möchtest, dich bei diesen Themen professionell beraten und begleiten zu lassen.

»[...] indem ich mir selbst etwas schenke und es mit anderen teile, lerne ich, dass der beste Weg, meinen Kindern ein erfülltes Leben nahezubringen, nicht der ist, mein Leben zu opfern, sondern der, selbst ein erfülltes Leben zu leben. Ich versuche, meine Kinder zu lehren, dass ich viel lernen muss. Denn ich verstehe, dass Loslassen der beste Weg ist, sie zu halten.« Nancy McBrine Sheehan: Mir selbst eine gute Mutter sein[70]

Ausbalanciert leben

*»Wenn eine Frau beschließt, ihr Leben zu ändern, ändert sich alles um sie herum.«*Aktivistin und Politikerin Eufrosina Cruz[71]

Kurz vorweg: Wenn eine Frau mit Leib und Seele Vollzeit-Hausfrau und Mutter sein möchte, wird sie diesen leider immer noch unbezahlten Job gerne und mit Liebe tun. Und das sollte niemand bewerten oder infrage stellen. Wenn Frauen jedoch dazu erzogen werden, eigene Wünsche dauerhaft zu unterdrücken und persönliche Grenzen zu missachten, um später durch unbezahlte Care-Arbeit die Basis der Konsumgesellschaft zu bilden, dürfen wir dies durchaus kritisch betrachten.[72] Eine nicht zeitgemäße Gesetzgebung wie das Ehegattensplitting oder die fehlende Verpflichtung von Unternehmen zu flächendeckenden Teilzeitangeboten erschweren die Gleichstellung aller Bürger*innen, insbesondere derer mit Kind(ern), zusätzlich.[73]

Gebe ich in meiner Eigenschaft als Mutter zu viel von der eigenständigen Person, die ich ja auch bin, auf, entsteht das Gefühl des Sich-Aufopferns, das sich negativ auf alle Beteiligten auswirkt.

Neulich hörte ich einen Mann zu seiner Frau sagen, *er helfe ihr* doch so viel mit den Kindern. Wie bitte? *Ihr helfen?* Er ist doch der Vater, und es ist einfach nur seine Pflicht, seinen Kindern zu helfen, sich gut zu entwickeln! In einem durchschnittlichen Haushalt mit Kindern fallen wöchentlich circa 50 Stunden Haus- und Sorgearbeit an.[74] Das ist mehr als eine Vollzeitstelle!

Im häuslichen Leben müssen unzählige zum Teil unvorhersagbare Kleinigkeiten erledigt werden, die zusammen genommen unglaublich viel Zeit (und Nerven) kosten. Der Fachbegriff *Mental Load* beschreibt die zwei Hauptaspekte: Das Dran-Denken (Mental) und die Last der Verantwortung (Load), die im Verbund häufig bei *einer* Person liegen. Der andere Elternteil, oft der stärker beruflich eingespannte Mann, kriegt dabei kaum mit, wie viel im Hintergrund zu Hause erledigt wird.[75]

Die feministische Berliner Mutter-Bloggerin Johanna Lücke hat eine geniale Übersicht erdacht, die helfen kann, Mental Load zunächst sichtbar zu machen und im nächsten Schritt Aufgaben fairer aufzuteilen. Die To-do-Liste nennt sich »Do you equal care!« und ist frei abrufbar im Internet.[76] Sie erfasst alltägliche Haushaltspflichten, Detailaspekte der Erziehungsarbeit und die Steuererklärung ebenso wie das Planen von Paarterminen. Erstaunlich, was da alles zusammenkommt, und das gemeinsame Nachdenken darüber fördert auf jeden Fall die Wertschätzung für die Leistung beider Beteiligter. Anwendungen, die helfen, anstehende Aufgaben zu verteilen, finden sich auch für das Handy. Da sieht er beispielsweise vom Büro aus, dass zu Hause Milch fehlt und bringt die auf dem Heimweg unaufgefordert mit.

Bei der Verteilung unbezahlter Aufgaben wird oft das Argument bemüht, dass »Vater« ja bereits einen Vollzeitjob habe, da dürfe er auch weniger im Haushalt machen. Dieser Vollzeitjob endet allerdings meist zwischen 16 und 18 Uhr. Da kann sich die Voll- oder Teilzeit care-arbeitende Mutter noch keinen Feierabend gönnen.

Und wie sieht es bei so viel unentgeltlich geleisteter Care-Arbeit mit der finanziellen Balance aus?

Nach Abzug aller gemeinsamen Kosten sollten beide Eltern für sich selbst einen festen Betrag zur freien Verfügung haben. Was genau fair ist, lässt sich nur miteinander aushandeln, und manchmal muss frau auch mal Äpfel und Birnen miteinander vergleichen: Es kann gerecht sein, wenn er monatlich mehr Geld bekommt für ein aufwendiges Hobby, während sie im Gegenzug jeden Samstagvormittag familienfrei hat und mit »den Mädels« frühstücken geht. Freizeit ist als Mutter sowieso unbezahlbar und so wichtig!

Viele Mütter bleiben in Minijobs hängen, die der Gesetzgeber ursprünglich als Sprungbrett in die Teil- oder Vollzeiterwerbsfähigkeit geschaffen hat. Tatsächlich jedoch verschlechtert die geringfügige Tätigkeit die Chancen auf eine versicherungspflichtige Arbeit.[77]

Teilzeit- oder Minijobs bedeuten damit immer auch eine geringere Rente, insbesondere im Falle einer Scheidung ein Desaster. Bei der Entscheidung für oder gegen ein Familienarbeitsmodell müssen wir auch immer die langfristigen Auswirkungen im Blick haben. Kann ja sein, dass mein Mann einen Beruf ausübt, in dem er sich keinen freien Nachmittag in der Woche erlauben kann, weil in seiner Firma Überstunden zwingend nötig sind. Manchmal gibt es eben trotz Fairness-Defiziten Argumente dafür, alles so zu lassen, wie es ist. Aber eben auch dagegen, wie zum Beispiel, dass Geld nicht alles ist. Und diese guten Gründe muss jede von uns zunächst für sich klären, um mit Bestimmtheit die eigenen Lebensziele verfolgen zu können.

Zwar lassen sich die politischen Rahmenbedingungen nicht so schnell ändern, wie es nötig wäre (gestern!), aber bis dahin können wir innerhalb unseres *Bunds fürs Leben* zumindest ein gemeinsames Engagement für die gemeinsam ins Leben gebrachten Kinder fordern.

Dafür schwebt mir eine passende Szene für den nächsten Blockbuster vor: Der Held kniet vor der Heldin am Boden, während sie versucht, am Verlobungsring (im Dessert versteckt) nicht zu ersticken. Er stellt endlich die alles entscheidende Frage, die Kinogänger*innen seufzen auf … und sie, nachdem sie den Ring von Spucke gereinigt hat, sagt: »Ja, Schatzi, eigentlich schon. Lass uns aber erst noch kurz besprechen, wie wir das machen, sobald wir Kinder kriegen. Wärst du bereit, im Job auf 80 Prozent herunterzugehen, damit wir uns die Care-Arbeit fair teilen können?«

Wir brauchen einfach mehr Regisseurinnen.

Frauen, die beruflich der Familie wegen zurückstecken, benötigen eine langfristige finanzielle Absicherung. Die Juristin und »Juramama«-Bloggerin Nina Katrin Straßner rät zu einem Ehevertrag. So lasse sich auch noch Jahre nach der Heirat eine faire Rentenabsicherung regeln. Zum Beispiel, indem der Besserverdiener von seinem Gehalt monatlich etwas in die Altersvorsorge der Partnerin einbezahlt, ohne Anrechnung auf den Zugewinn. Und für Unverheiratete in der gleichen Situation, so Straßner, ist ein *Lebenspartnerschaftsvertrag* mit den entsprechenden Absicherungen ein Muss. Denn eine unverheiratete Mutter kann im Fall einer Trennung weder Zugewinn noch Rentenausgleich für sich beanspruchen.[78]

Klingt ziemlich unromantisch, dafür sind diese konkreten Absprachen rechtsverbindlich und ein fairer Ausgleich, zumal Grundsicherung (Bürgergeld für Nicht-Erwerbsfähige und Rentner*innen) zu 61 Prozent an Frauen ausgezahlt wird.[79] So manche, die heute unter Altersarmut leidet, wünscht sich sicher, sie wäre früher etwas unromantischer gewesen.

Alleinerziehenden bleibt häufig keine Wahl – sie müssen für ihr Auskommen arbeiten, ob sie wollen oder nicht. Denn selbst nach einer Ehe erhalten Frauen heute für sich selbst nur noch Unterhalt bis zur Scheidung beziehungsweise bis das jüngste Kind drei Jahre alt ist. Die Doppelbelastung durch Beruf und Familie trifft Alleinerziehende also besonders hart. Ich berate immer wieder Frauen, die ständig über ihre Grenzen gehen, um einen Vollzeitjob oder mehrere Teilzeittätigkeiten parallel mit Haushalt und Kindern irgendwie unter einen Hut zu bekommen. Manche hangelt sich nur noch von Wochenende zu Wochenende, um dann festzustellen, dass diese sogenannten freien Tage mit allem, was liegen geblieben ist, von Mathelernen bis Kloputzen, die letzten Kraftreserven aufzehren. Dann müsste eigentlich unbedingt Entlastung her, sonst leiden alle Beteiligten. Geld für eine Care-and-Clean-Hilfe ist jedoch oft nicht vorhanden. Woher also die Zeit für Haushalt und Kinder nehmen?

Die Arbeitszeit einer bezahlten Tätigkeit zu reduzieren, führt in die Abhängigkeit von staatlichen Leistungen, weswegen viele Mütter diesen Weg ablehnen. Trotzdem ist er für manche Erziehende die einzige Chance, um die stressigen Jahre mit kleinen und mittelgroßen Kindern einigermaßen zu überstehen. Und Familienleistungen, wie Kinderzuschlag und Wohngeld, sind ja extra dafür vorgesehen, Familien zu entlasten.

Eine echte Unterstützung für alle Mütter und Väter würde die schon lange geforderte finanzielle Wertschätzung für Erziehungsarbeit bringen. Ein wichtiges Ziel der derzeitigen Gleichberechtigungsbewegung, dessen Erreichen aber wohl noch einige Jahre auf sich warten lassen wird. Bis dahin müssen Alleinerziehende Miete und Lebensunterhalt irgendwie bezahlen. So sind zurzeit staatliche Leistungen die einzige Form, wie Care-Arbeit indirekt monetär entlohnt wird, wobei die Höhe der Geldleistung nicht einmal dem Mindestlohn entspricht.

Nach einer Trennung oder Scheidung lebt die Mehrheit der Kinder auch noch heute überwiegend bei der Mutter. Ein regelmäßiger Kontakt zwischen Vater und Kind(ern) ist in vielerlei Hinsicht wichtig, auch um eine enge Bindung zu erhalten. Eine Entlastung der Mutter spielt in den Absprachen zwischen den getrennten Elternteilen jedoch selten eine Rolle, obwohl sie im Alltag den Löwenanteil der Erziehungsarbeit leistet. In meiner Beratungsarbeit unterstütze ich Frauen deshalb darin, die Umgangsregelung so zu gestalten, dass damit auch für sie Qualitätszeit geschaffen wird, die es erlaubt, den eigenen Bedürfnissen endlich wieder etwas Raum zu geben und selbst zur Ruhe zu kommen. Regelmäßig und verlässlich stattfindende Umgangskontakte, bei denen alle Kinder gemeinsam vom Vater betreut werden, sind ein Beispiel. Oder indem zusätzliche Papa-Zeit auch Pflichttermine wie Arztbesuch oder Ähnliches umfasst.

Tochters Lebensplan: Kind, Küche, Karriere?

»Ich hatte noch nie Feuerwehrfrauen gesehen. Jetzt weiß ich, dass ich eine werden kann.« Maddie, 7 Jahre[80]

Unsere Töchter schauen sich bei uns ab, wie wir für unsere Interessen eintreten, wie wir uns als *Frau* definieren, die nicht nur Mutter ist, sondern auch Partnerin, Tochter, Kollegin und Freundin. Und wie diese Frau sich zwischen Lebensbereichen wie Haus, Familie, Beruf, Sport, Ehrenamt, Hobbys oder politischem Engagement ihren Platz gestaltet. So scheinen Töchter berufstätiger Frauen schneller Karriere im Beruf zu machen und mehr zu verdienen als Gleichaltrige, deren Mütter zu Hause waren.[81]

Sprechen wir von einer Ingenieurin, können sich mehr Mädchen vorstellen, diesen Beruf auszuüben.[82] Zeigen Töchter Interesse für Wissenschaft und Technik, muss das auch frühzeitig gefördert werden. LEGO schuf 2014 als Testballon ein paar limitierte Wissenschaftlerinnen-Sets, die binnen Stunden vergriffen waren. Das Set *NASA-Frauen* ist heute allerdings leider nicht mehr lieferbar, weil ein »altes Produkt«. Das gleiche Schicksal ereilte die *Forscherin Oli-*

via sowie *Olivias Erfinderlabor* (ich möchte jetzt nicht spitzfindig sein, aber sollte es nicht *Erfinderinnenlabor* heißen?). Die Mädels aus LEGO Friends mit den für dieses Produkt ungewohnt schmalen Hüften dürfen auch nicht mehr ins Abenteuercamp und keinen Abschleppwagen mehr fahren. Erfreulicherweise gehören die Figuren in den neuen regulären Sets allen Geschlechteridentitäten an: Im aktuellen Weltraum-Achterbahn-Set vergnügen sich, wenn ich das richtig sehe, zwei Mädels! Und im Seerettungsboot erkenne ich sogar eine BIPoC-Frau. Es ist an der Zeit, dass das Spielzeug die gesellschaftliche Realität abbildet.[83]

Und: Her mit den Chemiebaukästen unterm Tannenbaum für die Töchter! Sowieso sollten wir Mädchen viel stärker ermuntern, breitgefächert alles Mögliche auszuprobieren, was ihnen Spaß machen könnte. Und als Mutter auch mal selbst die Bohrmaschine in die Hand nehmen, den Rasen mähen oder andere vermeintlich männliche Tätigkeiten übernehmen. Söhne können übrigens genauso in der Küche helfen wie Töchter, ich habe das erfolgreich getestet. Frau darf sich nur nicht beeindrucken lassen von der absichtlich zur Schau gestellten Ungeschicklichkeit der Kinder beiderlei Geschlechts, um von ungeliebten Tätigkeiten befreit zu werden.

Forschende der University of British Columbia fanden bei ihrer Untersuchung heraus, dass Töchter ein größeres Interesse an aushäusigen Tätigkeiten und weniger an stereotypen Frauenberufen zeigen, wenn ihre Väter sich gleichwertig im Haushalt engagierten. Und Söhne mit berufstätigen Müttern legen einen stärkeren Familiensinn an den Tag und bringen sich mehr in Hausarbeit und familiäre Fürsorge ein.[84]

Eine Wissenschaftlerin, die mit Leidenschaft ihre Projekte vorstellt, hinterlässt bei halbwüchsigen Mädels (und Jungs) einen bleibenden Eindruck. Förderprogramme für naturwissenschaftlich und mathematisch interessierte Kinder und Angebote, die speziell Mädchen ansprechen, sind mittlerweile zahlreicher zu finden. Schon der jährlich stattfindende Girls' Day bietet vielfältige Infoveranstaltungen und Schnuppertage, um Mädchen für naturwissenschaftliche Themen zu begeistern. Eine Auswahl an Projekten und Adressen ist im Anhang aufgelistet. Gezieltes Nachfragen in der Schule mit Hinweis auf eventuell bestehende »Versorgungslücken« kann da auch ein wirksamer Anstoß sein. Weitere Programme sind auf den Webseiten von Volkshochschulen, Vereinen, Selbsthilfewerkstätten, Fachhochschulen und Universitäten zu finden. Im Zweifel helfen Gleichstellungsbeauftragte weiter.

Frauen mit aufregenden Lebensläufen, interessanten Tätigkeiten und großen Leistungen mögen in der öffentlichen Wahrnehmung zwar weniger präsent sein, dabei begegnen wir ihnen jeden Tag. Wir müssen nur genau hinsehen. Jede von ihnen kann eine Einladung an deine Tochter sein, sich unabhängig von althergebrachten Rollen zu entscheiden. Sehr empfehlenswert ist die Broschüre *Mediale Frauen- und Männerbilder*[85] der EU-Initiative *Klicksafe*, die im Rahmen von Medienerziehung zu Rollenstereotypen in den Medien sensibilisiert, sowie die Online-Plattform www.lizzynet.de mit Projekten und Angeboten für Mädchen und junge Frauen, u. a. zu »Frauen in MINT«.

Dagegen sind Frauen in den Medien immer noch stark unterrepräsentiert. Selbst in Bereichen, in denen das Geschlechterverhältnis annähernd ausgewogen ist, stellen Männer 74 Prozent der Expert*innen in TV-Informationsformaten. Auch auf Diskussionsbühnen erhalten Sprecherinnen nur 25 Prozent der Aufmerksamkeit.[86] Liegt der Frauenanteil im MINT-Bereich und spartenübergreifend in Führungspositionen bei etwa 30 Prozent[87], waren in Berufen der Erziehung, Hauswirtschaft und Pflege 2022 mehrheitlich Frauen tätig. Nicht, dass Jobs im MINT-Bereich grundsätzlich besser wären – es zeigt sich nur wieder einmal, dass angeblich männliche Tätigkeiten besser entlohnt sind als alles, was das Menschliche oder Kommunikative umfasst und daher immer noch oft als typisch weiblich angesehen wird. Wobei sich gerade in Pandemiezeiten die letztgenannten Bereiche als besonders systemrelevant erwiesen haben.

Wieder ein Argument für eine Aufwertung aller Care-Arbeit und eine Abschaffung des Gender-Pay-Gaps!

Junge Frauen müssen eine echte Wahlmöglichkeit bei Ausbildung oder Studium haben. Entscheidungskriterium dürfen nicht Geschlechterrollen sein, sondern persönliche Fähigkeiten und Interessen. Und berufliche Care-Arbeit muss endlich angemessen bezahlt werden.

Liebe (vor-)leben

»Ich könnte keinen Mann lieben, der mir befehlen will, ebenso wenig wie ich einen Mann lieben könnte, der von mir Befehle entgegennimmt.« Jacquotte Delahaye, Piratin[88]

Beziehungsprobleme betrachten wir in der Regel als Privatsache. Dabei sind viele dieser Schwierigkeiten auch strukturell bedingt und in höchstem Maße politisch. Die zwischen den Geschlechtern ungleich verteilte politische und wirtschaftliche Macht führt zu ungleichen Rahmenbedingungen wie schlechteren Berufschancen, mehr Care-Arbeit, geringerem Einkommen und weniger Entscheidungsfreiheit für Frauen, die in die Paarbeziehung hineinwirken. Beispielsweise, wenn die Verantwortung für die Entwicklung gemeinsamer Kinder uns Frauen zugeschrieben wird. Die Politikwissenschaftlerin und Kämpferin für soziale Gerechtigkeit, Emilia Roig, fordert deshalb in ihrem spannenden Plädoyer der Liebe mit dem Titel *Das Ende der Ehe,* die Ehe als einengende, das Weibliche abwertende Institution aufzugeben[89] und stattdessen Beziehungen auf Augenhöhe zu führen.

Bei all den Beschränkungen verbleibt dennoch Spielraum, um Liebesbeziehungen eigenverantwortlich zu gestalten. Im Hinblick auf unsere Vorbildfunktion ein wichtiger Aspekt. Deshalb Hand aufs Herz: Wünschst du dir für deine Tochter eine Paarbeziehung, wie du sie führst? Allen Frauen, die hier mit einem überzeugten »Ja!« antworten, meinen Glückwunsch. Vielen von uns geht es nicht so. Sie leben in Beziehungen, die Dauerkrisen ähneln, mit weitreichenden Auswirkungen auf das Familienklima.

Der Beziehungsforscher John Gottman ist überzeugt, 69 Prozent aller Konflikte in Beziehungen seien nicht lösbar.[90] Das klingt erst mal furchtbar deprimierend, hat aber auch etwas Erleichterndes. Denn wenn ein Problem sowieso nicht aus der Welt zu schaffen ist, müssen wir es auch nicht zum 100. Mal wiederkäuen. Dann gilt eher *love it, change it or leave it.*

Das verstehe ich für mich wie folgt:

Freue dich an allem Guten, das du hast.
Das andere versuche zu optimieren.
Kannst du das nicht,
entscheide, ob es sich lohnt, deswegen alles aufzugeben.
Lohnt es sich nicht, sprich nicht mehr darüber.
Genieße den Rest.

Unser Wunsch nach Übereinstimmung entspringt unserem Bedürfnis nach Sicherheit und Verbindung. Wir suchen sie seit Kindertagen, denn damals waren wir nicht nur angewiesen auf die Menschen, die wir liebten – unser Leben hing sogar von ihnen ab. Im Erwachsenenalter hingegen, so abhängig wir uns auch manchmal in Liebesdingen fühlen mögen, sind wir dem keineswegs mehr wehrlos ausgeliefert. Anstatt den Selbstwert auf eine Beziehung zu stützen (wo er auch sehr schnell wieder abhandenkommen kann), sollten wir uns lieber um unsere Selbstliebe kümmern. Uns die »Sterne vom Himmel« selbst holen. Wenn wir unsere Identität und unser Selbstvertrauen nicht vom Lob oder der Liebe unserer Partnerin oder unseres Partners abhängig machen, sind wir vielleicht trotzdem enttäuscht, wenn er oder sie sich nicht wunschgemäß verhält. Aber wir verlieren uns deswegen nicht. Wir wissen, dass Menschen unterschiedliche Haltungen und ein Recht darauf haben. Wir bleiben in uns selbst stabil, lieben uns selbst weiterhin. Und unser Selbstwert ist immer und überall da. Zeit unseres Lebens sind wir wertvoll, einfach weil wir *sind.* Diese Haltung hilft uns, trotz so mancher Andersartigkeit dem Gegenüber in Liebe verbunden zu bleiben.

Wenn wir uns in dieser Weise mit der Liebesbeziehung zu uns selbst beschäftigen, profitieren wir und unsere Liebsten. Und nachdem wir uns selbst sowieso unser ganzes Leben dabeihaben, warum dann nicht mit all den wechselnden Facetten unseres Seins Freude genießen? Du triffst dich ja auch nicht ständig mit einer Freundin, die nur an dir herumnörgelt.

Erste Liebe(n) und Intimes

»Viele Mädchen träumen seit ihrer Kindheit von einem Helden, der sie rettet. Ich habe immer davon geträumt, selbst eine Heldin zu werden.« Lesley, 18 Jahre[91]

In der Pubertät sind fast alle Jugendlichen mehr oder weniger mit ihrem sich verändernden Körper überfordert und fühlen sich mit sich selbst nicht wohl. Viele leiden unter Minderwertigkeitsgefühlen, manche sogar in fast unerträglichem Maß. Das gab es auch zu früheren Zeiten. Doch die starke Fixierung auf den Aspekt »Schönheit« hat insbesondere bei weiblichen Teenagern in den letzten Jahrzehnten extrem zugenommen, mitunter bis hin zur Besessenheit. Auch

Werbung baut darauf auf, dass unsere Töchter unzufrieden mit ihrem Aussehen sind, um die Flut an Kosmetikartikeln und Kleidung an die Frau zu bringen. Bereits in der Grundschule wird oft mehr vom Körper gezeigt als verhüllt, beispielsweise in superengen Hosen und bauchfreien Tops. Der Familienpsychologe Steve Biddulph beklagt die zu frühe Konzentration auf Rollenbilder: 10 sei das neue 14, und damit fehlten den Jugendlichen vier Lebensjahre Ruhe und Entwicklungsmöglichkeit.[92]

Eine weitere Herausforderung für heutige Jugendliche sind die zunehmende Sexualisierung der Medien sowie die milliardenfach geklickten *Frauenhasskampagnen* von Influencern wie Andrew Tate, die Männern Eigentumsrechte über Frauen zusprechen und Gewalt zur Kontrolle derselben als legitim darstellen. Aus gutem Grund sind viele soziale Netzwerke seit dem Jahr 2018 erst ab 16 Jahren erlaubt und benötigen bei Jüngeren eine Nutzungserlaubnis der Eltern. Was jedoch leicht zu umgehen ist, wie die von Fünfte-Klasse-Schüler*innen per Smartphone verschickten Pornobilder und -filme zeigen, die auf Schulhöfen grassieren, und die Jugendlichen beiderlei Geschlechts signalisieren, so sehe »echte« Sexualität aus.

Fatalerweise orientieren sich die meisten Pornofilme an den »Wünschen« erwachsener Männer. Fast 90 Prozent aller 2006 untersuchten Mainstream-Pornos zeigten Schlagen und Würgen, das in 94 von 100 Fällen gegen Frauen gerichtet war. Die Reaktionen der Opfer reichten dabei vom Pokerface bis zu deutlichem Gefallen, was eine erhöhte Akzeptanz von Gewalt bei Zuschauerinnen und Zuschauern auslösen kann.[93] Auch eine aktuellere Meta-Studie bestätigt Demütigungen, häufige Schläge und Dominanz gegenüber Frauen.[94] Diese Formen von Entwürdigung setzen sich so als Ideale einer angeblich für beide Seiten erfüllenden Sexualität in Jugendköpfen fest. Ein Desaster!

Da verwundert nicht, dass manche männliche Jugendliche wegen Erektionsstörungen psychologisch behandelt werden müssen.

Denn die Art Sexualität, die sie mit den Mädchen ihres Alters ausleben können, ist für manche Jungen im Vergleich mit den konsumierten Pornos einfach nicht erregend genug.[95]

In Neuseeland wurde ein genialer Aufklärungsfilm[96] gedreht, der Jugendlichen vermittelt, dass Sexfilme nicht die Realität abbilden: Ein unbekleidetes Pornofilmpaar klingelt an der Haustür und steckt der entsetzt dreinschauenden Mutter, dass ihr pubertierender Sohn sich gerade ihr Sex-Video auf seinem Laptop reingezogen hat. Augenzwinkernd vermuten die beiden, dass er dabei wohl bei der Altersfreigabe getrickst haben muss. Dem Knaben fällt beim Anblick der beiden Nackten vor Schreck der Teller runter. Das Schauspielerpaar erklärt dem fassungslosen Jugendlichen, so etwas wie im Film würden sie übrigens nie im realen Leben tun … Macht echt Laune, das anzuschauen!

Selbstbefriedigung ist ein Aspekt der Selbstliebe, der in der schulischen Aufklärung so gut wie nicht vorkommt. Dabei ist es ungemein wichtig, Jugendlichen zu vermitteln, dass Solosex genauso zu einer gesunden Sexualität gehört wie Sex mit einem Partner, einer Partnerin. Solosex lässt uns erforschen und kennenlernen, wie und worauf unserer eigener Körper mit Lust reagiert, welche Art der Berührung welches Körpererleben hervorruft. Und ein offenes Gespräch über das Phänomen Orgasmus verhindert, dass sich deine Tochter dafür schämt, wenn sie diese Lust mehr zufällig für sich entdeckt hat.

Wir sind seit unserer Geburt geschlechtliche Wesen. Viele Kinder beiderlei Geschlechts masturbieren seit früher Kindheit, auch ihnen hilft es, wenn wir erklären, dass Selbstbefriedigung natürlich und völlig okay ist.

»Sexualität ist nicht etwas, das wir sind, sondern etwas, das wir tun.«
Emilia Roig[97]

Aufklärung in Schulen behandelt zwar körperliche Entwicklung und Geschlechtsverkehr. Informationen zu Themen wie Zärtlichkeit, Liebe, Homosexualität oder auch sexueller Gewalt erhalten jedoch nur etwa die Hälfte der Schüler*innen. Rund ein Fünftel aller deutschen Mädchen hat mit 15 Jahren schon ihr »erstes Mal« erlebt.[98] Wir tun daher gut daran, selbst und frühzeitig mit unseren Töchtern über Sexualität zu sprechen.

Dabei die richtigen Worte zu finden, ist nicht einfach, daher überlege dir am besten vorher, welche Bezeichnungen und Beschreibungen sich für dich gut anfühlen. Manchmal ergibt sich ein Gespräch nebenbei, sei es durch einen aufgeschnappten Gesprächsfetzen beim Telefonieren deiner Tochter oder wenn sie sich bei dir wie beiläufig nach der Bedeutung eines Worts erkundigt. Es lohnt sich, rückzufragen, ob sie selbst schon eine Vorstellung davon hat und welches Gefühl dieser Begriff bei ihr auslöst. Oder ruhig einmal nachzuforschen, was Mitschüler*innen in der Schule so erzählen, um Falschinformationen zu berichtigen und das allgemeine Gesprächsklima zu diesem Thema abzuschätzen. Es könnte sein, dass andere Jugendliche sich brüsten mit sexuellen Erlebnissen, die deine Tochter noch lange nicht passend für sich empfindet. Und bei der Nutzung sozialer Medien können wir alle unvermittelt auf unerwünschte Werbung oder Inhalte stoßen – diesbezüglich kannst du deine Tochter nach ihren Erfahrungen fragen.

Sexting ist ein weiteres Thema, das verheerende, weitreichende Folgen haben kann. Da schickt die Freundin ihrem Freund vertrauensvoll ein Oben-ohne-Foto übers Handy, ohne zu bedenken, wie leicht diese Bilder in falsche Hände geraten können. Eine erste aufklärende Information und Tipps für das Gespräch mit Jugendlichen finden sich bei *Klicksafe*[99]. Anonyme, kostenlose Beratung bietet die *Nummer gegen Kummer*[100] für Kinder, Jugendliche und Eltern.

Die Betrugsmasche *Loverboy* ist ein Worst-Case-Szenario, über das jede Frau informiert sein sollte. Ein sich charmant gebender junger Mann spielt einer jungen Frau den Traumprinzen vor. Bis er sie irgendwann bittet, »nur einmal« oder »nur für eine kurze Zeit« bezahlten Sex mit anderen Männern zu haben. Meistens wird eine Notlage oder das benötigte finanzielle Polster für eine gemeinsame Zukunft als Grund vorgeschoben. Damit beginnt eine Spirale aus Abhängigkeiten, Schuldgefühlen und Scham, die es den jungen Frauen schier unmöglich macht, sich aus eigener Kraft aus diesem perfiden Beziehungsnetz zu befreien. Intelligenz oder ein intaktes Elternhaus allein schützen leider nicht davor, Opfer eines Loverboy zu werden.[101]

In einer Welt, in der Frauen zu oft auf Schönheit und Sex reduziert werden, ist es daher so elementar wichtig, dass unsere Töchter lernen, auf ihr inneres Gefühl hören zu dürfen und zu müssen.

Sexuelle Gewalt beginnt jedoch bereits mit verbalen Übergriffen, Exhibitionismus oder sexueller Belästigung im Internet, die rund die Hälfte aller Teenagerinnen erleben. Ein Drittel der jungen Frauen erleidet unerwünschte Berührungen. Auch das beharrliche, mitunter sogar als bedrohlich erlebte, Drängen des Freundes zum Geschlechtsverkehr, dem sich manche innerlich noch nicht so gefestigte Jugendliche nicht mehr erwehren kann, stellt sexuelle Gewalt dar.

Um mit der Tochter über dieses Thema ins Gespräch zu gehen, empfehle ich die Broschüre *Über Sexualität reden … Zwischen Einschulung und Pubertät* der Bundeszentrale für gesundheitliche Aufklärung[102]. Klare Anzeichen für das Erleben sexueller Übergriffe gibt es nicht. Hier hilft allein ein guter Blick auf die Jugendliche, mit dem sich allgemeine Warnsignale für Instabilität wie beispielsweise Veränderungen im Sozialverhalten, in der Freizeitgestaltung und in der allgemeinen Gemütsverfassung beobachten lassen.

Gerade in Bezug auf den eigenen Körper und den Schutz seiner Grenzen ist es unabdingbar, dem eigenen Gefühl zu folgen. Ich wünsche mir für meine Töchter, dass sie zu einem Verständnis von Sexualität finden, das in der Lust die Wertschätzung für das Du beinhaltet und in dem das Berühren und Berührt-Werden dem Ausdruck liebevoller Gefühle dient, nicht nur für die oder den Anderen, sondern gleichzeitig auch für sich selbst.

→ Tipps für Eltern zu den diversen Aufklärungsthemen und zu Verhütung sowie Anregungen für das offene Gespräch mit Jugendlichen bieten z. B. die bereits erwähnten Broschüren der Bundeszentrale für gesundheitliche Aufklärung[103]. Die Homepage *loveline*[104] mit fundierten, altersgerechten Informationen über Sex, Kondome, Pille und Co kann ich Töchtern empfehlen.

Die erste große Verliebtheit ist in jedem Fall aufregend, nicht nur für die Verliebten, sondern auch für uns Eltern. Was wir als Mütter jetzt noch inhaltlich zu diesem Thema sagen dürfen, ist sicher ganz individuell. Je nach Alter der Tochter gibt es entsprechend viel Diskussionsbedarf – angefangen von der Uhrzeit und dem Ort, an dem sie ihren Schwarm treffen kann bis hin zu Gesprächen über körperliche Liebe und Intimität.

Oft treffen zwei Jugendliche aufeinander, die unterschiedliche Erwartungen an die Beziehung haben und ihre Bedürfnisse zwischen Leidenschaft und Gefühl erst selbst einzuordnen lernen. Mädchen unterliegen schnell einmal der irrigen Annahme, für Zuneigung im Austausch die Währung Sex anbieten zu müssen. Für erste intime Beziehungen braucht deine Tochter deshalb Zeit, um zu spüren, welches Begehrt- und Geliebt-Werden, welches Begehren und Lieben sich für sie gut und richtig anfühlt und wo ihre persönlichen Grenzen verlaufen.

Auch hier ist das Vorleben, das sie im Elternhaus erlebt, beeinflussend: Sieht deine Tochter dich und deinen Partner, deine Partnerin liebend und respektvoll miteinander umgehen, ist die Chance groß, dass sie diese Eigenschaften als Maßstab für ihre eigenen Liebesbeziehungen übernimmt. Ein zusätzlicher Grund für dich, deine Bedürfnisse in Liebesdingen ernst zu nehmen! Je stärker deine Tochter sich fühlt und je selbstbewusster sie ist, desto weniger wird sie sich verbiegen wollen für jemand anderen. Selbst, wenn diese Person gerade das Zentrum ihrer Welt darstellt. Auch wenn wir häufig das »Nein!«, das uns unsere Töchter seit dem Trotzalter immer wieder um die Ohren schlagen, nicht mehr hören können: Wir sollten froh darum sein – da haben sie etwas Wichtiges im Hinblick auf Beziehungen von uns gelernt.

Mädelsbande

»Die anderen Tänzerinnen spornen mich an. Ich beobachte, was sie tun, ich vergleiche mich und versuche, mich zu verbessern. Ich will sie nicht nachmachen, sondern aus ihren Bewegungen lernen.«
Caroline L., 15 Jahre[105]

Mit Frauen verbinden uns von Beginn unseres Lebens an wichtige Bande. Neben der Mutter sind es Lehrerinnen, Freundinnen, Kolleginnen, Gefährtinnen. Manche von ihnen begleiten uns nur ein kurzes Wegstück, andere bis ins späte Alter. Enge freundschaftliche Bande können dabei tiefste Verbundenheit mit sich bringen, aber auch wirklich schmerzhafte Erfahrungen.

Frauen wird oft nachgesagt, ihre Beziehungen untereinander seien kompliziert. Und tatsächlich kennt wohl jede von uns auch Kreise, in denen viel – meist nicht offen gezeigte – Rivalität herrscht: ein Ringen um das vermeintlich »richtige« Lebensmodell, um Erziehungsstile oder um Attraktivität beispielsweise. Die Autorin Jessica Libbertz vermutet, hinter der Missgunst zwischen Frauen stecke immer noch die alte Angst, eine Andere könne den eigenen Mann – oder den, den frau sich angeln möchte – wegschnappen. Dies sei so existenziell, weil tief in uns immer noch die Panik sitze, ohne Mann nicht versorgt zu sein.[106] Schaut man auf das erhöhte Armutsrisiko Alleinerziehender (über 40 Prozent gegenüber rund 9 bzw. 11 Prozent bei Zwei-Eltern-Familien mit ein oder zwei Kindern)[107], könnte frau ihr durchaus beipflichten.

Auf die Arbeitswelt bezogen, wird oft abwertend von »Zickenkrieg« in rein weiblichen Teams gesprochen, der besonders dann auftritt, wenn eine der Kolleginnen eine höhere Position anstrebt oder sich nicht gruppenkonform verhält.

Das Phänomen, dass sich Frauen gegenseitig am beruflichen Weiterkommen hindern, wurde als Krabbenkorbeffekt[108] bekannt. Unser patriarchal strukturiertes Berufsumfeld funktioniert aber leider nun einmal über Hierarchien. Miteinander konkurrierende Männer sind uns vertraut und wir werten sie nicht als Zicken ab. Warum dann Frauen?

Wahrscheinlich, weil unsere Sozialisationsprozesse kämpferische Impulse bei Mädchen immer noch beschneiden und daher viele Frauen nach wie vor meinen, ständig nett sein zu müssen. Umso mehr fällt eine durchsetzungsstarke Kollegin auf, selbst dann, wenn sie fair konkurriert. Aber irgendwann werden sich Arbeitsstrukturen durchsetzen, die mehr auf Selbststeuerung und Gleichzeitigkeit beruhen anstatt auf Macht. Und die Zeichen dafür stehen gut.

Die Journalistin und Autorin Susann Sitzler[109] sieht in dem leidigen Gefühl, die Andere zu dringend zu brauchen, das, was wahrer Frauenfreundschaft im Wege steht. Ein für eine gute Spannung nötiger Wechsel zwischen Nähe und Distanz sei oft nicht möglich, weil Abstand für viele zu schmerzhaft sei. Dadurch, so Sitzler, stauten sich unterdrückte Ressentiments an, die irgendwann zu einem totalen Kontaktabbruch führen könnten. Diese Unfähigkeit, Schwierigkeiten gemeinsam aus dem Weg zu schaffen und sich währenddessen nah zu bleiben, entstehe wohl schon in der Kindheit und sei geschlechtsspezifisch. Sitzlers Tipps für eine erfüllende Freundschaft: Tut gemeinsam Dinge, die euch herausfordern und durch die ihr eure Komfortzone verlasst. Redet nicht nur über euch und euer Leben, sondern trefft euch (wie Männer das viel häufiger tun) um einer Sache willen, die euch beiden neue Erlebnisse und gemeinsame Erfahrungen garantiert. Rechtfertigt euch nicht so viel. Und redet über das, was euch heute wirklich beschäftigt.[110]

Ich persönlich mache immer wieder die Erfahrung, dass ich nicht einen riesigen Bekanntenkreis brauche, sondern eher einige wenige Freundinnen, zu denen dann eine wirklich tiefe Verbindung besteht. Und ganz besonders kraftvoll erlebe ich Begegnungsräume von Frauen für Frauen, in denen wir uns öffnen und miteinander Gefühle und Gedanken teilen, in unbedingter Wertschätzung für alles Verbindende und alle Unterschiede, die wir zusammen feiern.

Auch die Clique deiner Tochter kann für sie beides sein: Fels in der Brandung oder Quelle von Schmerz und Einsamkeitsgefühlen. Manche Gruppen gehen offen und tolerant miteinander durch dick und dünn. Andere haben sehr strenge Verhaltensregeln, die Beteiligte in Gewissenskonflikte und Verzweiflung stürzen können. Sicher ist es notwendig, sich im Zusammensein mit Anderen zu reflektieren und manchmal auch zu bewähren. Dazu gehören auch Gefühle wie Neid, Konkurrenz und Kämpfen um Anerkennung. Fragen wie: Wie sehen mich Andere? Werde ich ernst genommen? Wie stehe ich für eigene Wünsche und Werte ein? sind wichtig für den Reifungsprozess eines jeden Teenagers. Schließlich muss jede*r für sich selbst einen gangbaren Weg für die Gestaltung aktueller und zukünftiger Beziehungen finden, gerade in der Jugendphase, in der die Herkunftsfamilie an Gewicht verliert.

Doris Bischof-Köhler legt in *Von Natur aus anders*[111] dar, dass Mädchengruppen meistens völlig anders funktionieren als die von Jungen. Der erste Unterschied: Mädchencliquen umfassten oft nur zwei bis drei Mitglieder (die eifersuchtsanfällige Dreierkonstellation); die der Jungen seien häufiger regelrechte Horden. Und: Jungsgruppen bildeten stabile Rangordnungen, die manchmal von der Grundschule bis ins Jugendalter erhalten blieben. Notfalls durch Einsatz von Gewalt werde die Hierarchie ein für alle Mal geklärt, was wenig Raum für Spontaneität und Entwicklung des Einzelnen biete. Statt dieser Dominanzhierarchie gebe es in Mädchencliquen, so Doris Bischof-Köhler, eine Geltungshierarchie: Dabei werde keine Machtposition dauerhaft festgelegt, was zunächst nett und sozial scheine, jedoch auch wenig »Ruhe im Karton« biete. Aktuelle Themen (wie eine gute Idee für eine Unternehmung) könne ein Mädchen zur Königin machen – allerdings oft nur für kurze Zeit.

Diese kurzlebigen Sympathien sorgten daher für häufige Revierkämpfe und eine neu zu ordnende Rangfolge. Und während sich die kleinen Männer bei Meinungsverschiedenheiten auch mal prügeln, Rechte einfordern und Kämpfe ausfechten, reagieren Mädchen eher mit Distanz. Sie booten eine Andere aus, wie Eva Meschede beobachtete, reden nicht mehr mit ihr und verbünden sich mit Anderen gegen sie.[112] Wer nicht bedingungslos loyal ist, kann deshalb schnell im Abseits landen. Gut verständlich also, warum ein echter und reinigender Konflikt nicht attraktiv erscheint oder gar Angst macht.

»Beim Laufen mit meinen Freundinnen fühle ich mich frei und lebendig.« Payton, 11 Jahre[113]

Für Mädels in der Jugendzeit ist es eine große Herausforderung, einen eigenen Standpunkt zu finden und sich zu trauen, an wichtigen Stellen Nein zur Clique zu sagen. Gerade im Experimentieren mit »erwachsenem« Verhalten, was häufig auch das Ausprobieren von Drogen, Zigaretten und Alkohol impliziert. Daher ist es wichtig, dass deine Tochter auch zu Hause ernst genommen wird, wenn sie Grenzen setzt, und beispielsweise ihre Abgrenzungsversuche nicht als »zickiger« pubertärer Widerstand abgewertet werden. Wird sie als mündiger und wichtiger Teil der Familie behandelt, so erfährt sie, dass ein Einstehen für sich selbst Erfolg zeigt. Dass ihrem Empfinden und ihren Grenzsetzungen von Menschen, denen sie wirklich wichtig ist, Respekt entgegengebracht wird.

Nachhaltig belastende Vorfälle oder Situationen in der Peergruppe oder im Schulumfeld unserer Töchter sollten jede Mutter hellhörig werden lassen. Denn Mobbing ist in der Jugendzeit besonders häufig. Das Herumhacken auf Anderen lenkt von der eigenen Unsicherheit ab. Opfer sind bevorzugt diejenigen, die sich trauen, sich selbst treu zu bleiben und ihr eigenes Ding durchzuziehen – zum Beispiel, indem sie sich anders kleiden als die Anderen oder sich nicht allen Gruppenregeln unterwerfen. Das Niedermachen der Abweichler*innen stärkt die eigene Position in der Gemeinschaft derjenigen, die sich damit gegenseitig ihrer »Richtigkeit« versichern.

Solltest du den Verdacht haben oder Dritte dich darüber informieren, dass deine Tochter selbst Andere abwertet, ist ein Eingreifen natürlich ebenso wichtig wie für den Fall, dass sie Betroffene ist. Erste Hilfe bei Mobbing und dem sogenannten Cybermobbing[114] in den sozialen Netzwerken bietet die Webseite *familienhandbuch.de*. Erhärtet sich der Verdacht, dass das eigene Kind Opfer oder Täter*in ist, sollte weitere fachliche Hilfe, wie die von Schulsozialarbeiter*innen oder psychologischen Beratungsstellen, gesucht werden.

Ungefähr 25 Prozent aller Jugendlichen, davon besonders viele weibliche, fügen sich aufgrund seelischen Leids selbst Schmerzen zu.[115] Bei nicht psychisch erkrankten Betroffenen sind häufige Gründe hierfür ungute soziale Erfahrungen, Einsamkeitsgefühle und Selbsthass, beispielsweise wenn der eigene, sich entwickelnde Körper abgelehnt wird. Der Organismus reagiert auch bei dieser Art von Schmerz mit der Ausschüttung von Endorphinen, den sogenannten Glückshormonen, die entlastend wirken. Durch die Verlagerung seelischen Leids auf die Körperebene kann kurzfristig die Illusion von Kontrolle entstehen. Selbstverletzendes Verhalten weist damit auf das Vorhandensein einer inneren Not hin, für die (noch) keine andere Bewältigungsstrategie gefunden werden konnte. Die häufigste Form der Autoaggression besteht darin, sich an den Handgelenken Schnitte beizufügen (das sogenannte Ritzen).

Die meisten Betroffenen versuchen, die Narben durch das Tragen langärmliger Kleidung oder einer Vielzahl von Armbändern zu verbergen. Andere Warnzeichen sind häufiges Einschließen im Bad oder Zimmer oder das Verstecken scharfer Gegenstände (Scherben, Schere, Spitzerteile oder Klingen).[116] Bei Hinweisen auf Selbstverletzung sollte sofort ein*e Kinder- und Jugendtherapeut*in oder -psychiater*in zu Rat gezogen werden. Weitere Elternempfehlungen finden sich im Netz.[117]

Übrigens scheint die App TikTok besonders verhängnisvolle Algorithmen einzusetzen. Diese können dazu führen, dass selbst nach kurzer Recherche in einer depressiv getönten »Bubble« (im Experiment[118] war ein völlig neuer Account lediglich 30 Minuten aktiv) nur noch Inhalte zu Selbstverletzung und Suizid angezeigt werden. Mit möglicherweise fatalen Folgen. Die Dokumentation *Uncovered – Wie gefährlich ist TikTok?*[119] zeigt dies in dramatischer Weise auf.

Aber auch ohne diese besonders schweren Erscheinungsformen von Belastungen kann Erwachsenwerden ganz schön kompliziert sein. Das Suchen und Finden neuer sozialer Bindungen ist ein zentraler Schritt heraus aus dem Elternhaus und hinein in die selbstverantwortliche Welt.

Nicht immer wird uns als Eltern gefallen, mit wem unsere Kinder gerade Umgang pflegen. Doch Kontaktverbote treiben so manche Jugendliche erst recht aus dem Haus. Der erfolgversprechendere Weg ist, im Gespräch zu bleiben. In den meisten Fällen funktionieren auch im Jugendalter noch unverfängliche Fragen wie *Was gefällt dir am besten an … (Freundin XY)? Wofür interessiert ihr euch besonders?* Sie können uns helfen, zu verstehen, was unseren Töchtern gerade besonders wichtig ist. Vielleicht ergibt sich dadurch auch ein Gespräch über unterschiedliche Haltungen innerhalb der Clique und den Umgang damit. Und wenn sie dafür offen sind, können wir unsere eigenen Erfahrungen dazu mit ihnen teilen.

Die Autoren von *Unsere Kinder brauchen uns: Wie Eltern sich ihre Rolle zurückerobern*[120] stellen sehr eindringlich dar, dass die heute weit verbreitete Ansicht, Jugendliche wollten oder brauchten keine elterliche Anleitung mehr, echte Reifung und das Ausbilden eines stabilen Selbstgefühls verhindert. Denn dort, wo Sicherheit von und Wärme zu Eltern verloren gehen, vollzieht sich Orientierung vorwiegend an Gleichaltrigen, deren Zuneigung äußerst sprunghaft ist und oft an letztlich unwichtigen Parametern (Kleidung, gemeinsamer Musikgeschmack und Ähnliches) hängt.

Dass unsere Teenager gemeinsam verbrachte Zeit und Aufmerksamkeit ebenso dringend brauchen wie Kleinkinder unter drei, haben Wissenschaftlerinnen bestätigt[121] Doch viele Jugendliche erzählen wenig bis gar nichts von ihrem Leben außerhalb der Familie. Und häufiges Nachfragen führt auch nur bedingt zu mehr Offenheit. Schnell entsteht der Eindruck, ausgequetscht zu werden, und dann machen viele ganz zu.

Mein Rezept ist hier, etwas gemeinsam zu tun, wie das Ausmisten eines Kleiderschranks oder andere Arbeiten in Garten und Haus, um ganz nebenbei ins Reden zu kommen. Mitunter braucht es einiges an Fingerspitzengefühl, um das richtige Maß, die richtige Sprache, den richtigen Zeitpunkt für Gespräche und Kontakt mit deiner Tochter zu finden. Dabei sollten wir uns aber nicht verbiegen. Wenn ich zu genervt für eine konstruktive Lösung bin, meditiere ich kurz. Geduld und Humor helfen auch. Und wenn ich mir innerlich mal wieder nur die Haare raufen kann, vertraue ich darauf, dass die frühere Saat meiner Erziehung mithilft, alles zum Guten zu wenden – auch, wenn das gerade (noch) nicht zu erkennen ist.

Spieglein, Spieglein an der Wand

»Stärke bedeutet, seine Leidenschaft, seinen Verstand und all seine Kraft für das einzusetzen, woran man glaubt. Daher kommt Schönheit.« Jordan, 15 Jahre[122]

Mit uns selbst und unserem Körper führen wir Frauen oft keine allzu wertschätzende Beziehung. Die traurige Wahrheit ist, dass fast 40 Prozent aller Frauen sich mit ihrem Körper nicht wohlfühlen. Mehr als die Hälfte ist unzufrieden mit ihrem Gewicht. Zwar stimmen 80 Prozent unserer Geschlechtsgenossinnen grundsätzlich der Aussage zu, jede habe auf ihre Art etwas Schönes an sich, lassen diesen Umstand aber nicht für sich selbst gelten. Als »schön« bezeichnen sich jedenfalls nur die allerwenigsten Frauen: vier von 100[123].

Tja, wie frau sieht, war die Schönheitsindustrie in den letzten Jahrzehnten überaus erfolgreich, Frauen zu vermitteln, sie müssten sich optimieren – um dann als Lösung ein Produkt anzubieten, das (angeblich) Abhilfe schafft.

Ein besonders perfides Beispiel: die Mittelchen gegen Cellulite. Das Phänomen, auch Orangenhaut genannt, betrifft 80 bis 90 Prozent aller Frauen und ist damit kein Krankheitsbild, sondern die Normalität. Wir können diese nur nicht wohlwollend annehmen, weil wir mittlerweile glauben, dass Cellulite nur bekommt, wer zu dick sei oder zu faul, um genügend dagegen zu tun. Dabei können all die Wundermittel gar nicht helfen, weil die betroffenen tiefen Hautschichten nicht durch Lotionen und Co erreicht werden.[124]

Wie wohltuend ist da das Beispiel der feministischen Schauspielerin und Schriftstellerin Lena Dunham, die 2017 auf dem Februar-Cover der amerikanischen *GLAMOUR* dafür sorgte, dass ihre Schenkel natürlich und mit Dellen zu sehen sind. Sie soll gesagt haben, sie wolle nie mehr retuschiert werden.[125]

Wir brauchen mehr Vorbilder wie dieses, damit die Normalität eines Frauenkörpers als solche wieder sichtbar wird und Frauen überall auf der Welt ihren Körper wieder lieben lernen. Dafür steht auch die Body-Positivity-Bewegung. Deren Vertreterin Megan Jayne Crabbe meint: Da die Diätkultur sich auf Frauen konzentriere, sei Hungern das effektivste Mittel zur Unterdrückung der Frau.[126]

Meine persönliche Ikone für mehr Lebensfreude und Körperliebe ist die australische Autorin, Aktivistin und Filmemacherin Taryn Brumfitt. Wenn ich ihr ansteckendes Lachen sehe, habe ich sofort gute Laune. Sie postete das wohl bekannteste Vorher-Nachher-Bild der Welt, das sie zuerst nach einer wochenlangen selbstkasteienden Bodybuilding-/Hungerphase zeigt. Anschließend im »Nachher«, als sie eine bereits anberaumte Schönheitsoperation abgesagt und beschlossen hatte, wieder mit Genuss zu essen. Brumfitt hatte erkannt, dass ihr Wunsch nach einem perfekten Körper von Selbsthass getrieben war. Heute kämpft sie nicht mehr gegen sich selbst, sondern für die Selbstliebe der Frauen unserer und der nächsten Generationen. Ihren Film Embrace[127] kann ich für einen gemeinsamen Mutter-Tochter-Videoabend wärmstens empfehlen.

Attribute der Schönheit sind abhängig von Moden und Zeitgeschmack. Schlanke oder füllige Idealbilder wechseln je nach politischer und gesellschaftlicher Lage. So ist es beispielsweise nach den Hungerjahren des Zweiten Weltkriegs nicht verwunderlich, dass Marilyn Monroe und andere Frauen mit ihren weiblichen Kurven besonders beliebt waren. Idealmaße entsprachen dort einer Kleidergröße 40 oder 42, Sport sollte tunlichst vermieden werden (!) und die Damenwelt konsumierte Nahrungsergänzungsmittel, um an Gewicht zuzulegen. Allen, die damit erfolgreich waren, halfen ab den Sechzigern die Weight Watchers, sich auf das nun neue gegensätzliche Vorbild der Twiggy-Maße herunterzuhungern. Und so ging es munter auf und ab.

Seit den 2000er Jahren gilt: Kurven sind wieder in – allerdings nur an den richtigen Stellen: Busen und – neuerdings – auch Hintern lässt frau gerne durch Implantate und Liftings aufpolstern und optimieren.

»Beim Fußball ist es nicht wichtig, schön auszusehen. Man muss seine Tränen und das Blut wegwischen, wird von den anderen im Team getröstet und kehrt so schnell wie möglich aufs Spielfeld zurück.« Jules, 9 Jahre[128]

Unsere Töchter machen sich vermutlich gerade Sorgen über unterschiedlich schnell wachsende Brüste, Pickel oder fettige Haare. Eine Studie hat ergeben, dass zwei Drittel aller Mädchen in der Pubertät aufhören, Dinge zu tun, die sie lieben, weil sie sich unwohl in ihrem Körper fühlen. Sie gehen nicht mehr schwimmen oder zum Sport und äußern sogar weniger ihre eigene Meinung.[129] Dass die Medien zu diesem Phänomen der Selbstverachtung einen Löwenanteil beitragen, beweist eine Untersuchung in der Provinz Nadroga (Fidschi): Vor dem Siegeszug des TV im Jahr 1995 war dort ein robuster, kräftiger Körper das Ideal für die Frauenwelt. Schlanke Frauen hielt man für schwach. Doch schon drei Jahre nach Einführung des Fernsehens fühlten sich 74 Prozent der befragten weiblichen Jugendlichen zu fett, und 15 Prozent hatten schon einmal erbrochen, um ihr Gewicht zu regulieren.[130]

Tatsächlich benötigen auch bei uns immer mehr magersüchtige Mädchen stationäre Behandlung. Grund ist meist ein geringes Selbstwertgefühl, mitbedingt durch gesellschaftliche Schönheitsideale. Im Alter von circa 10 Jahren steigt der Anteil der Mädchen, die sich für zu dick halten, von 32 auf 59 Prozent, und bis zum Erreichen des 17. Lebensjahrs sind sogar acht von zehn jungen Frauen dieser Meinung. Dabei sind vier Fünftel der befragten Jugendlichen normalgewichtig!

Formate wie *Germany's Next Topmodel* (GNTM) verstärken den Effekt der Falschbewertung des eigenen Körpers immens. GNTM-

Konsumentinnen denken fünfmal häufiger, sie seien zu dick, als Mädchen, die die Show nicht sehen.[131] So kommt es, dass fast die Hälfte aller Mädchen bis 15 Jahre bereits Erfahrung mit Diäten hat.

Modelshows und ähnliche TV-Angebote funktionalisieren den Körper und machen die Protagonistinnen zum Objekt. Paradoxerweise verstehen die Teilnehmerinnen selbst dieses ganze Theater auch noch als Selbstverwirklichung. Andere Sendungen wie *Extrem schön!*, in denen Chirurg*innen im gemeinsamen Einsatz mit Fitnesstrainer*innen, Psycholog*innen und weiteren Trainer*innen die Kandidat*innen zu komplett anderen Personen machen, gehen noch weiter. Kein Wunder, wenn sich immer mehr Mädchen angesichts dieser chirurgischen »Verschönerungsorgien« eine Operation wünschen.

Aufgrund des damit verbundenen Gesundheitsrisikos müssten all diese Shows und Doku-Soaps eigentlich mit Warnhinweisen versehen werden, wie sie auch auf Tabakwaren üblich sind.

Soziale Netzwerke befeuern die Beschäftigung mit dem Aussehen, die für manche Mädchen zur Sucht wird, der sie ihren gesamten Alltag unterwerfen. Besonders gefährlich sind die Magersucht-Foren, in denen Wettstreits um die schmalste Taille stattfinden (sie darf nicht breiter als ein A4-Blatt sein – wohlgemerkt: Hochkant-Format!).[132] So wird eine psychische Erkrankung zur Religion. Gerade unter jungen Mädchen, die sich wegen ihres in der Pubertät wandelnden Körpers unsicher und hässlich fühlen, findet diese Weltanschauung fanatische Jüngerinnen. In vielen Fällen geht der Selbsthass so weit, dass junge Frauen sich selbst verletzen (mehr hierzu im Kapitel *Mädelsbande*).

Erste Warnzeichen für ungesundes Essverhalten sind häufig geäußerte Angst vor dem Zunehmen, unrealistische Selbstwahrnehmung, zu viel Sport und große Gewichtsveränderungen. Rat und Hilfe in solchen Lagen bieten Frauengesundheitszentren, ärztliche Praxen und Beratungsstellen und seriöse Seiten im Internet.[133]

»Heute würde ich sagen, ich war schlank. Zum Zeitpunkt der Polaroid-Abzüge fand ich mich zu fett. […] Jetzt, als alte Frau, sehe ich die Fotos im Album mit Milde. […] Ein bisschen wütend bin ich schon, dass ich heute zufriedener mit mir bin als früher.« Ursula Lebert; Zufriedenheit im Alter: Wann war ich schön?[134]

Die berührenden Worte der verstorbenen Journalistin Ursula Lebert zeigen, dass wir den Moment und uns selbst genießen sollten. Wir sind schon jetzt genau richtig so, wie wir sind. Nicht perfekt. Perfekt ist langweilig. Unsere Körper sind keine Kunstobjekte, ausgestellt, um von Anderen angeschaut, kommentiert und bewertet zu werden. Celeste Barber, australische Bloggerin, macht den Schönheitswahn auf eine Weise lächerlich, wie er es verdient: Indem sie munter im Alltagslook nachgestellte Modelfotos und -videos postet und dabei schon mal in Unterwäsche auf Bäume krabbelt oder sich Deckel von To-go-Bechern ans Ohr klemmt.[135]

In der Pubertät legt der weibliche Organismus Fettreserven an, was normal und wichtig ist für die Entwicklung. In der Regel sehen erwachsene Frauen deshalb eben nicht mehr aus wie junge Mädchen, und das sollte auch nicht ihr Ziel sein. Dies unseren Töchtern zu verdeutlichen und mit ihnen darüber zu sprechen, ist ein erster Schritt hin zu einer kritischeren Haltung. Gleichwohl sollten wir auch die Meinung unserer Töchter zu dem Thema ernst nehmen und würdigen. Formate wie GNTM zu verbieten, bewirkt meist das Gegenteil. Gespräche darüber helfen mehr, als das Ganze rundweg abzulehnen. Fragen wir unsere Töchter also lieber:

- Was gefällt dir daran?
- Was denkst du, warum die Mädchen dort mitmachen?
- Wie müssen die jungen Frauen sich fühlen, die nur über ihr Äußeres Wert erfahren?
- Was hältst du von dem bewusst betriebenen Zickenkrieg?

- Kennst du so etwas aus deinem richtigen Leben?
- Was erfährst du von diesen jungen Frauen, und was nicht?
- Betrachtest du den eigenen Körper nach einer dieser Sendungen anders als vorher?

Um Wirklichkeit vom schönen Schein unterscheiden zu lernen, empfehle ich zwei Filme über »Verschönerungs-Aktionen«, die Pflicht sein sollten in der Lebensschule junger Mädchen. Zunächst die Gesichtsoptimierung einer Frau in *Dove: Evolution Of A Model*[136], und dann – für mich noch eindrücklicher – die Komplettveränderung eines Unterwäschemodels in *Body Evolution – Model Before and After*[137]. Schmaler, langbeiniger, leuchtendere Haut … an der Frau wird einfach *alles* anders! Nach diesem Video sollte jeder endgültig klar sein, dass Werbebilder niemals als Vorbild für uns reale, tolle Frauen taugen. Weitere Informationen über Risiken des Schönheitskults und Tipps für den kritischen Umgang mit Medien bietet die Webseite der Initiative *SCHAU HIN!*[138] mit diversen fundierten Artikeln.

Wir Mütter können unsere Töchter in dieser herausfordernden Übergangsphase ins Erwachsenenleben unterstützen, wenn wir ihnen von Beginn an zeigen, dass wir sie wertschätzen, mit all dem Wunderbaren, das in ihnen steckt: ihre Fähigkeiten, ihre Lebendigkeit, ihr Lachen, ihre Zähigkeit, wenn sie etwas wollen, und das, was sie uns und Anderen als Mensch bedeuten. Und anstatt über Optimierung nachzudenken, richten wir den Blick gemeinsam darauf, wie wir unseren Körper genießen können:

- Wie fühlt er sich an in Aktion?
- Welche Muskeln spüre ich gerne?
- Welche Nahrung tut mir gut?
- Was nährt mich sonst noch?

Natürlich ist jetzt das Joggen, Walken oder Inlineskaten zusammen mit Mama oder Papa nicht mehr die erste Wahl. Ich habe aber die Erfahrung gemacht, dass die Kinder, nachdem ich, zugegeben, hartnäckige Überzeugungsarbeit leisten muss, bevor wir aus dem Haus kommen, in den meisten Fällen auftauen, sobald sie aus dem Bannkreis von Handy und Co treten. Und das Highlight ist, wenn sich mit den gerade noch nörgelnden Sprösslingen (»Immer dieses doofe Spazierengehen!« – »Ich gehe *definitiv* nicht mit!«) im Lauf der verpönten Frei- und Frischluftbetätigung sogar ein tolles Gespräch ergibt.

Frauen brauchen mehr Selbstliebe!

»Ich bin kein Engel, und bis zu meinem Tod werde ich auch nie einer sein. Ich werde immer nur ich selbst sein.«
Schriftstellerin Charlotte Brontë[139]

Was uns von der Selbstliebe trennt, ist häufig Scham. Da ist die Scham, sich so zu zeigen, wie frau ist. Die Scham für einen Teil des Körpers (oder gleich für alles – frau ist da nicht zimperlich). Die Scham wegen eines vermeintlich furchtbaren Fehlers, den frau gemacht hat. Und so weiter.

Evolutionär ergibt Scham Sinn, denn damit zeigt eine Person, dass sie sich eines Fehlverhaltens bewusst ist, womit sie bei Anderen Nachsicht und Verzeihen erlangt. Scham wirkt also wie ein Korrektiv, um geltende Normen durchzusetzen und das Gruppengefühl zu stärken. Die Sachbuchautorin Jessica Libbertz hat lange unter dem Gefühl der Scham gelitten und verschiedene Krisen erlebt, bis sie schließlich einen Ausweg aus der Schamfalle fand. Ihrer Ansicht nach ist heutzutage vorrangig die destruktive Variante von Scham anzutreffen, die, durch ein niedriges Selbstwertgefühl begünstigt, sich nicht mehr nur auf einen konkreten Vorfall, sondern auf das komplette Selbstbild bezieht.

Damit unterscheidet sich diese Scham grundlegend vom Phänomen Schuld: Verstoße ich gegen Normen und Regeln, empfinde ich Schuldbewusstsein. Mit einer Ausgleichshandlung *entschuldige* ich mich üblicherweise dafür. Das Gefühl destruktiver Scham hingegen bleibt an mir hängen, unabhängig von meinen Taten, und ist deshalb so zerstörerisch.[140]

Die Überzeugung, nicht gut genug zu sein, führt Lippertz zufolge dazu, dass Frauen nicht nur respektlose und schlechte Behandlung durch Andere akzeptieren, sondern sich unbewusst sogar selbst bestrafen: Wir »belohnen« uns bei akutem Scham- oder Minderwertigkeitsgefühl mit süchtigem Verhalten wie exzessivem Shoppen, Zuckergenuss oder Alkoholkonsum, was uns kurzfristig ein Hoch verschafft. Letztendlich aber führen uns diese Strategien noch tiefer in die gefühlte Unzulänglichkeit.[141]

Brené Brown, die seit Jahren zu Themen wie Scham und Verletzlichkeit forscht, nennt Scham die »Angst vor dem Getrenntsein«. Brown fand heraus, dass sich Menschen, die ein starkes Zugehörigkeitsgefühl haben, von denjenigen, die das nicht haben, nur in einem Punkt unterscheiden: Sie glauben, dass sie die Liebe wert sind – das ist alles! Dieser Glaube, so Brown, gehe einher mit dem Mut, unvollkommen zu sein, sich so zu zeigen, wie man oder frau sei, und Verletzlichkeit zuzulassen.[142] Wenn wir uns betäuben und ein schmerzliches Gefühl unterdrücken, betäuben wir uns auch für andere Empfindungen – oft, ohne es zu merken.

Und was können wir nun tun, um der Scham entgegenzuwirken? Libbertz empfiehlt die radikale Akzeptanz des Gefühls: Na und – ich empfinde Scham[143]. Durch die Bereitschaft, jedes Gefühl – auch negativ besetzte – wertfrei anzunehmen, gehen wir paradoxerweise bereits in Distanz dazu. Die Empfindung überschwemmt uns nicht mehr, sondern verliert ihren Schrecken. Wir können uns damit Anderen zeigen und endlich erfahren, dass wir mit unseren Empfindungen nicht alleine sind und mit all unseren Anteilen liebenswert bleiben.

Auch vermeintlicher Fehler wegen brauchen wir uns nicht zu schämen – Fehler machen und Scheitern sind Orientierungshilfen und gehören einfach zum Lernen dazu. Diese Erfahrungen bergen wichtige Hinweise darauf, was wir beim nächsten Mal besser machen können. Kein Mensch würde einem Kleinkind, das gerade Laufen lernt, nach dem zweiten oder dritten Hinfallen sagen: »Das wird nix, ich seh das schon – bist halt zu doof dazu, lass es lieber bleiben.« Aber tatsächlich entmutigen sich viele Frauen auf ganz ähnliche Weise immer wieder selbst.

Anstatt wie hypnotisiert auf Rückschläge zu schauen, sollten wir deshalb unseren Blick auf die Fülle in uns richten.

→ Übung: Für mehr Selbstliebe

- Was kann ich gut?
- In welchen Momenten fühle ich mich lebendig und kreativ?
- Wo bin ich mit Anderen auf wohltuende Weise verbunden?
- Was tut mir gut, was nährt mein Inneres und befriedigt nicht nur ein vordergründiges Verlangen?

Nimm dir Zeit, diese Fragen zu beantworten, am besten schriftlich. Die eine oder andere mag erstaunt sein, was sie dabei über sich selbst herausfindet. Wenn du in der Auseinandersetzung damit an die Grenzen dessen kommst, was du alleine oder im Gespräch mit einer nahestehenden Person bewältigen kannst, hole dir fachliche Hilfe von einer kompetenten Beraterin oder Therapeutin, die wertschätzend deinen Prozess begleitet, aus dem Teufelskreis von Scham und Schmerz auszusteigen.

→ Übung: Danktagebuch

Ein Danktagebuch ist eine weitere Möglichkeit, den Reichtum des eigenen Lebens aus einer neuen Sicht zu erleben. Jeden Abend werden drei bis fünf Dinge darin eingetragen, die am Tag gut verliefen und dich oder Andere froh oder glücklich gemacht haben.

Anfänglich gar nicht so leicht, weil wir Positives meist als selbstverständlich hinnehmen. Doch wir können zutiefst dankbar sein für einen schönen Sonnenaufgang, für das heute gut gelaunte pubertierende Kind, ein leckeres Abendessen, ein fröhliches Lächeln in der Straßenbahn und vieles mehr. Das Aufschreiben lässt diese Erlebnisse stärker in uns wirken und entfacht beim späteren Durchlesen erneut Lebensfreude in uns. Das Anhäufen dieser Glückserlebnisse macht uns dankbarer und vertieft nebenbei unsere Beziehungen. Ein genialer Dominoeffekt. Scham basiert letztlich auf Fehlinterpretationen unseres Selbst und unserer Taten. Wir erkennen oft gar nicht, wie wir selbst die Scham nähren, indem wir uns lieblos behandeln, insbesondere im unbewussten Selbstgespräch.

→ Übung: Liebevolles Selbstgespräch

- Schreibe zunächst auf, was du heute erlebt hast und was du über dich und deine Handlungen denkst. Eine A5-Seite reicht.
- Anschließend lies das Ganze prüfend auf negative Bewertungen deiner selbst oder dessen, was du getan oder gefühlt hast.
- Achte auch auf versteckte Hinweise und Verallgemeinerungen wie »immer« oder »nie«. So was wie »ich habe natürlich wieder nicht gewusst, was ich meinem Chef auf seine unfaire Bemerkung antworten sollte«. Spüre nach, wie klein du dich selbst damit machst.
- Und dann hol zum Befreiungsschlag aus: Werde deine eigene beste Freundin und Anwältin gegen die Abwertung und schrei-

be das Geschehen um, am besten in der Du-Anrede. Erlaube dir, an deine Lernfähigkeit zu glauben, durch Formulierungen wie »noch nicht«.

Um bei dem Beispiel mit dem Chef zu bleiben: Du hast dich wie zerschlagen gefühlt durch die unfaire und herabsetzende Bemerkung deines Chefs. Und dazu hattest du auch allen Grund! Sein Verhalten ist inakzeptabel! Hat der ein Glück, dass dir noch keine Strategie eingefallen ist, wie du dich besser abgrenzen kannst. Aber das kommt noch, und dann kann der sich mal warm anziehen! Bleibe hartnäckig, merze alles Negative, was du über dich selbst geschrieben hast, aus und ersetze es durch positive Gedanken. Auf diese Weise lernst du, den inneren Dialog von überkritischen und kleinmachenden, selbsterniedrigenden Wertungen zu befreien und durch eine liebevolle und wertschätzende Sichtweise zu ersetzen.

Für mich ist Tagebuchschreiben sowieso ein Allheilmittel, um im stressigen Alltag zu spüren, was ich mir wünsche und brauche. Durch das Aufschreiben deiner Gedanken schenkst du dir Zeit nur für dich, du hörst dir *wirklich* zu, und das macht dich zur *besten Freundin deines tiefsten inneren Selbst*, das kraftvoll, liebevoll, mutig und lebenslustig ist. In besonderen Momenten findest du möglicherweise dabei seit der Kindheit verschüttete Kräfte wie Wut, Unerschrockenheit oder Spontaneität wieder. Sie können dir helfen, dich heute besser zu spüren und für deine Wünsche auf erwachsene Art einzutreten.

Falls du zögerst, dich auf diese Art der Selbstbegegnung einzulassen: Anfänglich hatte auch ich immer was viel Wichtigeres zu tun, oder ich hatte keine Idee, was ich schreiben könnte, oder ich hab mich sonst wie gedrückt. Irgendwann fiel mir auf, dass ich Angst hatte. Ich hatte Angst, dass da Dinge in mir hochkommen, die ich gar nicht (mehr) spüren wollte. Aber ich wusste insgeheim, ich muss da irgendwann ran. Hatte ich es dann doch gewagt, fühlte ich mich hinterher jedes Mal wunderbar – einmal auf Papier gebracht, verloren die Gedanken und Gefühle ihren Schrecken. Ich merkte, dass ich mir mit all dem Widerstand gegen den direkten Kontakt mit mir selbst im Grunde meine eigene Wichtigkeit abgesprochen hatte. Und wenn du und ich uns nicht ernst nehmen und uns zuhören, wer soll es dann tun?

Das wunderbare Buch *Selbstmitgefühl* von Kristin Neff zeigt sehr inspirierend, wie Selbstliebe – gerade auch in schwierigen Situationen – praktiziert werden kann. Neff rät zur Akzeptanz des Schmerzes, der zum Leben aller Menschen einfach dazugehört, aber auch wieder vergeht. Und zum immer wiederkehrenden Versprechen an sich selbst, gerade in leidvollen Momenten besonders liebevoll mit sich umzugehen und alles zu tun, um sich den Trost zu geben, den wir gerade benötigen.[144]

Wenn wir aufhören, Selbstabwertung zu praktizieren und uns stattdessen dem Selbstmitgefühl widmen, verkümmert die Scham zusehends. Wir gewinnen dafür immer mehr Liebe zu und Vertrauen in uns selbst. Wenn wir hinfallen, nehmen wir uns Zeit für uns. Danach richten wir uns wieder auf und suchen uns bewusst einen stabilen Stand, damit wir besser einstehen können: für uns selbst, für unsere Bedürfnisse.

Du musst nicht perfekt sein, um geliebt zu werden. Du darfst lernen, immer mehr du selbst zu sein. Du bist genug. Du bist es wert.[145]

Selbstliebe und Stolz der Töchter

»Meine Freunde sagen, ich sei verrückt. Aber ich bin nur ich.«
Ella, 10 Jahre[146]

Was leben wir vor an Selbstliebe, an Spaß am Leben, an Lebendigkeit? Welchen Regeln unterliegen Kinder in Familie, Schule und anderen Umfeldern, die ihr Aufwachsen beeinflussen? Die Forscherin

Brené Brown findet dafür in ihrem TED Talk *Die Macht der Verletzlichkeit* berührende Worte: »Am meisten perfektionieren wir unsere Kinder. Ich sage Ihnen, was wir über Kinder denken. Wenn sie auf die Welt kommen, sind sie auf Probleme gepolt. Wenn wir diese perfekten, kleinen Babies in der Hand halten, ist es nicht unsere Aufgabe zu sagen: ›Sieh sie an, sie ist perfekt. Meine Aufgabe ist es, sie perfekt zu erziehen, sodass sie in der 5. Klasse Tennis spielt und in der 7. Klasse nach Yale geht.‹ Das ist nicht unsere Aufgabe. Unsere Aufgabe ist es zu sagen: ›Du bist unvollkommen, und du wirst Probleme haben, aber du bist die Liebe und Zugehörigkeit wert.‹ Das ist unsere Aufgabe. Zeigen Sie mir eine Generation von Kindern, die so großgezogen wurden, und wir werden die heutigen Probleme lösen.« [147]

Die meisten Kinder sind im Vorschulalter ziemlich aktiv: Sie hopsen herum, können kaum still sitzen, wollen überall hochklettern, sind neugierig auf alles und auch mal total anstrengend.

Diese ungeheure Lebensfreude, die immer höher, weiter, und alles »Nochmaaaal!!!« will, haben wir Erwachsene uns leider abtrainiert. Wir *müssen* immer so viel anderes. Dieses *Müssen* kriegen unsere Kinder auch ab. Anfänglich ein bisschen, und Eltern verzeihen ihnen noch viel, aber mit wachsendem Alter nehmen auch unsere Ansprüche an unsere Sprösslinge zu.

Der britische Pädagoge Sir Ken Robinson spricht in seinem TED Talk »Do Schools Kill Creativity?« darüber, wie das Antrainieren universitär verwertbarer Fähigkeiten die Kreativität von Kindern beschneidet. Er berichtet von einem Mädchen, das in der Kunststunde begeistert losmalte. Die Lehrerin fragte sie: »‚What are you drawing?' And the girl said, ‚I'm drawing a picture of God.' And the teacher said, ‚But nobody knows what God looks like.' And the girl said, ‚They will in a minute.'«[148]

Die Selbstverständlichkeit, mit der dieses Mädchen weiß, was sie tut, ist es, die unsere Kinder verlieren, während wir ihnen erklären, dass es für jede Frage nur eine richtige Antwort gibt. Eins und eins?

Zwei. Punkt. Da gibt es nichts zu rütteln. Kreatives Denken, vor allem außerhalb vorgegebener Bahnen, wird in unserem Erziehungssystem nicht belohnt.

Wie drastisch Schule unangepasstes Denken verringert, belegt auch eine schon etwas ältere Studie. Der verwendete Fragebogen wurde ursprünglich zur Identifizierung besonders kreativer und innovativer Köpfe unter den Bewerbern der NASA entwickelt. Später untersuchte man damit auch die Entwicklung bei Kindern. Im Vorschulbereich erfüllten sagenhafte 98 Prozent von ihnen die Kriterien für Kreativität, doch bereits während der vier Grundschuljahre sank dieser Anteil auf 30. In der Pubertät waren es nur noch knapp über 10 Prozent, und im Erwachsenenalter wiesen nur noch magere 2 Prozent diese Innovationsfähigkeit auf.[149]

Solange unser Schulsystem sich nicht verändert, müssen wir als Eltern noch genauer hinschauen, wo wir unseren Kindern selbst Lernräume und Erlebnismöglichkeiten bieten können, die außerhalb von Kategorien wie *richtig* oder *falsch* liegen. Und auch hier können wir mit gutem Beispiel vorangehen, indem wir ausgetretene Pfade verlassen und zeigen, dass es okay ist, etwas Neues zu versuchen, selbst, wenn vielleicht *nichts* (wenn es das überhaupt gibt) daraus wird. Denn Menschen bereuen weniger die Dinge, die sie getan und vielleicht sogar falsch gemacht haben als die, die sie nie probiert haben.

In der Pubertät entwickeln unsere Töchter Vorstellungen davon, welches Leben ihnen sinnvoll erscheint und was sie von dem, was ihnen von Familie und Gesellschaft vorgelebt wurde, übernehmen wollen. Sie müssen im wahrsten Sinne des Wortes aus der Kindheit erwachsen.

Untersuchungen zeigen, dass dieser Prozess geschlechtstypisch abläuft. Pubertierende Mädchen büßen plötzlich an Stärke ein, die sie in der Grundschulzeit noch selbstverständlich hatten. Die Festlegung auf Rollenbilder behindert junge Frauen in ihrer Entfaltung massiv.

Ich möchte noch einmal betonen: Die angeblich so *weiblichen* Anteile wie Gefühlvolles und Sensibilität sind lebenswichtig und wertvoll für Menschen jeglichen Geschlechts. Doch darf damit nicht impliziert werden, dass frau stets so zu sein hat oder dementsprechend handeln muss, um Frau zu sein! Diese Wesenszüge zu zeigen und auszuleben, darf nicht beinhalten, dass wir übergriffige Situationen und respektlose, abwertende Behandlungen akzeptieren müssen. Mädchen und Frauen sollte die ganze Bandbreite an Verhaltensweisen zur Verfügung stehen, ebenso wie auch Jungen und Männer ihr Denk- und Verhaltensrepertoire erweitern dürfen.

In der Pubertät machen die hormonell bedingten Stimmungsschwankungen das Ringen um den eigenen, selbstbestimmten Weg in einer komplizierten Welt nicht leichter. Die Weltgesundheitsorganisation WHO beschrieb 1994 sogenannte *Lebenskompetenzen*[150], die wir im Laufe der Zeit erwerben müssen. Zu diesen Fähigkeiten gehören beispielsweise die Selbstwahrnehmung, kritisches und kreatives Denken sowie Gefühls- und Stressbewältigung. Je mehr die Gesellschaft jedoch Druck auf junge Mädchen ausübt, sich bestimmten Rollenmodellen zu unterwerfen, desto schwieriger wird es für sie, sich dieses kritische Denken zu gestatten, für sich einzustehen und alternative Handlungs- und Lebensmuster zu entwickeln.

Damit aufs Engste verknüpft ist die Selbstwahrnehmung, denn nur, wer das eigene Gefühl wahrnimmt, kann diesem entsprechend handeln und Entscheidungen treffen in Abwägung eigener und fremder Interessen.

Steve Biddulph schreibt, dass alle Kinder einen besonderen Funken in sich tragen, den sie zum Brennen bringen wollen – ein Talent wie Zeichnen, ein Anliegen wie den Tierschutz oder einen ausgeprägten Charakterzug wie Mut.[151] Diesen Funken zu nähren und zu unterstützen sehe ich als eine der zentralen Aufgaben von Eltern. Biddulph schlägt vor, Kinder immer wieder zu fragen, wobei sie sich am lebendigsten fühlen, und genau diese Erlebnisräume immer wieder zu fördern. Denn wo unsere tiefsten Wünsche sich mit den Bedürfnissen der Welt treffen, entstehe reine Freude.[152] Ein berührender Gedanke!

Lernen unsere Kinder sich selbst mit ihren Stärken besser kennen und lieben, werden sie resistenter gegen alle Arten von Bevormundung und Druck von außen. Eine Abgrenzung gegenüber Gruppen, die aus Angst vor Anderssein starre Konformitätsregeln aufstellen, wird ihnen leichter fallen. Sie werden autonomer und selbstbestimmter sein.

Wenn wir Kinder ermutigen, sie selbst zu sein, sich treu zu bleiben und sich in Selbstliebe zu üben, kann das manchmal echt anstrengend sein. Denn die meiste Zeit werden sie fieserweise gerade dann versuchen, sie selbst zu sein, wenn wir irgendwas von ihnen wollen. Was tun? Ein guter Maßstab für das eigene Tun im Krisenfall Eltern-Kind ist immer, nachzuprüfen, worüber ich mich ärgere – vor allem, wenn ich das laut tue: Kritisiere ich ein Kind oder ein Verhalten? Das ist ein himmelweiter Unterschied und trägt entscheidend dazu bei, ob unsere Teenager-Tochter sich geliebt fühlt oder nicht.

Auch, wenn wir die Eltern sind und manches einfach entscheiden müssen: In Bezug auf ihren Wert und auf Respekt sollte Gleichberechtigung für alle Familienmitglieder gelten. Noch ein Grund mehr, dass wir immer wieder versuchen dürfen, uns zunächst einmal selbst zu lieben mit all unseren reizenden Macken!

Gelingendes Leben

»Ich bin mit Begabung und Talent gesegnet und kann es kaum erwarten, der Welt das zu zeigen.« Zari, 11 Jahre[153]

Die Autorin Linda Jarosch möchte Frauen inspirieren, mehr Weite in ihr Leben einzuladen: Obwohl die Freiheit in uns Menschen angelegt ist, wählen viele von uns die Enge, die uns Gesellschaft, Rollenbilder und andere Erwartungen von außen zuweisen. Denn diese Enge, so Jarosch, beinhalte auch Sicherheit und Halt, und es könne zu Einsamkeit führen, sie aufzugeben.[154] Immer wieder berichten mir Frauen, wie diese Freiheit in Form von unangepasstem Verhalten und Festhalten an eigenen Zielen für Unverständnis bei Anderen sorgt. Manchmal sogar für richtige Bösartigkeit. Denn wer sich nie erlaubt, sich selbst ernst zu nehmen, reagiert oft verschnupft darauf, wenn Andere genau das tun, und versucht so einiges, um diese davon abzuhalten.

Aber, ganz im Ernst, wir können doch nicht erwarten, dass die Welt uns für unser Leben applaudiert! Es werden uns nie alle lieben – das sollten wir einfach akzeptieren. Denn am glücklichsten leben wir, wenn wir so handeln, dass wir uns selbst lieben können. Dass wir uns erlauben, weit und frei zu sein, im Denken, Fühlen und Tun. Das ist kein Aufruf zu Rücksichtslosigkeit gegenüber Anderen – im Gegenteil: Wer sich selbst liebt, gesteht auch Anderen zu, dass sie Bedürfnisse haben, die den eigenen gleichgestellt sind. Wer innerlich weit und frei ist, hört mit dem Kampf gegen sich und Andere auf und konzentriert sich auf allseitiges Respektieren und Leben-lassen. Andere zu lassen mit dem, was sie im Inneren ausmacht. Auch Andere in und mit ihren Grenzen zu akzeptieren. Der lohnendste Weg, den wir vorgehen können in der Hoffnung, dass dieser unseren Kindern nachahmenswert genug erscheint, ist daher:

Frei und innerlich weit –
was auch immer das für uns jeweils beinhaltet.

2 Zeitgemäße Rituale für die Töchter von heute

Seit Menschengedenken wurden Rituale erdacht, um in Verbundenheit mit Anderen ein wichtiges Ereignis zu feiern. Du und deine Tochter entscheiden, welche Meilensteine oder spontanen Alltagsmomente ihr zu einem Fest machen möchtet. Manche Mütter wünschen sich Anregungen für ein Frauentreffen zur ersten Menstruation. Auch ein erstmalig beobachtetes Wachsen der Brust kann ein Anlass für ein oder mehrere Rituale sein. Viele der hier aufgezeigten Übungen können auch an einem ganz normalen Tag zu zweit durchgeführt werden. Zum Beispiel, wenn sich zufällig ein Gespräch zu einzelnen Aspekten des Mädchen- oder Frauseins ergibt. Solche Gelegenheiten tauchen mitunter auch schon im jungen Kindesalter auf. Und unsere Vorbildfunktion als Frau beginnt schließlich schon mit Geburt unserer Töchter.

Die von mir zusammengestellten Rituale orientieren sich an den herausfordernden Lebenswelten der jungen Mädchen von heute. Stark spirituell ausgerichtete Leserinnen oder solche, die sich schamanischen Ideen verbunden fühlen, werden daher eher an anderer Stelle Anregungen finden. Mein Hauptaugenmerk richtet sich auf das konkrete Vorbild von Frausein, das Mütter zusammen mit anderen zugewandten Frauen Mädchen in der Kindheit und im Teenageralter geben möchten. Dieses Vorbild kann immer nur sehr individuell sein. Dennoch werden die meisten Mütter in einem Punkt übereinstimmen: Wir möchten unsere Töchter eingebunden wissen in einen Kreis von Menschen, die liebevoll und unterstützend ihr Leben begleiten.

Eine der jungen Frauen, die ich einige Jahre nach der Teilnahme am Mütter-Töchter-Kurs der hiesigen Volkshochschule gemeinsam mit ihrer Mutter interviewen durfte, beschrieb ihre wertvollste Erfahrung so: »Als die anderen Mädchen in meiner Klasse ihre Periode bekamen, hatte ich das Gefühl, die sind alle Einzelkämpferinnen. Ich aber hatte diesen Kurs mitgemacht. Ich wurde dort aufgenommen in den Kreis der Frauen, das war eine unglaubliche Erfahrung. Und als ich dann kurze Zeit danach meine Periode bekam, fühlte sich das stark und stimmig an. Ich sah immer noch die anderen Frauen vor mir, und ich fühlte mich eingebunden in eine große Gemeinschaft. Diese Erfahrung ist mir bis heute geblieben. Ich bin stolz auf mein Frausein, und ich rede ganz offen über meine Periode, mit jedem, der es hören will.«

Meine große Hoffnung ist, dass es auch unseren Töchtern so gehen wird: dass sie stolz sind auf sich und auf ihr Frausein. Weil es sie glücklicher machen und zu einer gleichberechtigteren Welt beitragen wird, in der weibliche Scham-, Schuld- und Minderwertigkeitsgefühle keine Währung mehr sind, die wir an das Patriarchat zu zahlen haben.

Fast alle nachfolgend aufgezeigten Übungen und Gesprächsrunden eignen sich sowohl für Mutter-Tochter-Zeit oder ein Fest im kleinen Kreis nur für deine Tochter als auch für größere Zeremonien mit mehreren Töchtern und ihren Wegbegleiterinnen. Im letztgenannten Fall kann es spannend sein, Mütter und Töchter in getrennten Gruppen spielerisch agieren zu lassen. Rituale und Übungen, die sich besonders für den Zweierrahmen eignen, sind mit ⚢ ausgewiesen.

Übungen, die als Türöffner-Rituale speziell für jüngere Mädchen gedacht sind, die sich (noch) nicht explizit mit Weiblichkeit beschäftigen wollen, sind mit dem Symbol Ω gekennzeichnet.

Keine Gästin bei einem privaten Fest oder Teilnehmerin bei einer Gruppenveranstaltung sollte sich genötigt fühlen, mehr von sich preiszugeben, als sie möchte. Jede kann sich zu jeder Zeit aus einer Übung oder einem Ritual ausklinken. Und auch bei den Gesprächsrunden sollte immer deutlich sein, dass jede nur das von sich erzählt, was sie möchte und womit sie sich wohlfühlt.

Rituale zu zweit und einfache Türöffner-Rituale

Übungen mit besonderem Augenmerk auf eure Mutter-Tochter-Beziehung können im Beisein von Anderen zu intim sein und bieten sich dann eher für einen Zweierkontext an als für ein Frauenfest. Beispielsweise das Ritual *Der Spiegel der Mutter* (S. 177), in dem ihr ein Gespräch über äußere und innere Ähnlichkeiten und Unterschiede zwischen euch führt. Oder du kannst mit einer jungen Tochter schon kleine Übungen in den Alltag einbauen oder mit ihr einen Mama-Tochter-Nachmittag zelebrieren. Das Frausein kommt dann wie nebenbei zur Sprache.

Wenn du Mutter einer älteren Tochter bist, die sich mit den körperlichen oder seelischen Herausforderungen der Pubertät schwertut und genervt mit den Augen rollt, wenn sie das Wort *Frauenrituale* nur hört, dann sind einfache Übungen, bei denen ihr etwas mit den Händen schafft, oder eine Massage ein guter Türöffner. So ist zum Beispiel das Kreativritual *Sachikos Spiegel* (S. 134), für das ihr zusammen ein Spiegel-Unikat gestaltet, eine feine Sache zu zweit ganz unabhängig vom Alter der Tochter. Oder im kleinen Kreis gemeinsam räuchern, sich gegenseitig eine Bauchmassage gönnen, einen Blumenkranz flechten und vieles mehr. Fantasiereisen kommen im Zweiersetting zwar nur deiner Tochter zugute, aber wenn sie dafür offen ist, gönnt sie sich diese Besinnungszeit mit dir gerne!

→ Und noch ein Mutter-Tochter-Tipp: Wenn ein Frauenfest geplant ist, suche die benötigten Materialien (Deko, Bastelutensilien, Massageöl etc.) mit deiner Tochter bei einem gemeinsamen Stadtbummel aus. Dabei kann frau sich wunderbar gedanklich auf diesen Festtag einstimmen.

Zweier-Ritual anlässlich der ersten Menstruation

Eine der Frauen, die ich zu ihren eigenen Jugenderfahrungen interviewt habe, hat mir von einem schönen Ritual aus Südamerika berichtet, das du gemeinsam mit deiner Tochter am Tag ihrer ersten Periode durchführen kannst: Dazu legst du ein Stück eines saugfähigen Stoffs aus Naturmaterial (z. B. Baumwolle) in den Slip deiner Tochter, um die allerersten Tropfen Menstruationsblut ihrer nun beginnenden

Zyklusjahre aufzunehmen. Dieses Tuch wird anschließend gemeinsam in der Erde vergraben, als Zeichen dafür, dass wir Menschen alle mit der Erde verbunden sind, die uns Nahrung und Leben schenkt.

Frauenfeste

Manche Rituale eignen sich besonders für ein Fest unter Frauen, zum Beispiel Gesprächsrunden, die von vielen unterschiedlichen Meinungen profitieren. Das setzt voraus, dass alle Beteiligten bereit sind, in gewissem Maß freimütig über die eigenen Haltungen und Lebensthemen zu sprechen. Andere Übungen basieren auf ganz einfachen, zum Beispiel kreativen Ideen, die weniger bedeutungsschwer und dadurch geeigneter für jüngere Mädchen sind.

Wenn der Fokus auf der ersten Menstruation deiner Tochter liegen soll, bietet sich eine Feier an, die ihre Einführung in den Kreis der Frauen versinnbildlicht. Manche Mädchen haben gerne ihre beste Freundin mit dabei. Dazu können Tanten, erwachsene Freundinnen der Familie und gerne auch ältere Verwandte und Gefährtinnen eingeladen werden. Die Anwesenheit unterschiedlicher Altersgruppen erlaubt einen differenzierteren Blick auf verschiedene Aspekte von Weiblichkeit, auch außerhalb von Muttersein.

Feste für mehrere Frauen mit Tochter

Ein Gruppentreffen verschiedener Mütter mit ihren Töchtern ist eine inspirierende Kraftquelle für alle Beteiligten. Die Anwesenheit mehrerer Mädchen und Frauen ermöglicht sowohl den Blick innerhalb der eigenen Peergroup (Freundeskreis) als auch den Blick auf die jeweils andere Generation. Die erwachsenen Frauen können die Rituale dabei abwechselnd, je nach eigenem Schwerpunkt, Interesse und ausgerichtet am Alter der Mädchen, anleiten.

Reine Mädchenfeste

Treffen für Mädchen bieten Erfahrungsräume außerhalb des elterlichen Einflusses, sodass Gespräche über Themen wie die Entwicklung des eigenen Körpers leichter fallen. Selbst bei pädagogischer Vorbildung und einem sicheren Händchen für Jugendliche, kann es für die Tochter einfach uncool sein, wenn Mutter diejenige ist, die für sie und ihre Freundinnen ein Treffen gestaltet. Ratsam ist dann, auf ein bestehendes Programmangebot zurückzugreifen. Überregional bietet z. B. der MFM Deutschland e. V. (*my fertility matters* – deutsch: meine Fruchtbarkeit zählt) standardisierte Workshops an[155], oder die Volkshochschulen, Familien-, Jugend- oder Frauengesundheitszentren vor Ort. Wenn keine Kurse verfügbar sind, lohnt es sich, bei Fachkräften in der örtlichen Jugendarbeit oder einer Beratungsstelle für Familien und Sexualpädagogik nachzufragen, ob dort ein auf eure Bedürfnisse maßgeschneiderter Kurs angeboten werden kann.

Ein Geschenk für deine Tochter

Wenn du deiner Tochter anlässlich ihrer ersten Blutung etwas schenken möchtest, das sie immer an diesen Tag erinnert, eignet sich ein Schmuckstück, wie eine Kette oder ein Ring mit einem Frauensymbol, einem roten Stein oder Mondstein. Auch ein buntes von dir selbst gestaltetes oder fertig gekauftes Täschchen für das Mitnehmen von Hygieneartikeln für unterwegs ist eine Idee.

Entspannend während der Blutung ist ein den Unterleib wärmendes Kissen, zum Beispiel mit Dinkel gefüllt. In einem selbst genähten oder verzierten roten Bezug wird daraus ein spezielles Geschenk.

Oder ein schön gestaltetes, zum Beispiel mit Bildern inspirierender Frauen beklebtes Tagebuch, in das deine Tochter ihre Gefühle und das Zyklusgeschehen eintragen kann.

Weitere Geschenkideen

Ein Aufklärungsbuch über die Vorgänge im Körper, damit sie sich entspannt und in ihrem eigenen Tempo über alles Wichtige informieren kann. Aber Augen auf beim Kauf: Manche Publikationen beinhalten leider immer noch fehlerhafte Informationen, bezeichnen die Klitoris als »erbsengroß« oder sprechen vom Jungfernhäutchen.

Ein kleines Schatzkästchen mit Symbolen für das Frausein oder Lieblingssprüchen auf kleinen Karten.

Die Themen in Bezug auf das Frausein, die uns Müttern wichtig sind, lassen sich anschaulich in einem kleinen Tagebuch erläutern, das du deiner Tochter zu einem passenden Zeitpunkt überreichen kannst. Ein sehr persönliches Geschenk und eine gute Möglichkeit, deiner Tochter etwas Intimes von dir mitzuteilen und wichtige Gedanken an sie weiterzugeben.

Schön, wenn deine Tochter eigene Wünsche und Ideen hat, wie sie feierlich mit dir oder der ganzen Familie ihre Menarche würdigen möchte, z. B.

- gemeinsam ein besonderes Kleidungsstück kaufen,
- mit dir einen nicht alltäglichen Restaurantbesuch planen,
- ein gemeinsamer Saunabesuch mit anschließender Massage
- Vielleicht schafft ihr euch ja auch freie Zeit für einen gemeinsamen Wochenendurlaub zu zweit?

Von vielen Frauen beschenkt

Ein Frauenfest für deine Tochter oder auch für mehrere Mütter mit Töchtern hat das Ziel, Orientierung für den Übergang ins Erwachsensein zu geben. Es signalisiert die Zugehörigkeit zum Kreis der Frauen und soll ein Gefühl der Gemeinsamkeit stiften in einer Welt, in der zu häufig Konkurrenzdenken über Verbundenheit triumphiert.

Deine Tochter sieht und erfährt in einer Gruppe mit mehreren Frauen ganz unterschiedliche Aspekte von Weiblichkeit. Diese Vielfalt macht nicht nur reicher an Eindrücken, sie kann auch enorm erleichternd sein. Denn viele Mädchen spüren unbewusst eine starke Verpflichtung, der eigenen Mutter ähnlich zu werden. Insbesondere, wenn beide sich sehr nahestehen. Fühlt sich die Tochter dadurch unter Druck gesetzt, kann das ihre innersten Beweggründe beeinflussen und ein Auslöser dafür sein, gegen ihre eigentlichen Gefühle zu handeln, nur, um sich abzugrenzen und anders zu sein.

Das Beisammensein mit anderen Frauen anlässlich eines Menarche- oder Frauenfests wertschätzt unterschiedliche Ausprägungen von Weiblichkeit. Es öffnet den Raum für *fremde* Möglichkeiten, aus denen Jugendliche und auch anwesende Erwachsene miteinander schöpfen können. Es stärkt also nicht nur die Verbundenheit zwischen Mutter und Tochter, sondern im Idealfall auch die Bande zwischen den anwesenden Frauen. Wenn deine Tochter die Erfahrung von Getragensein in einem Kreis von Frauen erlebt und dort Hilfreiches und Unterstützendes erfährt, wird ihr Vertrauen in die Welt wachsen. Idealerweise erlebt sie sich als Teil eines größeren Ganzen und wird Frauen häufiger als Gleichgesinnte und Wegbegleiterinnen wahrnehmen denn als Konkurrentinnen.

Die Rituale dieses Fests sind nicht nur für beteiligte Töchter, sondern auch für die anwesenden erwachsenen Frauen eine Einladung, sich selbst zu spüren und besser zu verstehen. Im Austausch über die eigenen Emotionen und eure Ausgestaltung von Weiblichkeit entsteht viel Verbindendes, genauso wie es die Unterschiede sichtbar werden lässt, die berühren und sehr bereichernd sein können. Eine Auszeit im Frauenkreis, der den weiblichen Körper, Nährendes und Gemeinsames feiert, ist eine wunderbare Oase fernab des hektischen Alltags. Die unterschiedlichen, angebotenen Rituale sind wie ein bunter Strauß an Ideen für ein Frauen- oder Initiationsfest, aus dem jede das auswählen kann, was für ihre Feier passt. Ausschlaggebend bleibt aber, womit sich deine Tochter wohlfühlt und was ihr wichtig ist.

Wie stimme ich meine Tochter auf ein Menarchefest ein?

Wie ich eingangs beschrieben habe, war meine ältere Tochter zunächst völlig entgeistert, als sie von der Idee eines Menarche- und Frauenfests hörte. *Wie – auch noch feiern? Das Ganze mit dem Blut ist doch peinlich genug!?* Immer wieder in größeren Abständen darauf zurückkommend, hatte sie Zeit, sich mit dem Gedanken anzufreunden und freute sich zum Schluss darauf, dass da etwas ihr zu Ehren stattfinden sollte. Meine Empfehlung ist deshalb: Spreche mit deiner Tochter beizeiten, sowohl über körperliche Vorgänge als auch über deinen Plan, ein Frauenfest, ob anlässlich der ersten Menstruation oder auch früher oder später, zu feiern.

Die zweite Überlegung sollte sein, in welche Vorbereitungen die Töchter miteingebunden werden. Gerade hinsichtlich der Rituale können die Meinungen und Vorlieben von Müttern und Töchtern weit auseinanderliegen. Um dem zuvorzukommen, erstelle eine Liste der Rituale, die dir spontan gefallen haben, und aus der sich deine Tochter das auswählen kann, was ihr zusagt. Elemente des Festes als Überraschung einzuplanen, birgt ein gewisses Risiko. Frage im Zweifelsfall vorab deine Tochter, und kläre mit ihr Ausschlusskriterien ab. Ganz wichtig ist in jedem Fall, dass alle beteiligten Töchter vor, während und nach der Feier immer wieder behutsam gefragt werden, was sie brauchen. Übungen mit großer emotionaler Nähe können anstrengend sein, sodass Ruhephasen zwischendurch nötig sind. Oder eine körperlich auspowernde Aktivität, um Spannung loszulassen – zum Beispiel gemeinsames Tanzen oder Trommeln.

Stelle während des Fests sicher, dass du zwischendurch immer wieder deine Tochter im Blick hast. Am besten wäre, eine der mitfeiernden Frauen assistiert dir und unterstützt dich. Zusätzlich kannst du mit deiner Tochter ein Stoppsignal vereinbaren, sollte ihr etwas zu viel werden oder zu nah sein und sie eine Pause brauchen.

Trotz wohlmeinender Vorbereitung kann es sein, dass deine Tochter sich nicht für die Idee eines Fests erwärmen kann und schlussendlich die Feier kategorisch ablehnt. Dann übe bitte keinen Druck auf sie aus. Das Schlimmste, was passieren kann, ist, dass sie sich genötigt fühlt, dir zuliebe mitzuspielen – davon hätte niemand etwas. In diesem Fall nimm von der Idee einer Feier Abstand und schaue, was stattdessen möglich und für deine Tochter förderlich ist. Viele Rituale lassen sich ebenso gut zu zweit durchführen. Auch wenn die erste Periode schon länger zurückliegt, ist spät besser als nie. Es werden sich bestimmt Phasen ergeben, in denen das eine oder andere festliche Element für euch beide passt.

Wenn mit deiner Tochter gerade nichts von dem möglich ist, was du mit ihr feiern möchtest, spüre nach, was du für dich selbst brauchst. Danke dir selbst, dass du dieses wunderbare Wesen geboren hast! Was an dieser Zeit des Frauwerdens deiner Tochter möchtest du für dich feiern und reflektieren? Schreibe alles auf, was dir in den Sinn kommt, z. B. in einem Brief an dich selbst oder an deine Tochter, den du ihr später geben kannst. Oder verabschiede mit einer kleinen Zeremonie gedanklich ihre frühen Mädchenjahre. Auch eine Mütterrunde bietet eine gute Möglichkeit, diese Phase gemeinsam zu erleben – angeleitet durch eine Fachfrau oder einfach als Gesprächsrunde. Indem du deine besondere Rolle für deine Tochter bewusst erlebst und dir selbst Wertschätzung dafür vermittelst, fällt es dir auch leichter, dein Kind mit einem Gefühl innerer Weite in sein eigenes Leben gehen zu lassen.

Gestaltung und Ablauf

Ein Frauenfest kann natürlich jederzeit stattfinden, dem jeweiligen Alter deiner Tochter angepasst. Manche Zeremonien wie die *Aufnahme in den Frauenkreis* (S. 129) eignen sich am ehesten für den Zeitraum der ersten Menstruation. Für die Dauer der Feier oder des Gruppentreffens sind vier bis sechs Stunden ein guter Zeitrahmen, je nach Alter der teilnehmenden Töchter und der Art des Festes.

Ein mögliches Begrüßungsritual findest du gleich zu Beginn der Ritual-Seiten (S. 120). Danach lassen sich gut vier bis fünf weitere Übungen anschließen, abhängig davon, wie umfangreich diese ausgestalten werden sollen. Ich habe hier bewusst auf Zeitangaben verzichtet. Denn die Bereitschaft der Teilnehmerinnen, sich auf die einzelnen Elemente einzulassen, ist sehr individuell. Die Rituale sind thematisch, wie *Rituale mit kreativen Elementen* und *Fühlrituale für Körper und Seele,* unterteilt.

Wie ein gutes Buch braucht auch die Feier einen Spannungsbogen. So sollte ein Höhepunkt wie die *Aufnahme in den Frauenkreis* (S. 129) erst nach einem stimmungsvollen Ankommen und der schrittweisen Einstimmung auf das Thema stattfinden. Auf die richtige Mischung kommt es dabei an, z. B. dass sich Energetisches mit Ruhigem abwechselt oder sich nach der Gesprächsrunde eine Übung zum Spüren anschließt. Wenn du merkst, dass während der Feier die Energie im Raum nach anderem verlangt als geplant, dann sollte ganz flexibel eine alternative Übung herangezogen werden. Deshalb nimm bereits bei der Planung diese möglichen Alternativen mit auf.

Zwischen den Ritualen sind Pausen wichtig, um etwas zu trinken, zur Ruhe zu kommen und sich mit neuer Kraft zu verbinden. Dazu eignen sich Entspannungsübungen und Bewegung zu Musik, oder eine der Teilnehmerinnen kann eine Yoga-Übung oder andere körperliche Sequenzen anleiten (s. *Pause und Entspannung* - S. 125).

Das Essen nimmt erfahrungsgemäß eine gewisse Zeit in Anspruch. Ebenso wie das Bestücken und spätere Abräumen des Buffets. Mit dem Festmahl zu enden hat somit den Vorteil, ohne Zeitdruck essen und anschließend noch plaudernd beieinandersitzen zu können. Wenn das Buffet die Feier beschließen soll, empfehle ich, das Fest am frühen Nachmittag beginnen zu lassen. Die meisten werden ein Mittagessen hinter sich haben und so fürs Erste gestärkt und genährt sein. In diesem Fall reicht ein kleiner Imbiss als Zwischensnack, den frau ohne Geschirr oder lange Vorbereitung genießen kann.

Und zu guter Letzt: Eine eingeplante Pause, in der jede für sich zur Ruhe kommen kann oder gemeinsam eine Spazierrunde gedreht wird, ist ebenfalls eine gute Sache.

Alle Rituale sind Anregungen, die je nach Geschmack und Gusto verändert und angepasst werden können. Ein Richtig oder Falsch gibt es hier nicht.

Gästinnenliste

In diesem Zusammenhang kommen mir die »guten Feen« aus dem Märchen *Dornröschen* in den Sinn. Sie feiern gemeinsam mit dir deine Tochter, begrüßen ihr Frausein und werden vielleicht auch wichtige Impulse setzen in ihrem weiteren Leben. Damit stehen sie in der guten Tradition der weisen Frauen, die Dornröschen ihre Geschenke darbrachten: die eine gab ihr Tugend, die andere Schönheit, die dritte Reichtum und so weiter. Dornröschens Verletzung an der Spindel ist ein Sinnbild für die erste Menstruation. Die »böse Fee« war also im Grunde nicht böse. Sie sagte nur etwas voraus, das zum Frausein dazugehört – in einer Phase, in der wir viel Schlaf brauchen.

Zu groß sollte der Kreis der Gästinnen nicht werden. Vier bis maximal acht Teilnehmerinnen sind eine gute Größe. Am besten du und deine Tochter beratet gemeinsam darüber, wen sie gerne bei ihrem

Fest dabei hätte. Dabei eignen sich im Besonderen die Frauen, die im bisherigen Leben deiner Tochter schon eine wichtige Rolle gespielt haben und diese auch mit Herzblut und langfristigem Interesse weiter ausfüllen möchten. Ideal ist auch eine altersmäßige Durchmischung.

Die Konzentration sollte auf dem Feiern der Weiblichkeit und auf der Hauptperson liegen. Personen, die dazu neigen, ins Problematisieren abzugleiten oder sehr viel Aufmerksamkeit benötigen, sind vermutlich nicht die am besten geeigneten Teilnehmerinnen. Frauen, die Traumata erlebt oder eine psychische Krankheit haben, könnten möglicherweise stärker als erwartet auf die Konfrontation mit manchen der in den Ritualen behandelten Themen reagieren. Gehe achtsam mit deinem Gefühl dazu um und frage bei Zweifeln die Betroffene direkt oder eine Fachperson.

Für Bereiche deines Frauseins, die du selbst als herausfordernd erlebst, kann ein *Gegenpol* sehr inspirierend wirken. Wenn du beispielsweise Schwierigkeiten hast, deinen Körper zu lieben, lade gezielt Mütter ein, die ihre weiblichen Rundungen – unabhängig von Idealvorstellungen, wie diese auszusehen haben – mit großem Selbstverständnis annehmen. Auch eine Zyklus- oder Jugendberaterin könnte einzelne Rituale anleiten. Die Gästinnen sollten natürlich grundsätzlich bereit sein, sich zu öffnen, um eigene Erlebnisse und Erfahrungen zu teilen. Da ist es sinnvoll, die Idee und das, was von ihnen erwartet wird, im Vorfeld zu kommunizieren. Insbesondere dann, wenn die Anleitung eines Rituals oder eine andere besondere Aufgabe zu übernehmen ist.

Eine festgelegte Kleiderordnung verleiht dem Tag zusätzlich eine besondere Bedeutung. Symbolisch für die Lebensphase der erwachsenen Frauen eignet sich das Tragen eines roten Kleidungsstücks oder eines roten Accessoires, das den Monatszyklus veranschaulicht. Wenn ältere Frauen anwesend sein werden, die ihre Regelblutung nicht mehr haben, sprich mit ihnen ab, welche Farbe für sie passend erscheint.

Raum und Nährendes

Die Örtlichkeit für die Feier sollte Platz bieten für eine kleine Tanzrunde oder für Fantasiereisen, die besser im Liegen als im Sitzen abgehalten werden. Zu große Räume wirken schnell ungemütlich.

Als Mobiliar reichen Stühle oder Kissen und Decken für den Boden. Ein Tisch ist nicht zwingend nötig, kann aber für kreative Rituale hilfreich sein. Ich empfehle Bodenmatten für Rituale im Liegen. In der Winterzeit kann ein gemeinsames kleines Freudenfeuer im Garten ein stimmungsvoller Festabschluss sein.

Passender Raumschmuck: Für die Dekoration eignet sich Rot als vorherrschende Farbe: Tücher, Kissen oder sonstiges Deko-Material für Boden, Wände, Stuhlrücken. Auch Blumen oder Schalen mit Duftwerk in Rottönen sind eine schöne Ergänzung. Rot durchgefärbte Kerzen sorgen für feierliches Licht; Stehlampen oder andere Leuchten können mit roten Tüchern verkleidet werden.

Ist dir und deiner Tochter der Mond als himmlische Entsprechung für den Frauenzyklus wichtig, kann eine Mondlampe den Raum am Abend erleuchten. Sie kann nach der Feier weiterverwendet werden und erinnert immer an diesen besonderen Tag. Wenn deine Tochter den Festraum erst im geschmückten Zustand sieht, ist das für sie eine schöne Überraschung.

Sonstige benötigte Materialien: Da an diesem Tag viel Bewegendes und Spannendes passieren wird, empfehle ich, einiges schriftlich festzuhalten, z. B. in einer hübsch gestalteten Kladde für deine Tochter, in der sie Gedanken notieren kann, die ihr während der Feier durch den Kopf gehen. Oder für kleine Kärtchen mit guten Wünschen und Gaben der Gästinnen, die sich später in dieses Buch zur Erinnerung einkleben lassen.

Ich mag es gerne, nach einem besonderen und intensiven Tag das Erlebte in geschriebener Form mit nach Hause und immer mal wieder zur Hand zu nehmen – vielleicht möchtest du ja auch für die Gästinnen kleine Hefte bereithalten?

Damit sich die Teilnehmerinnen ungestört auf das Miteinander konzentrieren können, sollte eine Gästin das Fotografieren und Filmen übernehmen und alle anderen Smartphones und Handys aus dem Raum verbannt werden.

Die für einzelne Rituale benötigten Materialien sind unter den entsprechenden Übungen aufgeführt.

Rotes Buffet

Leckeres Essen gehört natürlich dazu. Wie wäre ein Rotes Buffet, schön eingedeckt mit passenden Servietten und Tischdekoration, bestehend aus Tomatensalat, Rote-Bete-Salat mit oder ohne Reis, roten Linsen oder Nudeln mit Tomatensoße und Roter Grütze? Der Koch-Fantasie sind hier keine Grenzen gesetzt, und neue rote Rezepte zu kreieren kann sehr spannend sein, z. B. Kartoffelpuffer oder Gemüsequiche mit Rote-Bete-Saft oder Sauerkirschsaft zaubern oder rote Nudeln, die es mittlerweile aber auch zu kaufen gibt. Für weitere Ideen können je nach Jahreszeit rote Früchte (Erdbeeren, Himbeeren, Kirschen, Johannisbeeren, Granatapfel), rote Paprika sowie rote Saft-Getränke verwendet werden.

Zwei weitere Farben, die in Beziehung mit dem Frausein gesetzt werden, sind Weiß für das junge Mädchen und Schwarz für die Frau, die die Wechseljahre bereits hinter sich hat. Auch diese beiden Farben können auf dem Buffet Platz finden. Für Weiß: ungefärbter weißer Reis, Reiscracker, helles Gemüse wie Rettich, Kohlrabi, weiße Bohnen, hartgekochte Eier, Milchreis, Bananen, Vanilleeis und weiße Schokolade. Für das Schwarz: Oliven, schwarze Nudeln, dunkle Schokolade, Pumpernickel, Schokoladenmuffins und Lakritze. Besonders interessant wird es, wenn Besucherinnen einen Beitrag zum Festessen mitbringen.

Als Getränke eignen sich neben Obst- und Gemüsesäften auch Tees aus Heilpflanzen, die dafür bekannt sind, den weiblichen Körper in verschiedenen Stadien des Zyklus besonders zu unterstützen, wie Schafgarbe, Himbeerblätter, Beifuß und Frauenmantel, die im gut sortierten Bioladen erhältlich sind.

Rituale für deine Mutter-Tochter-Zeit und für ein Menarchefest

Das Gros der hier aufgeführten Übungen ist auf Gruppenfeste zugeschnitten, einzelne Rituale, zum Beispiel für mehr Energie im Körper, eignen sich aber auch für eine Feier zu zweit.

Ankommen, Einstimmen und Kraft tanken

Eine Begrüßungsrede von dir als Mutter, der zweiten Hauptperson bei diesem Fest, sollte auf keinen Fall fehlen. Am authentischsten wirkt so eine kleine Rede, wenn sie nicht abgelesen oder auswendig gelernt, sondern aus dem Bauch heraus vorgetragen wird. Dazu kannst du dir im Vorfeld die wichtigsten Stichwörter notieren, z. B. zu Fragen wie: Wie geht es dir, wenn du daran denkst, dass deine ehemals kleine Tochter auf dem Weg zur Frau ist? Erinnerst du dich daran, wie sie das erste Mal in deinen Armen lag? Hast du dabei auch immer Gänsehaut, wenn du daran zurückdenkst? Und in einigen Jahren wird deine Tochter schon eine Frau sein. Kommt es dir vor, als ob die Zeit, seit sie in dein Leben getreten ist, viel zu schnell vergangen ist? Und solltest du vor Rührung anfangen zu weinen – bestens! Zeigt es doch, dass du mit ganzem Herzen und Gefühl dabei bist. Während der Begrüßung und Vorstellungsrunde können sich deine Gästinnen z. B. an den Händen fassend in der Reihenfolge aufstellen, in der sie in dein Leben und das deiner Tochter getreten sind. Wenn sich nicht alle untereinander kennen, ist es immer recht spannend zu erwähnen, woher ihr euch jeweils kennt und wie eure Wege schon miteinander verbunden sind. Manche Anwesende hört vielleicht zum ersten Mal, wie wichtig sie dir, deiner Tochter oder deiner Familie ist. Zur Auflockerung kann bei der Begrüßung ein rotes Wollknäuel dienen, das die Teilnehmerinnen sich untereinander während der Vorstellungsrunde zuwerfen und das alle miteinander verbindet (s. u. *Das kraftvolle Frauennetz* - S. 198).

Bei einem Gruppenfest mit mehreren Müttern und Töchtern lässt sich die Begrüßungsrede gut untereinander aufteilen, oder eine benannte Zeremonienmeisterin führt durch das Fest und die Rituale.

Entspannungsübung zum Einstimmen

Zur Einstimmung auf diesen besonderen Tag eignet sich diese Entspannungsübung, die im Sitzen oder liegend ausgeführt werden kann. Die jeweilige Anleitung wird dabei laut vorgelesen. Leise, ruhige Musik ist ein passender Hintergrund. Beginn und Ende können mit einer Klangschale angezeigt werden.

Teil I – Übung im Sitzen
Setze dich bequem hin und schließe die Augen.
Lege die Hände locker auf deine Oberschenkel.

Neige dein Kinn leicht zur Brust hin.
Richte deinen Rücken gerade aus, indem du dir vorstellst, dass dich ein Faden am oberen Hinterkopf (Kronenpunkt) wie bei einer Marionette sanft aufrichtet.
Ziehe die Schultern kurz hoch und lasse sie dann entspannt sinken.
Lasse deine Zunge locker im Mund liegen und entspanne deinen Kiefer.
Spüre, wie die Luft in deine Nase ein- und ausströmt.
Spüre, wo dein Gesäß auf der Sitzfläche aufliegt.
(Pause)
Deine Füße stehen mit der ganzen Fläche auf dem Boden,
nehme diesen Kontakt mit der Erde ganz bewusst wahr.
Die Erde trägt dich, sie ernährt dich und schenkt dir den Raum, den du in diesem Leben hast und dir nehmen möchtest.
(Pause)
Genieße die Ruhe um dich herum.
Wir sind hier zusammengekommen, um ganz unter uns Frauen und Mädchen gemeinsame Zeit zu genießen und diesen Tag zu feiern.
Lasse alles los, was dich vor deinem Ankommen beschäftigt hat.
Wenn du magst, streiche einige Male mit deinen Händen über deinen Kopf und dein Gesicht, streife alle Gedanken und Sorgen ab und schüttle die Hände dann aus.
(Pause)
Lege die Hände dann mit gespreizten Fingern über deine Brust und deinen Herzraum, sodass die Fingerspitzen sich berühren, und atme gleichzeitig tief ein.
Nimm mehrere tiefe Atemzüge in deinem Tempo und lausche dabei deinem Herz.
(Pause)
Nun lasse deine Hände auf deinem Bauch ruhen und spüre, wie sie sich durch den Atem leicht heben und senken.
(Pause)

Belasse deine Hände auf deinem Bauch oder lege sie mit den Innenflächen nach oben auf deinen Schenkeln ab, wie es für dich besser ist.
Atme in deinen Bauch und lasse alles los, was du jetzt nicht brauchst.
(Pause)
Spüre, wie dein Atem dich mit allem Wichtigen versorgt.
Spüre deine Füße auf der Erde, die dich trägt.
Sage ihr Dank für ihre Stabilität.
Gebe dein ganzes Gewicht ab an die Erde und spüre, wie deine Füße dabei warm werden.
(Pause)

Teil I – Übung im Liegen
(wer möchte, kann sich ein Kissen unter die Knie legen)
Lege dich bequem auf den Rücken und schließe die Augen.
Lege die Hände locker auf deinen Bauch.
Richte deinen Nacken lang aus, sodass sich dein Kinn leicht zur Brust hin neigt.
Liege bequem mit langem Rücken. Wenn du magst, nimm dir ein Kissen unter die Knie oder stelle die Füße leicht auf.
Lasse deine Zunge locker im Mund liegen und entspanne den Kiefer.
Spüre, wie die Luft in deine Nase ein- und ausströmt.
Spüre, wo deine Beine, dein Gesäß, dein Rücken und dein Kopf auf deiner Unterlage Kontakt haben.
(Pause)
Nehme diesen Kontakt mit der Erde ganz bewusst wahr.
Die Erde trägt dich, sie ernährt dich und schenkt dir den Raum, den du in diesem Leben hast und dir nehmen möchtest.
(Pause)
Genieße die Ruhe um dich herum.
Wir sind hier zusammengekommen, um ganz unter uns Frauen und Mädchen gemeinsame Zeit zu genießen und diesen Tag zu feiern.
Lasse alles los, was dich vor deinem Ankommen beschäftigt hat.

Wenn du magst, streiche einige Male mit deinen Händen über deinen Kopf und dein Gesicht, streife alle Gedanken und Sorgen ab und schüttle die Hände zur Seite aus.
(Pause)
Lege die Hände dann mit gespreizten Fingern über deine Brust und deinen Herzraum, sodass die Fingerspitzen sich berühren, und atme gleichzeitig tief ein.
Nimm mehrere tiefe Atemzüge in deinem Tempo und lausche dabei deinem Herz.
(Pause)
Nun lasse deine Hände auf deinem Bauch ruhen und spüre, wie sie sich durch den Atem leicht heben und senken.
(Pause)
Belasse deine Hände auf deinem Bauch oder lege sie mit den Innenflächen nach oben neben deinem Körper ab.
Atme in deinen Bauch und lasse alles los, was du jetzt nicht brauchst.
(Pause)
Spüre, wie dein Atem dich mit allem Wichtigen versorgt.
Spüre die Erde, die deinen ganzen Körper trägt.
Sage ihr Dank für ihre Stabilität.
Gebe dein ganzes Gewicht ab an die Erde und spüre, wie warm die Stellen sich anfühlen, die aufliegen.
(Pause)

Teil II (Sitzen und Liegen)
Du bist jetzt ganz hier angekommen.
Du atmest ruhig und tief.
Du musst an nichts denken, nichts Anstrengendes tun.
Diese Zeit gehört nur dir, im Kreis der Frauen und Mädchen.
(Pause)
Wir schenken einander diese Zeit, um das Frausein zu feiern.
Dieser Raum soll geschützt und achtsam sein.

Du darfst hier einfach nur SEIN.
Sein, so wie du bist, mit allem, was zu dir gehört.
Genieße, was hier mit dir und mit uns geschieht.
Spüre wieder den Atem bis tief in deinem Bauch,
spüre, wie die Bauchdecke sich hebt und senkt.
Stelle dir vor, dass du ein Licht in einer besonders nährenden Farbe tief in deinen Bauch einatmest.
Kannst du eine Farbe sehen?
Stelle dir vor, wie dieser nährende Atem in dich einströmt, deinen ganzen Bauchraum füllt, und von dort bis in deine Hände, bis in deine Füße weiterfließt.
Genieße die Wärme, die sich in deinem Körper ausbreitet.
(Längere Pause)
Dann nimm einen tiefen Atemzug, gähne, wenn du magst,
nimm deine Hände vor die Brust und reibe sie aneinander, bis sie ganz warm werden.
Lege sie auf deine Augen und spüre die Wärme.
Reibe sie noch einmal, wenn du möchtest, und verwöhne deine Augen damit.
Dann recke und strecke dich ein wenig.
Mache kleine Bewegungen, die dir guttun.
Nun öffne deine Augen und komme erfrischt zurück in diese Runde.

Nach einer solchen Entspannungsübung sitze ich gerne noch kurz still im Schneidersitz. Manchmal führe ich dabei meine Arme über meinem Kopf zusammen, sodass sie einen Bogen bilden. Ich stelle mir vor, dass ich damit einen Schutzraum umfasse, der nur mir gehört und den ich jederzeit bei mir habe. Das ist mein kleiner Segen für mich selbst. Nutze diese *Schutzraumübung* gerne auch für euer Fest, um zwischendrin immer wieder kurz bei sich selbst anzukommen.

Pause machen und entspannen

Je nachdem welche Übung vorangegangen ist, können die Pausen unterschiedlich gestaltet werden. Eine Option ist, sich zu einem Power-Lied oder auch einem ruhigen Song zu bewegen und zu tanzen. Andere Teilnehmerinnen schätzen womöglich eher einen kurzen Moment im Freien, um allein für sich zu sein. Körperübungen bringen nach langem Sitzen wieder Bewegung in die Glieder und neue Energie zurück. Für Schwung sorgt eine Runde, in der jede Gästin spontan eine Bewegung macht, die ihr gerade guttut, und alle ahmen sie nach.

Erdendes und Inspirierendes verbinden

Stell dich auf, die Füße mit gutem Bodenkontakt, Knie leicht gebeugt, das Becken leicht nach vorne gekippt, sodass du aufrecht in deiner Mitte stehst.
Beginne damit, alles Belastende von dir abzuschütteln und kräftig schnaubend auszuatmen.
(Längere Pause)
Ziehe die Schultern kurz hoch und lasse sie dann entspannt sinken.
Mache den Nacken lang, als ob der Hinterkopf wie bei einer Marionette durch einen Faden leicht nach oben gezogen würde.
Die Kiefer sind locker, die Zunge liegt ruhig im Mund.
Schließe die Augen, wenn das gut für dich ist.
Spüre deine Füße, nimm einen guten Stand ein, wackle kurz mit den Zehen ...
(Pause)
Atme tief ein.
Mit dem Ausatmen bringe langsam den Oberkörper und Kopf nach unten und lasse währenddessen die Arme einen großen Kreis zum Boden bilden, mit dem du das Gute, Kraftvolle aus der Erde für dich aufnimmst.

Atme unten einmal tief ein, dann richte dich langsam wieder auf, atme aus, und führe dabei das Nährende aus deinen Armen vor deinem Bauch oder deiner Brust zusammen, indem du deine Hände dort auf deinen Körper legst.
Atme ruhig ein paar Mal für dich.
Spüre wieder den Faden, der deinen Kopf aufrichtet,
führe deine Hände seitlich an deine Hüften und beschreibe von dort mit deinen Armen einen großen Kreis an deinen Seiten nach oben.
Wenn du magst, wende dein Gesicht zum Himmel,
wenn es bequemer ist, lass den Nacken gerade.
Führe deine Arme ganz langsam über deinem Kopf zusammen.
Nimm von oben frische Luft in dich auf, fange mit deinen weiten Armen Sonnenstrahlen, Inspiration, gute Gedanken ein, alles, was du von oben so spürst,
lass die Hände sich über deinem Kopf treffen, lege sie aneinander, zieh das Leichte, Luftige von oben wieder mit beiden Händen an die Mitte deines Körpers, auf deine Brust oder dahin, wo du es brauchst.
Atme ruhig, genieße das Gefühl.
Dann beginne von vorne, mache in deinem Tempo drei bis fünf Wiederholungen.
Nimm dir Zeit zum Spüren und genieße die Bewegungen, die deinem Körper und deiner Seele guttun.

Räuchern ⚢

Räucherwerk ist traditionell mit vielen Zeremonien verknüpft. In unserem Kulturkreis beispielsweise der Weihrauch während katholischer Gottesdienste. Schon zu frühesten Zeiten wurde Rauchwerk verbrannt, um einen Ort zu reinigen oder ein Ritual zu weihen. So lassen sich auch deine Räumlichkeiten durch bestimmte Düfte auf das Fest vorbereiten, entweder vor Ankunft der Teilnehmerinnen oder gemeinsam mit allen.

Mit dem Abbrennen von Räucherwerk in den Pausen kann verbrauchte oder nicht mehr gewünschte Energie gegen neue, kraftspendende ausgetauscht werden. Räucherwerk lässt sich auch begleitend während eines Rituals einsetzen. So kann ein bestimmter Duft beim Schlussritual das Verbundensein in festlicher Weise verstärken, sodass jede für sich spürbar einen Hauch der Energien mit sich nimmt. Die Räucherquelle kann dabei entweder in der Mitte stehen, und alle bewegen sich nacheinander dorthin, jede so nah, wie sie möchte. Oder eine Teilnehmerin trägt den Rauch zum Abschluss durch den Kreis der Frauen und verabschiedet sich damit von jeder einzelnen. Dabei gilt: Weniger Duft ist oft mehr, denn zu viel davon kann Kopfschmerzen oder Übelkeit verursachen. Beim Einsatz einer Duftlampe sind die Geruchsergebnisse meist weniger intensiv.

Gehaltenwerden

Diese Übung vermittelt Gefühle der Geborgenheit und des Aufgehobenseins im Frauenkreis und eignet sich beispielsweise im Anschluss an das Ritual *Das kraftvolle Frauennetz* (S. 198) oder zum Abschluss des Fests.

Dazu stellt sich deine Tochter in die Mitte des Frauenkreises, und zwar so, dass alle Anderen ungefähr eine Armlänge entfernt von ihr stehen. Zur besseren Stabilität stellen alle einen Fuß etwas nach hinten, die Hände werden mit den Handinnenflächen vor der Brust zur Mitte hin gehalten. Deine Tochter in der Mitte darf sich nun fallen lassen, indem sie sich in durchgestreckter Haltung ohne Bewegen der Füße in eine Richtung neigt. Dort stützen sie sofort die Hände der Nächststehenden, die ihren Körper sanft abfedern. So zwischen den Teilnehmerinnen hin und her pendelnd, wird sie gehalten und vorsichtig wieder aufgerichtet. Mit geschlossenen Augen wird das Erlebnis noch intensiviert. Sich so fallen lassen zu dürfen und aufgefangen zu werden, ist für viele Menschen ungeheuer bewegend und erleichternd. Wenn deine Tochter im Vorfeld mit Skepsis reagiert, sollte eine Erwachsene aus der Runde diese Übung vormachen.

Wiegen der Tochter

Das Gewiegtwerden hat nicht nur für kleine Kinder etwas wunderbar Beruhigendes und Geborgenes. Es vermittelt in besonderer Weise, dass wir auf Andere zählen können, die uns halten. Diese Übung eignet sich gut als Anschlussritual, beispielsweise für die Aufstellung der *Ahninnenreihe* (S. 196) oder vorbereitend für *Die Aufnahme in den Frauenkreis* (S. 129).

Mindestens vier Mädchen oder Frauen stellen sich im Kreis auf. Deine Tochter legt sich auf eine Decke in der Mitte, die ausreichend groß und aus stabilem, dickerem Material ist. Mit dieser Decke wird sie sanft vom Boden hochgehoben, indem jede der Frauen im Kreis einen Zipfel der Decke festhält und vorsichtig zu sich heranzieht, immer darauf achtend, dass der Kopf der Liegenden besonders geschützt ist. Du kannst als Mutter ein paar Worte sprechen, die deiner Tochter zeigen, dass sie sich ganz fallen lassen darf, um das Gewiegtwerden zu genießen. Das Schwingen nach rechts und links ist dabei für die meisten Menschen angenehmer als vor und zurück. Dazu könnt ihr leise ein Lied singen oder summen. Seitdem eine Teilnehmerin aus einem meiner Mutter-Tochter-Kurse das Geburtstagslied »Du bist geboren« mitgebracht hat, benutze ich dieses Lied am liebsten, weil es einfach mitgesungen werden kann und sehr berührend ist.[156] Wunderbar passend ist auch der Song »How could anyone« von Shaina Noll.[157] Der kurze Text ist voller Wertschätzung und Liebe und tief berührend.

Deine Tochter bestimmt, wann genug gewiegt ist.

Abschlussrituale und Aufnahme in den Frauenkreis

Bei einem Fest, an dem eine oder mehrere junge Frauen in der Pubertät erstmals ihr Eingebundensein in die Welt der Frauen erleben soll(en), stellt dieses Ritual den Höhepunkt dar. Es geht zurück auf Ideen von Rosa-Maria Bucht, die die Mutter-Tochter-Kurse in der Karlsruher Volkshochschule ins Leben gerufen hat und deren Erbe ich dankbar angetreten habe.

Um das Ritual vorzubereiten und mit den anderen Gästinnen abzustimmen, wie die Willkommensrunde ablaufen soll, wartet deine Tochter außerhalb des Raums. Jede kann sich nun ein paar kurze Worte oder eine besondere Geste zur Begrüßung überlegen. Auch kleine Geschenke können dabei überreicht werden. Dabei ist der emotionale Wert von Bedeutung, wie zum Beispiel ein kleiner Handschmeichler aus Holz, eine Blume oder ein Vierzeiler, der der Schenkenden viel bedeutet und laut vorgelesen wird.

Ebenfalls eine gute Idee ist, Zukunfts-Gutscheine für gemeinsame Zeit zu verschenken (vgl. Ritual *Gutscheine der guten Feen* - S. 199).

Alle Teilnehmerinnen stellen sich nun in einem Kreis auf. Wenn deine Tochter den Raum betritt, nimm sie bei der Hand und stellt euch gemeinsam in die Mitte des Kreises, wo sie im Namen aller willkommen geheißen wird. Erzähle zum Beispiel kurz, wie es dir heute geht – wie es für dich ist, hier zu stehen und zu sehen, dass deine Tochter eine Frau wird. Zeig ihr, wie stolz du auf sie bist. Betone noch einmal, dass alle Besucherinnen hier sind, um mit ihr den Eintritt in einen neuen und wichtigen Lebensabschnitt zu feiern. Eine schöne Geste ist dabei, allen Anwesenden namentlich dafür zu danken, dass sie Anteil am Leben deiner Tochter nehmen, und daran zu erinnern, wie ihr euch jeweils kennengelernt habt und wie jede Frau das Leben deiner Tochter bis hierher begleitet hat.

Nach dir treten auch die anderen Gästinnen nacheinander zu deiner Tochter, heißen sie willkommen und überreichen ihr Geschenk. Anschließend führe deine Tochter in den Außenkreis der Frauen zurück, damit sie sich dort einreihen kann.

Bei einem Fest mit mehreren Töchtern wird jede nach und nach auf diese Weise in der Runde begrüßt.

Zum Schluss kann der Kreis sich an den Händen fassen und gemeinsam zu einer Musik, die deiner Tochter gefällt, tanzen. Wenn mehr Bewegungsfreiheit gewünscht wird, geht es auch ohne Händefassen, wobei die Kreisform, die die enge Verbundenheit symbolisiert, beibehalten werden sollte. Als bleibende Erinnerung eignen sich Liedtexte aus dieser Abschlussrunde, die besonders passend zum Anlass sind und ausgedruckt an alle Gästinnen verteilt werden.

Frauen-Freudenfeuer ⚢ Ω

Ein Freudenfeuer ist ein wunderbares Element für das Fest. Flammen haben einfach eine besondere Kraft, und ein solches gemeinsames Erlebnis bleibt lange in Erinnerung. Wenn die äußeren Gegebenheiten es zulassen, sei es am offenen Kamin oder einer gesicherten Feuerstelle im Freien (Vorsicht bei Trockenheit), kann gemeinsam Stockbrot gebrutzelt, nach Blocksberg-Hexen-Manier um das Feuer herumgetanzt oder einfach gemütlich dasitzend in die Flammen geschaut werden. Oder es werden kleine Karten und Zettel, die mit all dem beschriftet sind, was ihr schon immer loswerden wolltet, den Flammen übergeben.

Verabschiedung

Wenn die Feier mit dem Festmahl enden soll, empfehle ich eine kurze Abschlussrunde zu planen, bevor die erste Besucherin sich verabschiedet. Denn meistens müssen einige Gästinnen früher aufbrechen, während andere noch gerne verweilen und weiter schlemmen und plaudern möchten.

Wie bei der Anfangsrunde bilden alle zusammen einen Kreis und halten sich, wenn das für euch stimmig ist, an den Händen. Mit ein paar Dankesworten an die Gästinnen und einer kurzen Schilderung, was für dich als Mutter besonders wichtig und eindrücklich war, kannst du die Abschlussrunde einleiten. Anschließend gibt jede der Besucherinnen ebenfalls eine kurze Rückmeldung, wie es ihr gerade geht und was sie an Wertvollem mitnimmt. Feiern mehrere Töchter gemeinsam, empfiehlt es sich vorher abzusprechen, welche Mutter die Abschlussrunde einläutet und wie.

Bei einem privaten Fest für deine Tochter kann sie allein oder gemeinsam mit dir eine kleine Abschiedsrede vorbereiten. Eine aufmerksame Geste ist, jede Gästin an der Tür mit einer roten Blume oder einem kurzen ausgedruckten Gedicht- oder Liedtext, oder was sonst zu euch passt, zu verabschieden.

Rituale mit kreativen Elementen

Kreatives Arbeiten im Frauenkreis sind die meisten von uns im Alltag kaum gewohnt. Gemeinsames Tun und Schaffen lässt mich daran denken, dass es früher – meist in den Abendstunden oder an langen Wintertagen – üblich war, im größeren Familienverband zusammen etwas mit den Händen zu kreieren. Damals wurde gesponnen, gestrickt, gehäkelt oder genäht – oft aus praktischen und notwendigen Gründen, sodass wir es heute wohl als Arbeit bezeichnen würden. Die große Runde, in der dies geschah, bot jedoch auch die Möglichkeit, ein starkes Zusammengehörigkeitsgefühl unter Frauen zu entwickeln. In diesen kreativen Stunden erfuhren die jungen Mädchen neben der rein praktisch-handwerklichen auch kulturelle und emotionale Anleitung. Ich stelle mir gerne vor, dass dabei vieles besprochen wurde, was nicht für die Ohren der Männer bestimmt war …

Solche Frauen-Mädchen-Runden haben wir in unserer westlichen Gesellschaft bedauerlicherweise kaum noch. Wie selten besuchen wir heute andere Familien oder Mütter mit ihren Töchtern?

In den jüngeren Kinderjahren verabreden wir uns noch zu gemeinsamen Spielplatzbesuchen mit anschließendem »Kaffeeklatsch« (oder besser »Kakaoklatsch« …). Doch je älter die Kinder werden, desto weniger treffen wir uns in Gruppen, und schon gar nicht, um etwas gemeinsam zu gestalten. Weil wir weniger miteinander verbunden sind, fühlen sich viele Frauen als Einzelkämpferinnen angesichts all der Anforderungen, die der Alltag stellt, oder die sie meinen, erfüllen zu müssen. Statt des Gefühls der Gemeinsamkeit und des Miteinanders ist dann häufig eine konkurrierende Haltung vorherrschend, die uns von uns selbst und Anderen noch weiter entfernt.

Mit den kreativen Ritualen möchte ich Müttern einige Anregungen geben, um gerade in dieser Zeit des Frauwerdens ihrer Töchter mehr Miteinander zu erleben.

Einen Blumenkranz flechten ⚢ Ω

Bei diesem Ritual schmückst du die Haare deiner Tochter mit einem selbst gestalteten Kranz. Je nach Jahreszeit und Vorlieben können frische oder Kunstblumen verwendet werden. Du kennst deine Tochter am besten: Wenn sie das Natürliche liebt, passen besser frische Blumen zu ihr. Der Kranz wird nach der Feier verwelken und erinnert damit an das Werden und Vergehen allen Lebens, wie es auch im Monatszyklus geschieht. Als Erinnerung an das Fest aufbewahren lässt sich der Kranz trotzdem. Wenn der Haarschmuck öfter getragen werden möchte, sind Kunstblumen die bessere Wahl.

Grundlage ist ein Haarkranz-Rohling aus dem Bastelladen oder ein selbst gefertigter Kranz aus Materialien wie Buchsbaumgirlande oder Draht, wobei Draht mit grünem Pflanzentape gepolstert werden muss.

Neben Blumen können noch andere schöne Dinge ganz nach dem Geschmack deiner Tochter hineingeflochten werden, wie

- rote oder verschiedenfarbige Bänder, kleine Anhänger in Form von zum Anlass passenden Symbolen, wie der Mond als Sinnbild für die monatliche Periode oder das *Venus*-Zeichen: ♀,
- oder Haare aus einer Haarsträhne deiner Tochter in Anlehnung an das Ritual, in dem der *Kinderzopf* abgetrennt wird, um zu zeigen, dass das Mädchen zur Frau wird (*Weiblichkeitsrituale* - S. 28).

Deine Tochter darf bei der Gestaltung mithelfen oder es zuschauend genießen, dass ihre Mutter und die weiteren Anwesenden etwas für sie ganz persönlich anfertigen.

Passende Segensworte, wenn deine Tochter den Kranz aufsetzt, sind beispielsweise: »Wir schmücken dich mit diesem Kranz. Er soll dich immer an dein Frauenfest erinnern.«

Der gemeinsame Einkauf der Bastelmaterialien kann schon vorab eine wunderbare Mutter-Tochter-Aktivität sein.

Vor- und Rückblick »Frauenbild« ⚢ Ω

Du bist bestimmt darauf gespannt, wie deine Tochter als erwachsene Frau in der Zukunft leben, aussehen und sich ausdrücken wird, oder? Genauso interessant kann es für deine Tochter sein, einen Blick in die Vergangenheit zu werfen, um dich live in ihrem Alter zu erleben, wie du dich gekleidet hast und was dir wichtig war.

Gehen wir also gemeinsam auf eine kreative Zeitreise: Male deine Tochter, wie du sie in zehn Jahren siehst, und deine Tochter malt dich, wie sie sich dich in ihrem Alter vorstellt. Hinweise auf vermutete

Vorlieben, Werte, Hobbys, die schwer zu zeichnen sind, lassen sich in Sprechblasen (»ich lieeebe Mathe!«) oder einfach mit Spiegelstrichen ergänzen (– viele Freundinnen, – Leseratte, – mag alles Kreative).

Als Mutter solltest du dabei keine Vorhersagen machen, die einengen – also nicht das Medizinstudium zum x-ten Mal propagieren, wenn deine Tochter das mega-uncool findet. Anschließend besprecht ihr eure Kunstwerke miteinander. Gegenseitige Rückmeldungen, wie es auf euch wirkt, ob ihr euch gesehen fühlt oder nicht, sind dabei sehr hilfreich. Wichtig ist auch, dass deine Tochter weiß, dass sie ganz anders werden darf, als du sie dir heute vorstellst. In einfacher Form eignet sich diese Übung schon für Töchter ab dem Kindergartenalter.

Sachikos Spiegel

Mit dieser Übung lässt sich gemeinsam mit allen oder zu zweit ein kleines Kunstwerk für das Ritual *Der Spiegel der Mutter* (S. 177) vorbereiten.

Benötigt wird ein Hand- oder kleiner Wandspiegel mit einer Holzeinfassung, die sich gut bekleben oder bemalen lässt. Oder eine Spiegelplatte ohne Rand, die frei gestaltet werden kann. Mit einem geeigneten Kleber werden kleine Symbole, Perlen, Knöpfe, Bänder oder andere schöne Dinge zum Verzieren auf die Holzeinfassung oder die Spiegelplatte geklebt, oder es wird alternativ direkt mit Farben gemalt und geschrieben. Acrylfarben, -lacke oder -stifte sind dazu gut geeignet.

Wenn erst gemalt und danach beklebt wird, unbedingt die Trockenzeit beachten. So ein selbst gestalteter Spiegel, insbesondere wenn er mit dem Spiegelritual verknüpft wird, ist eine tolle Erinnerung an den Festtag oder daran, wie du dir als Mutter einfach mal zwischendrin Zeit nur für deine Tochter genommen hast.

Steine bemalen ⚢ ♎

Materialien aus der Natur eignen sich in besonderer Weise für ein Fest, bei dem die natürlichen körperlichen Veränderungen einen zentralen Platz haben.

Benötigt werden Steine in verschiedenen Größen und Formen sowie wasserfeste Stifte oder Farben (z. B. Acrylfarbe). Die Steine, die sauber und trocken sein müssen, können entweder mit Farbe grundiert oder direkt bemalt werden, wobei hier die natürliche Farbe des Steins als Basis dient. Für die Motivsuche eignen sich Fragestellungen wie:

- Welche Begriffe fallen mir zum Frausein ein?
- Was wünsche ich … (Name deiner Tochter) für ihren Weg als Frau?
- Welche Symbole und Farben sind für mich weiblich?
- Welche Kraftquellen habe ich als Frau?

Auf glatten Steinen lässt es sich leichter schreiben oder zeichnen, eine ungleichmäßige Oberfläche lädt mehr zum Experimentieren mit Farbflächen ein. Ein Lack schützt die Steine nach dem Trocknen gegen Abrieb und Schmutz.

Jede Gästin kann ihren selbst gestalteten Stein entweder als Andenken mit nach Hause nehmen oder deiner Tochter schenken. Weitere Möglichkeiten sind, einzelne Steine zu verzieren und anschließend zu einem Gesamtkunstwerk zusammenzulegen oder eine Skulptur daraus zu modellieren. Spezielle Kleber sind im Bastelladen erhältlich.

Was ist weiblich? ⚢ ♎

Jede Gästin gestaltet ein Bild, eine Zeichnung oder Mindmap dazu (*Kunst-Mindmap* - S. 142), was für sie Frausein und Weiblichkeit bedeuten. Das kann gegenständlich sein, eine bestimmte Form, eine Farbe, verschiedene Symbole oder Worte haben – ganz nach eigenem Gusto. Die meisten von uns haben hier wahrscheinlich auch Schmerzhaftes erlebt, das aber behutsam und in Ausgewogenheit mit dem Kraftvollen, Wunderbaren, das wir ja auch alle kennen, ausgedrückt werden sollte. Schließlich geht es für die junge(n) Frau(en) darum, den Fokus auf bestärkende Anteile zu legen.

Bei ganz jungen Mädchen kann die Fragestellung lauten: Was findest du schön daran, dass du ein Mädchen bist/einmal eine Frau sein wirst? oder: Was machen Mädchen/Frauen?, quasi als einführende Feminismusdiskussion – oder andere ähnlich einfache Themen.

Dekoband Frausein ⚢ Ω

Ein gemeinsam gestaltetes Dekoband für das Zimmer deiner Tochter ist ebenfalls eine hübsche bleibende Erinnerung an ein Frauenfest.

Dafür benötigt wird ein Untergrund, der aus einer breiten Schmuckborte (Breite mindestens 5 bis 10 Zentimeter, Länge einen bis eineinhalb Meter) oder einem entsprechend großen Stoffstück bestehen kann. Für die Zeit der Menarche passt Rot als Grundton am besten. In Gemeinschaftsarbeit lassen sich darauf allerlei Symbole anbringen, die von den Gästinnen als winzige Geschenke mitgebracht werden können. Zur Befestigung der Dekoartikel eignen sich schmale Bänder, Kordeln, Geschenkband oder Ähnliches in verschiedenen Farben oder Rottönen. Aus Wollresten lassen sich auch kleine Kordeln drehen oder flechten. Mit den Bändern werden die Anhänger befestigt – zum Beispiel kleine Steine, Muscheln, Federn oder kleine Symbole (wie ein Mond oder das Venuszeichen) aus Holz und anderen Materialien. Auch kleine Zettel mit guten Wünschen oder Begriffen zum Thema Frausein, die mit selbst bemalten Holz-Wäscheklammern befestigt werden, eignen sich gut. Der eigenen Kreativität sind hier keine Grenzen gesetzt. Wie beim Blumenkranz kann als Zeichen, dass ein neuer Lebensabschnitt beginnt, symbolisch der »alte Zopf« des Mädchens in Form einer kleinen Haarsträhne abgeschnitten und mit in das Dekoband eingefügt werden.

Bei diesem gemeinsamen Werkeln ergeben sich meist die interessantesten Nebenbei-Gespräche über das Frausein – über das, was jede besonders schön daran findet, oder über das, was jede Gästin an guten Wünschen der Tochter mit auf den Weg geben möchte.

Frauen-Armband ⚢ Ω

Für das Armband eignen sich Kordeln oder Lederbändchen in verschiedenen Rottönen, dazu kleine Anhänger in Form schöner Symbole, Perlen oder Ähnliches.

Für Gästinnen, die nicht mehr menstruieren, könnte beispielsweise eine zusätzliche Farbe mit eingeflochten werden. Zur Bedeutung von Farben s. *Rotes Buffet* (S. 118.)

Zyklus-Armband ⚢ Ω

Eine Variante ist das Zyklusarmband, das aus so vielen Perlen besteht, wie der Zyklus deiner Tochter Tage hat. Rote Perlen symbolisieren die Blutung, und auch die Eisprung-Tage erhalten eine eigene Farbe. Damit das Armband breit genug für das Armgelenk ist, sollten die Perlen einen relativ großen Durchmesser haben. Am besten den gewünschten Umfang messen und durch die Anzahl der zu verwendenden Perlen teilen. Eine gute Anleitung findest du auf Instagram von Birgit Häusle[158].

Das Zyklus-Armband ist ein toller Beitrag für die Enttabusierung und stärkere Sichtbarkeit der Periode im Alltag!

Frauenkreis-Bild ⚢ Ω

Auf einem stabilen Bogen Karton, mindestens DIN A2, besser noch DIN A1, wird eine möglichst große Kreisform vorgezeichnet. Als Hilfsmittel kann ein selbst gebauter Riesen-Zirkel, bestehend aus einem an ein Stück Faden gebundenen Stift genutzt werden. Anschließend den Kreis mit einem Teppichmesser oder einer Schere ausschneiden (für schützende Unterlage von Boden oder Tisch sorgen).

Deine Tochter darf sich in der Mitte des Kartons einen Kreis-Raum einteilen, der für sie bestimmt ist. Dort zeichnet sie sich selbst und/oder füllt den Raum mit Worten, Symbolen und anderen Inhalten, die ihr zum Frausein und zu sich selbst einfallen. Den Rest der Fläche füllen die Gästinnen, bei einer Mütter-Töchter-Runde die jeweilige Mutter mit Frauenpower-Inhalten: Zeichnungen von Symbolen oder verschiedenen Frauentypen, gute Wünsche für die Tochter und Ähnliches. Mit Bildern und Wörtern aus Zeitschriften lassen sich auch wunderbare Collagen (S. 141) anfertigen.

Das Kunstwerk zeigt deiner Tochter ihr Eingebundensein in den Kreis der Frauen und wird vielleicht einen besonderen Platz in ihrem Zimmer einnehmen.

Weiblichkeitsformen ⚢ Ω

Erinnern wir uns, welche Freude wir als Kind hatten, wenn wir im Sandkasten mit Schlamm herummatschen konnten oder in der Küche bis zu beiden Handgelenken im Hefeteig steckten! Diese Freude an der Berührung eines formbaren Elements dürfen die meisten von uns in ihrem heutigen Alltag vermutlich viel zu selten erleben. Dabei fühlt es sich so gut an! Sicher wird es auch deiner Tochter Spaß machen, mal wieder nach Herzenslust zu drücken, zu kneten und weiches Material unter den Händen zu spüren. Das reizt alle hochsensiblen Fühlkörperchen, die in unseren Händen stecken und die den Tastsinn ausmachen. Wenn wir uns den Empfindungen ganz öffnen, kann sich das Arbeiten mit Teig und ähnlichem Material wie eine Liebkosung anfühlen.

Für dieses sinnliche und kreative Gestalten wird zuallererst Ton, Salzteig oder Ähnliches benötigt, das sich gut formen lässt und – sofern nicht zufällig ein Brennofen greifbar ist – auch von alleine trocknen kann. Hierfür sind spezielle Tonarten erhältlich, die aber später nicht in feuchten Räumen (z. B. Badezimmer) aufbewahrt werden dürfen und ein erhöhtes Bruchrisiko haben. Geeignete Lacke und Versiegelungen sorgen hier für mehr Langlebigkeit, können jedoch erst nach einigen Tagen verwendet werden.

Auch Salzteig bietet sich als Material an und kann selbst hergestellt werden (zwei Teile Mehl, je ein Teil Wasser und Salz, eventuell etwas Öl). Dabei lassen sich bereits in den Teig Farben hineinkneten, z. B. Lebensmittelfarben oder Zusätze wie Rote Bete, Kakao oder Curry. Mehr Anregungen zu Materialien und Arbeitsutensilien gibt es im gut sortierten Bastelladen.

Für die gemeinsame Gestaltungsarbeit eignen sich Themen wie »weibliche Formen«, »die Frau in mir« oder »das Gefäß meiner Weiblichkeit«.

So vielfältig wie die Frauen werden dabei auch die Ergebnisse ausfallen.

Pflanzritual ⚢ Ω

Auch das Pflanzen und Säen hat wie alles Werkeln in der Natur etwas Kreatives und eignet sich bestens, um gemeinsam etwas Bleibendes zu schaffen – egal, ob zu zweit oder in der Gruppe. Alles, was rot blüht, passt besonders gut zum Thema »Erste Menstruation«. So könnt ihr gemeinsam eine Gartenpflanze einsetzen, wie Strauchrose, Rhododendron, Lobelie oder Hibiskus.

Aber auch Tomaten- oder Paprikasetzlinge sind eine gute Wahl und eignen sich für Kübel- und Pflanzgefäße auf Terrasse und Balkon.

Es lässt sich auch ganz klein anfangen mit Samen für rotblühende Blumen, wie Nelken, Stockrosen oder Dahlien, die gemeinsam ausgesät werden. Mein persönlicher Favorit ist die rote Wunderblume, deren Blüten sich erst am frühen Abend öffnen und die ihren Namen auch dank des schnellen Wuchses und ihrer Unmenge an Blüten unbedingt verdient. Wenn die Verbindung zum Mond ein persönliches Anliegen ist, können z. B. Mondblumen gesät werden, die ebenfalls nachts blühen und deren riesige weiße Blüten im Dunkeln tatsächlich an den Himmelskörper erinnern.

An größeren Pflanzen lassen sich Mini-Kärtchen mit guten Wünschen oder kleinen Symbolen anbinden. Um keine Zweige zu quetschen oder zu beschädigen, sollten zum Befestigen keine Bindfäden, sondern eher Gummis verwendet werden. Mit diesem Schmuck wird auch eine grüne Zimmerpflanze zum »Rotblüher« – beispielsweise eine Birkenfeige für das Jugendzimmer.

Das Gedeihen eines solchen Gewächses oder Pflänzchens wird von den Beschenkten allermeistens besonders wachsam mitverfolgt und kann auch die Freude am Gärtnern wecken.

Hygiene-Mobile ⚢ ☊

Wie wäre das gemeinsame Basteln eines Mobiles aus Tampons oder Slipeinlagen? Auf den Binden lassen sich mit rotem Stift Begriffe aufschreiben, die mit dem Frausein zu tun haben. Allemal ein humorvoller Weg, um den Berührungsängsten, die oft den anfänglichen Umgang mit den Hygieneprodukten begleiten, spielerisch zu begegnen. Ähnlich den Windeltorten auf Babypartys können auch bei der Menarchefeier aus Binden oder Tampons kleine Kunstwerke gestaltet werden, die, wenn sie eingepackt bleiben, später noch benutzt werden können.

Dies kann auch eine gute Gelegenheit für den Austausch über wiederverwendbare Produkte wie waschbare Binden oder Menstruationstassen sein.

Schal der Weiblichkeit ⚢ Ω

Das ist ein Schal für deine Tochter zu ihrer ersten Menstruation, an dem die Gästinnen während der Feier nacheinander jeweils ein paar Reihen stricken. Anschließend können du und deine Tochter den Schal gemeinsam beenden, indem ihr euch abschnittsweise abwechselt. Oder die Besucherinnen nehmen die Handarbeit mit nach Hause und stricken je ein Stückchen, bevor sie ihn an die nächste weitergeben. Der Schal ist nicht an Farben oder Strickmuster gebunden. Du kannst auch vor der Feier einen Schal für deine Tochter fertigen, den bei der Feier alle gemeinsam mit kleinen Symbolen oder Mustern verzieren, die auf den Schal gestickt werden.

Collagen ⚢ Ω

Eine Collage aus Fotos oder kleinen Kunstwerken ist eine bleibende Erinnerung an euer Frauenfest. Vorbereitete quadratische Karten werden von den Gästinnen individuell gestaltet, bevor sie auf einem großen Karton oder in einem Rahmen zusammengefügt werden. Die einzelnen Beiträge können auch schon vorgearbeitet zur Feier mitgebracht und dann noch gemeinsam aufgeklebt werden. Das Ganze geht auch in Kreisform und passt damit zu unseren weiblichen Rundungen und allem Zyklischen.

Auch Abbildungen auf Postkarten oder aus Zeitschriften, die für Weiblichkeit stehen, ergänzt durch Moderationskärtchen mit kleinen Wünschen oder Gedanken zum Frausein, sind ein hervorragendes Arbeitsmaterial, um damit Collagen anzufertigen.

Menstruationszyklus-Rad ⚢

Zur Dokumentation der Monatsblutung benutzen die meisten Frauen tabellenförmige Kalender, da sie flexibler sind hinsichtlich der Anzahl der Tage. Aber um darzustellen, was während eines Zyklus passiert, eignet sich ein Kreis besonders gut.

Ein solches Zyklusrad lässt sich gemeinsam gestalten und macht uns dabei noch einmal bewusst, welche Wunder in unserem Körper jeden Monat passieren. Verschiedene Vorlagen finden sich im Internet[159]. Fundiertes Zykluswissen bietet die deutsche Webseite *My Fertility Matters*[160].

Auf einem Karton in DIN A2 oder A3 wird eine Kreislinie gezogen und in Abschnitte von 30 Tagen eingeteilt. In den jeweiligen Zyklusabschnitt wird dann eingetragen, was gerade vor sich geht: Von der Reifung des Eies über seine Wanderung durch den Eileiter bis zum Eisprung und dem Wiedereinsetzen der Menstruation, wenn es unbefruchtet geblieben ist. Wer mag, kann auch eintragen, wie sich die einzelnen Phasen anfühlen oder woran diese Phasen erkennbar sind, zum Beispiel anhand des Zervixschleims oder eines veränderten Gefühls in den Brüsten. Im Kreis der Frauen bietet sich auch ein offenes Gespräch über den eigenen Körper und das Körpergeschehen an.

Kunst-Mindmap zur Intuition ⚢ Ω

Die meisten der Rituale *Für gelingendes Leben* wertschätzen unsere innere Stimme oder das Bauchgefühl als wichtige Beraterin. Als Vorarbeit dazu kann eine künstlerisch verzierte Mindmap gestaltet werden. Diese grafische Darstellung wird häufig zur freien Assoziation und Themensammlung auf Papier verwendet. Dabei werden von einem zentralen Wort in der Mitte ausgehend jeweils wertfrei Gedankenverbindungen geschaffen und notiert. Diese Methode bietet einen guten Zugang zur eigenen Intuition. Auf einem großen Bogen Karton (DIN A1 oder A0) wird mittig *Intuition, Innere Stimme* oder *Bauchgefühl* eingetragen. Um diesen Begriff herum werden in einigem Abstand mit dicken Stiften fünf bis zehn Verbindungsstriche (wie Strahlen um eine Sonne) gezeichnet, an deren Ende wiederum der Begriff notiert wird, der den Gästinnen spontan zum zentralen einfällt, z. B. *Wissen, Gefühl* oder Ähnliches. Die Assoziationen werden strahlenförmig in immer weiter sich verzweigenden Ästen ergänzt. Am Ende wird das ganze Werk kreativ bemalt.

Bei einer Mütter-Töchter-Runde, aufgeteilt in zwei Gruppen, lässt sich anhand der Unterschiede gut ablesen und besprechen, was die Beteiligten voneinander lernen können.

Hand-Tattoos ⚢ ☊

Das Bemalen von Händen und Füßen mit der Pflanzenfarbe Henna, insbesondere bei Bräuten, wird in Indien, Pakistan sowie einigen arabischen und afrikanischen Ländern praktiziert. Das gegenseitige Bemalen mit diesen ornamentalen Mustern ist auch für die Frauenfeier ein kleines Highlight und eine gute Auflockerung zwischen Ritualen, und gemeinsam kreativ sein macht Spaß.

Reines Henna hat eine Einwirkzeit von mehreren Stunden und wird daher oft mit zusätzlichen Färbemitteln vermischt, die allergische Reaktionen hervorrufen können. Daher empfehle ich als Alternative schnell trocknende Bodypainting-Farben, auch als dünne Stifte erhältlich (am besten als Naturkosmetik). Je nach Produkt können diese kleinen Kunstwerke ein paar Tage überdauern. Soll das Tattoo noch am selben Tag wieder entfernt werden, kann auch mit einem Kajalstift oder Eyeliner gearbeitet werden. Da die Farben auch mit Kleidung, Kissen oder Decken in Berührung kommen, sollten alle Textilien vorab auf ihre Waschbarkeit hin geprüft werden. Inspirierende Vorlagen mit wunderschönen Ornamenten aus allen Teilen der Welt sind in großer Zahl im Internet verfügbar.[161]

Menarche-Lied ⚢ Ω

Heutzutage wird gemeinsames Singen noch am ehesten in Kindergärten, Schulen und Kirchen praktiziert und kaum mehr im Familienalltag. Dabei weiß jede, die schon einmal im Chor gesungen hat, wie diese vielen Stimmen zusammen schon ein simples Lied zu etwas Erhabenem machen können. Unser Körper selbst wird zum Klangraum, und das Gemeinsame lässt uns Verbindung zu Anderen spüren. Deshalb möchte ich die Lust auf das Singen wecken!

Zu runden Geburtstagen werden Jubilare und Jubilarinnen oft mit einem umgedichteten Musikstück bedacht. Warum also nicht ein Lied für die Menarche oder das Frausein erfinden?

Zu einer einfachen Melodie, die alle kennen, gemeinsam einen neuen Text kreieren – gerne auch mit viel Humor. Auf dem Smartphone mitgetippt, ist der Wortlaut schnell an alle versandt oder kann später für alle ausgedruckt werden.

Wie wäre es zum Beispiel mit einem Rap?

Wenn ihr als erwachsene Frauen dabei nicht ganz so souverän rüberkommt, macht es der Tochter wahrscheinlich umso mehr Spaß. Und wenn eine deiner Gästinnen ein Instrument spielt, das sich leicht zur Feier mitbringen lässt und euer Lied untermalt – perfekt. Oder die Karaoke-Version eines bekannten Lieds hält dafür her. Bei einem größeren Teilnehmerinnenkreis lassen sich auch getrennte Mütter- und Töchter-Gruppen bilden und die Songs nacheinander aufführen.

Eine Audioaufnahme für alle zur Erinnerung ist in jedem Fall unverzichtbar.

Fühlrituale für Körper und Seele

Klangschalenritual oder -massage ⚢ ♎

Der Klang einer Klangschale hat immer etwas Besonderes, Feierliches und eignet sich bestens, um den Beginn und das Ende eines Rituals anzuzeigen. Oder er kann für eine Klangmassage eingesetzt werden, wie ich sie von Rosa-Maria Bucht kenne, die von 2002 bis 2016 die Mutter-Tochter-Kurse an der VHS Karlsruhe leitete.

Dazu legt sich deine Tochter auf eine weiche Unterlage. Nachdem die Schale ein wenig angewärmt wurde, wird sie auf den (am besten nackten) Bauch gelegt. Solange der Rand der Schale nicht berührt wird, bleibt der Klang unverändert. Du als Mutter kannst die Schale vorsichtig anschlagen. Deine Tochter spürt dabei, je nach Schale, eine leichte bis starke Vibration. Lausche mit ihr dem Ton nach, bis er nicht mehr zu hören ist.

Wenn das Gefühl für deine Tochter angenehm war, kann die Übung wiederholt werden. Erzähle dabei deinem großen Mädchen noch einmal, wie es war, als sie in deinem Bauch war. Erinnere dich an das sanfte Gefühl der ersten winzigen Kindsbewegungen, wie du dich auf deine Tochter gefreut und ihre Geburt herbeigesehnt hast, und lasse sie daran teilhaben. Oder du sagst deiner Tochter, wie schön es für dich ist, zu wissen, dass ihr Bauch nun ebenfalls bald in der Lage sein wird, Leben hervorzubringen.

Je nach Bauchgefühl deiner Tochter kannst du dabei die Schale noch einige Male anschlagen – entweder mehrmals hintereinander oder so, dass der Ton immer vollständig verklingt, je nachdem, wie es sich für deine Tochter angenehm anfühlt.

Bei einem Frauenfest dürfen alle die Klangschale anschlagen und mit einem persönlichen Gruß wie »Ich wünsche dir gute Bauchgefühle«, »Höre auf deinen Bauch« oder Ähnlichem verbinden. In einer Variante dieses Rituals erzählen die Anwesenden über ihren Körper, beispielsweise eine glückliche Episode während einer Schwangerschaft, oder darüber, wie sich ihr Verhältnis zu ihrem Bauch entwickelt hat.

Die Worte und Wünsche, die du oder die anderen Frauen deiner Tochter während der Übung mitgeben, können in einem eigens dafür angefertigten Büchlein festgehalten werden. Oder die Wünsche und Worte werden wie ein Geheimnis leise und intim an sie weitergegeben.

Bauchmassage ⚢ ♎

Diese wunderbare Ritualidee der gegenseitigen Bauchmassage von Mutter und Tochter stammt ebenfalls von Rosa-Maria Bucht.

Die Übung kann sowohl zu zweit als auch gemeinsam mit mehreren Frauen und Töchtern durchgeführt werden. Benötigt wird für jede ein Handtuch als Unterlage, eine weiche Decke oder Gymnastikmatte sowie ein gutes Massageöl.

Deine Tochter wird zuerst verwöhnt und darf sich schon einmal hinlegen. Zunächst werden die Hände angewärmt, z. B. durch heftiges Gegeneinanderreiben. Massiert wird mit beiden Händen, die flach auf dem Bauch liegen, in liebevollen, langsamen Bewegungen und in Achtsamkeit für diesen gefühlvollen und verletzlichen Körperbereich.

Beginnend in der Bauchmitte vom Bauchnabel aus formst du Kreise im Uhrzeigersinn, die nach und nach größer werden. Auch ein Ausstreichen nach unten und zum Rand ist möglich. Während der Massage bleibt eine Hand immer am Körper. Zum Schluss legst du beide Hände auf den Bauch und verabschiedest dich in Ruhe.

Während der Massage kannst du deiner Tochter wie bei der *Klangschalen*-Übung über deine Schwangerschaft mit ihr erzählen und deine ganze Liebe in deine Hände legen. Danach wechselt ihr, und deine Tochter massiert nun deine Mitte. Dabei kann sie sich von deinem Bauch, der sie lange genährt hat, endgültig verabschieden, ihm danken und ihn damit ehren.

Wenn dieses Ritual keine Überraschung für deine Tochter werden soll, kannst du vorab gemeinsam mit ihr ein Massageöl aussuchen, das sie mag.

→ Tipp: Eine unterstützende Gesprächsrunde vor oder nach dieser Übung ist beispielsweise die *Gesprächsrunde zum Bauchgefühl* (S. 173).

Trommeln oder Bauchtrommeln ⚢ Ω

Trommeln, die schon von ihrer Form her an ein rundes Gefäß als Sinnbild für das Weibliche erinnern, kommen bei Frauenritualen häufig zum Einsatz. Zudem wird ihr Klang mit dem Schlag des mütterlichen Herzens verglichen, den ein Kind während der Schwangerschaft hört. Gut, wenn bei deinem Frauenfest eine Teilnehmerin Übung im Trommeln hat und sogar ein oder mehrere der Instrumente zur Verfügung stellen kann, um gemeinsam beruhigende oder belebende Rhythmen zu schaffen. Es geht aber auch einfacher, denn alle haben ja ihre Bäuche dabei.

Wir haben alle eine sehr persönliche Beziehung zu unserer Mitte, sowohl körperlich als auch zu unseren Bauchgefühlen. Deshalb ist es eine spannende Erfahrung, damit einmal in anderer Weise Kontakt aufzunehmen. Für dieses Körpertrommeln bilden die Teilnehmerinnen einen Kreis. Am besten lässt es sich auf den nackten Bauch trommeln, es geht aber auch mit Kleidung, fühlt sich jedoch weniger intensiv an.

Beginne damit, deinen Bauch liebevoll zu streichen und bewege dabei die Hüften, um locker zu werden. Anschließend trommelt jede nacheinander einen kleinen Rhythmus auf ihren Bauch, so, dass die

Berührung angenehm ist, und die Anderen klopfen das Echo nach, ohne lange zu überlegen. Denn es geht ums Fühlen.

Alle werden vermutlich viel Spaß bei dieser Übung haben!

Ebenso können auch alle gleichzeitig trommeln und versuchen, in einen Rhythmus hineinzufinden, in dem jede ihren Platz hat. Oder zu einem leise abgespielten Lied tanzen und die eigene Percussion dazu machen.

Lass anschließend alle erzählen, wie sich das Trommeln angefühlt hat und wie es jeder der Mitmachenden mit dieser Übung ergangen ist, die natürlich auch nur zu zweit funktioniert.

Reinigungsritual ⚢ ♎

Die Entscheidung für dieses Berührungsritual steht und fällt mit dem Maß von Nähe, das deine Tochter zulassen möchte. Es kann vor oder nach einem anderen Ritual durchgeführt werden. Beispielsweise vor der *Körperkunst*, dann beinhaltet es eine rituelle Vorbereitung des Körpers – oder als tatsächliche Reinigung nach der Bemalung des Körpers bzw. der Körperpartien. Es kann aber auch vollkommen eigenständig zelebriert werden.

Benötigt wird eine weiche Unterlage, die gegebenenfalls auch nass werden darf. Darauf wird eine saugfähige Lage aus einem oder mehreren Badetüchern bereitet. Deine Tochter legt sich darauf, und die von ihr dazu freigegebenen Körperpartien werden von dir mit weichen Schwämmen oder Waschlappen sanft mit warmem Wasser abgerieben. Wie viele Kleidungsstücke sie dabei ablegen möchte, entscheidet deine Tochter. Wenn sie vollständig angekleidet bleiben möchte, beschränkt euch auf Hände und Füße.

Zum Waschen lässt sich auch selbst hergestelltes Duftwasser, etwa aus Lavendel oder Rosenblüten, verwenden oder handwarmes Wasser, das durch ein besonderes Duschgel zum Duften gebracht wird.

Eine unkomplizierte Anleitung für selbst gemachte Duftwasser findest du z. B. im Blog von Karin Rathgeber *rathgeber-balance.de*.

Während des Rituals kann entspannende Musik spielen oder die Anwesenden summen gemeinsam eine einfache Melodie. Die Verbindung mehrerer Stimmen ergibt einen wunderbaren Wohlklang, der die Seele aller nährt.

Nach der Reinigung wird deine Tochter mit vorgewärmten Tüchern abgetrocknet. Das ist auch eine Gelegenheit, deine Tochter mit einem neuen Badetuch zu beschenken, das sie lange an diesen Tag erinnern wird. Wie früher für Königinnen kann sich auch hier ein Salbungsritual anschließen, bei dem beispielsweise Hände und Füße mit einer besonders wohlriechenden Creme oder einem Öl massiert werden.

Solche Pflegerituale mit liebevollen Berührungen kennen wir in unserer Kultur meist nur aus der Kindheit. Dabei kann es in jedem Lebensalter beglückend sein, sich so verwöhnen zu lassen. Aber jede fühlt das anders. So kann sich die eine Tochter wie eine Prinzessin fühlen, die von ihren Kammerzofen liebevoll für ein Fest vorbereitet wird, der anderen ist so viel körperliche Nähe viel zu viel. Auch wenn du deine Tochter gut kennst, am sichersten ist immer, sie vorher zu fragen, worauf sie sich einlassen möchte.

Körperkunst ⚢ ♎

Körperkontakt wird in unserer heutigen Zeit immer seltener. Selbst in manchen Familien berührt man sich untereinander kaum. Zwar werden kleine Kinder geherzt und auf den Schoß genommen; mit zunehmendem Alter nimmt diese körperliche Nähe aber zumeist stark ab. Doch auch pubertierende Mädchen können sich über liebevolle Berührung freuen, natürlich abhängig von der Beziehung der Beteiligten.

Körperkunst ist eine Möglichkeit, auf einfache Weise wieder Körperkontakt zu schaffen. Bemalt zu werden ist ein besonders sinnliches Erlebnis, bei dem mit spezieller Körperfarbe der Körper deiner

Tochter für kurze Zeit zu einer lebendigen Leinwand wird. Lass dich dafür im Internet von Fotos inspirieren.

Da der Körper unser intimster Raum ist, darf dieses Ritual nur nach vorheriger Absprache durchgeführt werden. Denn jede Berührung muss im Einklang mit dem Gefühl deiner Tochter sein. Sie kann auswählen, ob nur ihr Gesicht, ihre Hände und Füße oder ihr Bauch bemalt werden und – ganz wichtig: wer sie wo berühren darf.

Schön, wenn bei einem Gruppenfest auch die anderen Teilnehmerinnen Lust darauf bekommen, sich bemalen zu lassen. Diese Übung wie auch so manch andere lässt sich im Übrigen auch mit dem eigenen Partner/der Partnerin durchführen.

Beim Kauf der Farben sollte auf Hautverträglichkeit geachtet werden und darauf, wie Haut und Unterlagen (Handtücher oder Decken) gereinigt werden können.

→ Tipp: Das vorher beschriebene Reinigungsritual eignet sich sowohl vorbereitend für die Körperkunst als auch zum Abwaschen der Farbe.

Übungen für Geist und Seele

Die *runde* Runde

Üppige weibliche Rundungen entsprachen zur Zeit Rubens' dem erklärten Schönheitsideal. Auch in späteren Zeiten waren kurvige Frauenkörper à la Marilyn Monroe noch Vorbilder. Heutzutage können die meisten Frauen das nicht mehr nachvollziehen. Denn trotz steigender Kritik an Magermodels in den Medien hat Schlanksein nach wie vor einen hohen Stellenwert in der Schönheitswelt.

Bereits in der Pubertät rundet sich der Mädchenkörper nach und nach, was eine wichtige Voraussetzung für das Einsetzen der Blutung ist. Denn die dafür nötige Hormonausschüttung des Luteinisierenden Hormons (LH) sowie des Follikelstimulierenden Hormons (FSH), die beide die Entwicklung von Sexualhormonen anregen, setzt erst ab einem bestimmten Körperfettanteil ein. Später verändern Schwangerschaften den Körper, aber auch der Wegfall der Sexualhormone in den Wechseljahren wirkt sich auf den Stoffwechsel aus und sorgt für zunehmendes Körpergewicht und -rundungen. Altersbedingter Muskelabbau führt zudem zu einem niedrigeren Grundumsatz (Verbrauch von Nahrungsenergie) des Körpers. Kaum eine Frau, die sich über die Dauer ihres Lebens nicht mindestens einmal mit dem Thema Gewicht auseinandergesetzt hat.

Die Beschäftigung mit realistischen Körperbildern kann deiner Tochter helfen, ihren Körper anzunehmen und zu lieben, denn das hat er verdient. Und *Die* runde *Runde* bildet dafür einen ausgezeichneten Anknüpfungspunkt. Für den Gesprächskreis werden im Vorfeld gesammelte Bilder von lebenslustigen Frauen jedmöglicher Körperstatur, die aus Zeitschriften oder Ähnlichem stammen können, ausgelegt. Auch selbst angefertigte Tonfiguren, wie im Ritual *Weiblichkeitsformen* (S. 138) aufgezeigt, eignen sich dafür oder andere runde Gegenstände, die die Anwesenden mit Weiblichkeit verbinden. Auf runden Moderationskärtchen wird anschließend alles aufgeschrieben, was jeder zum Thema einfällt. Diese werden dann an deine Tochter übergeben. Oder die Teilnehmerinnen tauschen sich mündlich in einem kleinen, geführten Diskurs aus.

Auch gemeinsam tanzen und dabei bewusst die eigenen Rundungen feiern und zum Schwingen bringen, ist eine gute Übung (s. *Mein Bauchgefühl tanzen* - S. 173)

Und solltest du von deinem Bauch in der Schwangerschaft einen Gipsabdruck gemacht haben, nimm ihn zu dieser Gesprächsrunde unbedingt mit.

Inneres-Kind-Ritual Ω

In unserer Gesellschaft geht das Erwachsenwerden meist damit einher, dass wir vergessen, das Kindliche, Spielerische und Spontane in uns zu pflegen und wertzuschätzen. Wir schauen mehr nach dem, was nützlich und erfolgversprechend ist, statt nach dem, was unser Herz uns gerade sagen möchte. Geben wir unserem Inneren jedoch mehr Raum und Aufmerksamkeit, lernen wir uns wieder an eine Zeit zu erinnern, in der wir uns überschäumend kraftvoll, glücklich, unabhängig, mutig und im Einklang mit allem gefühlt haben.

Diese Übung für ein Gruppen-Frauenfest, die sich aber auch für ein Mutter-Tochter-Fest zu zweit eignet, erinnert an die uns zutiefst innewohnende Lebendigkeit und daran, sie mehr in unseren Alltag und in unser Frausein zu integrieren. Halte dafür Schreibmaterial und etwa postkartengroße verschiedenfarbige Kärtchen bereit. Alle Anwesenden nehmen in einer Runde Platz. Jede erinnert sich zunächst einmal nur für sich an eine Zeit, als sie noch ein kleines Mädchen war. Dabei helfen folgende Fragen:

- Was macht dir besonders viel Spaß?
- Wobei fühlst du dich so richtig rundum glücklich und lebendig?
- Was ist für dich allein dein absoluter Wohlfühlort?
- Welche Bewegung fühlt sich für dich am besten an?
- Welche Klänge liebst du besonders und was tust du, wenn du sie hörst?
- Welches Wetter findest du am schönsten?
- Wo bist du ganz in deinem Element?

Als gedankliche Unterstützung notiert sich jede zunächst in Stichworten die auftauchenden inneren Bilder und Gefühle. Im Anschluss werden die Kinder-Geschichten untereinander ausgetauscht. Die Teilnehmerinnen können auch ein Bild von sich als junges Mädchen malen, ergänzt mit charakterisierenden Begriffen oder Symbolen, das den anderen vorgestellt wird. Manche Tochter wird vermutlich erstaunt sein, wie viel Kindliches in ihrer Mutter und anderen erwachsenen Frauen als eine Quelle der Lebendigkeit und Freude steckt.

Dieses Ritual ist dafür gedacht, dass jede anschließend etwas ganz Konkretes für sich mit in den Alltag nimmt. Ich empfehle deshalb, auf den farbigen Karten ein Versprechen an sich selbst festzuhalten, und zwar in Form einer konkreten Handlung, die dem eigenen kindlichen Anteil großen Spaß macht, verbunden mit einem genauen Zeitpunkt, z. B.:

Liebe kleine … (Name), ich verspreche dir, innerhalb der nächsten zwei Wochen mit dir Schlittschuhlaufen zu gehen (auf einen Baum zu klettern, im Wald laut zu singen …).

Oder: Liebe kleine … (Name), ich werde dir an einem Abend nächste Woche erlauben, abends länger wach zu bleiben und so viele Bücher zu lesen, wie du magst, auch wenn du am nächsten Tag früh raus musst. Und dazu gibt´s deine Lieblingskekse!

Je fantasievoller, desto besser. Aber es wirkt natürlich nur, wenn das Versprechen später auch wirklich eingelöst wird. Damit das Ganze verbindlicher wird, am besten Zweierteams bilden, die anschließend überprüfen, ob die Zusagen an sich selbst auch eingehalten wurden. Oder es wird verabredet, sich nach vier Wochen gegenseitig zu erzählen, wie das eigene innere Kind verwöhnt wurde. So lässt sich zukünftig mehr Spontaneität, Neugier und Spiel in den eigenen Alltag integrieren.

→ Fantasiereise: Frauenkraftort ⚢

Fantasiereisen können uns mit inneren Wünschen und intuitivem Wissen verbinden, die wir im Alltag oft dem bewussten, rationalen Denken und Handeln unterordnen.

Für die folgende Gedankenreise kannst du diesen Originaltext vorlesen oder ihn an die Bedürfnisse deiner Tochter anpassen, zum Beispiel altersgerecht mit einfacheren, kindlicheren Worten für jüngere Mädchen. Wichtig dabei ist, in die Entspannung zu kommen und später bewusst ins Hier und Jetzt zurückzukehren. Die Pausen dienen dem Spüren und Nachspüren des Erlebten. Nimm als Vorlesende wahr, welche Energie im Raum ist und folge deinem Gefühl. Lass den Teilnehmerinnen viel Zeit für die sich entwickelnden inneren Bilder. Wenn sich einige gerade etwas müde fühlen, eignet sich Sitzen besser als Liegen. Zur kurzen Nachbesinnung lege etwas zum Schreiben bereit.

Setze oder lege dich hin, wie es für dich am bequemsten ist, und schließe wenn möglich die Augen.
Spüre, wo dein Körper mit der Unterlage Kontakt hat und wie sich das anfühlt.
Recke und strecke dich noch ein wenig, und genieße die Entspannung in deinem Körper.
Fühle, wie deine Augen ruhig werden und die Dunkelheit genießen.
Atme tief und gleichmäßig bis hinein in deinen Bauch.
Deine Zunge liegt leicht im Mund, dein Kiefer ist locker und entspannt.
Spüre, wie deine Schultern loslassen.
Dein Brustkorb hebt und senkt sich bei jedem Atemzug und leitet den Atem sanft bis in deinen Bauchraum.
Alles, was dich bisher beschäftigt hat, kannst du nun einfach vorüberziehen lassen.
Nichts ist zu tun, du darfst einfach so sitzen oder liegen.
Spüre dein Gesäß, deine Beine und Füße.
Spüre, wie dein Körper sicheren Kontakt mit dem Boden aufnimmt.
(Pause)
Jetzt stelle dir vor, wie du in einem schönen grünen Wald spazieren läufst.

Die Sonne blitzt durch die Blätter, und der Boden fühlt sich weich und angenehm an beim Gehen.
Du läufst nun über einen Pfad, der zu beiden Seiten von Bäumen eingefasst ist, fast wie eine schmale Allee, die ein bestimmtes Ziel hat.
Weiter und weiter geht dieser hübsche Weg, und ganz vorne siehst du es etwas heller werden.
Neugierig gehst du voran und gelangst schließlich zu einer Tür, an der dein Name steht.
Überrascht und neugierig greifst du nach der Türklinke und öffnest die Tür ganz vorsichtig, um dahinter zu schauen.
(Pause)
Eine innere Stimme sagt dir, dass hier eine eigene kleine Welt für dich sein darf, ein Platz, an dem du ganz für dich zur Ruhe kommst, ein Kraftort, der dich stärkt und den du dir völlig neu und frei für dich gestalten darfst.
Vielleicht zeigt sich schon etwas für dich?
(Pause)
Siehst du dort eine Landschaft mit viel Natur oder einen in besonderer Weise umschlossenen Raum,
vielleicht ein Häuschen, eine Höhle oder sonstigen Rückzugsort?
(Pause)
Was dir auch erscheint, es ist genau richtig für dich.
Gehe auf diese Stelle oder diesen Raum gelassen zu, ganz langsam, atme tief, spüre, welches Gefühl du dabei hast ...
Bist du neugierig, aufgeregt, vielleicht ein bisschen ängstlich oder fühlst du dich leicht und fröhlich wie ein hüpfendes Kind?
(Pause)
Was hörst du im Gehen – sind da Naturgeräusche wie Wind, Vogelzwitschern oder Meeresrauschen – oder erklingt sanfte Musik?
Zaubere die Geräusche herbei, die dir guttun, oder bleibe in angenehmer Stille.
Welche Farben siehst du beim Näherkommen?

Gibt es bestimmte Formen oder Materialien wie Stein, Holz, Sand oder Ähnliches?
Möchtest du etwas hinzufügen, vielleicht eine Decke oder Hängematte, auf die du dich legen oder einen Stuhl, Thron oder bequemen Sessel, auf den du dich setzen kannst?
(Pause)
Nimm Platz an diesem Platz oder in diesem Raum, wo es dir guttut und schaue, ob noch etwas fehlt ...
Vielleicht ein Kissen, eine Decke zum Einkuscheln, eine Kerze oder etwas ganz anderes ...
Da du nun an deinem Kraftort angekommen bist, atme weiter tief ein und aus.
Lege, wenn du dies möchtest, deine Hände auf die Brust oder den Bauch, genieße die Geborgenheit an diesem Platz und spüre, was hier ist, das dich ruhig macht, dir guttut und dich nährt.
(Pause)
An diesem Kraftort fühlt sich dein Körper vielleicht anders an als sonst ...
Wenn ja, beobachte, ob du eine Stelle an deinem Körper besonders intensiv spürst.
Berühre diese Stelle jetzt mit deinen Händen, wenn du möchtest.
(Pause)
Auch dein Bauchgefühl, das manchmal im Alltag vielleicht zu kurz kommt, kannst du jetzt wieder stärker spüren ...
Vielleicht kommen dir dazu bestimmte Begriffe in den Sinn? Sätze, die dich stark machen?
Liebende Worte an dich, die du möglicherweise als kleines Kind vor langer Zeit gehört hast und die fast in Vergessenheit geraten sind?
(Pause)
Siehst du Farben, Symbole oder andere Kraftdinge vor deinem inneren Auge?
(Pause)

Vielleicht liegt dort an deinem Kraftort auch ein kleines Geschenk für dich, das dir etwas sagen oder zeigen möchte?
(Pause)
Wenn da etwas ist, ein Symbol, ein Satz, ein Gedanke, dann nimm dies jetzt an dich und verwahre es gut.
Bleibe weiter in diesem Gefühl der Kraft in dir und spüre, wo es deinen Körper und dich stark macht.
(längere Pause)
Wenn du genug aufgetankt hast, erhebe dich in deiner Fantasie langsam von diesem deinem besonderen Kraftplatz.
(Pause)
Schau ihn dir noch einmal genau an.
Präge dir ein, was dir wichtig ist und was dir hier besonders gutgetan hat.
(Pause)
Dann verabschiede dich auf deine Weise von deinem Kraftplatz, drehe dich um und gehe langsam wieder in Richtung der Tür zurück.
Öffne sie und trete durch sie wieder auf diese schöne Waldallee, auf der du vorhin gekommen bist.
Gehe sie langsam zurück, in deinem Tempo, bis du wieder hier in dieser Runde angekommen bist.
(Pause)
Nimm nun einen tiefen Atemzug, spüre deinen Körper im Hier und Jetzt, wo er die Unterlage berührt.
Mache erste kleine Bewegungen, atme tief, recke und strecke dich.
Dann öffne die Augen und sei wieder ganz da, aber still.
(Pause)
Bleibe noch ruhig und mit deiner Aufmerksamkeit bei dir.

Nimm dein Büchlein oder Heft zur Hand. Notiere dir ein paar Stichworte, die kurz Wichtiges aus der Fantasiereise benennen, das du nicht vergessen möchtest. (Zeit ca. 5 Minuten)

Nach der Fantasiereise kann ein kurzer Austausch stattfinden, wie leicht oder schwer es fiel, Bilder zu sehen oder sich auf die Reise einzulassen. Wer tiefer gehen will, kann auch persönliche Empfindungen und Kraftquellen teilen. Manches wird so privat sein, dass es lieber als inneres Geschenk behalten werden will. Gehe sorgsam damit um.

Rituale zur eigenen Frauenrolle

Frauenbilder ⚢ Ω

Auch diese Idee geht auf die Mutter-Tochter-Kurse von Rosa-Maria Bucht zurück.

Unterschiedliche Darstellungen in Form von Fotografien oder Postkarten von Frauen werden in die Mitte gelegt. Die Teilnehmerinnen setzen sich im Kreis um die Bilder und lassen diese im Stillen auf sich wirken. Für den anschließenden Diskurs zum Thema Frausein sorgen verschiedene Fragestellungen. Beispielsweise kann jede Teilnehmerin ihr Frauenbild zum Zeitpunkt ihrer Jugendjahre ihrem heutigen Bild von Frausein gegenüberstellen und aufzeigen, wie ihre geänderte Haltung zustande kam. Junge Frauen können ihre jetzige Vorstellung mit dem Bild vergleichen, das sie sich in ihrer Kindheit von Frauen gemacht haben. Oder jede wählt eine Abbildung aus, die ein bestimmtes Lebensgefühl für sie verkörpert, das sie als Wunsch deiner Tochter mitgibt, zum Beispiel: »Ich sehe bei dieser Frau eine ansteckende Lebensfreude – ich wünsche dir, dass so eine Freude dich immer begleitet!« Notiere diese Begleitworte und Wünsche für deine Tochter, z. B. in ihr Fest-Büchlein.

Diese Übung lässt sich mit Bildern zur Frage erweitern:

Was passt nicht in meine bisherige Vorstellung vom Frausein, könnte aber zukünftig eine spannende oder herausfordernde Ergänzung werden? Und auch deine Tochter wählt für sich ein Bild aus, das für sie eine Weiblichkeit zeigt, die sie anspricht.

Bilder, die Frauen in unterschiedlichen Lebensaltern zeigen, laden zu einem Gespräch über die verschiedenen Lebensphasen ein, immer im Bewusstsein, dass es dabei um ganz persönliche Erfahrungen und Einsichten geht, die natürlich nicht für alle gleichermaßen gelten. Abbildungen von Frauen unterschiedlicher Kulturen beziehen die Frage nach der jeweils anderen Lebensweise mit ein.

Wird getrennt in Mütter- und Töchtergruppen gearbeitet, lassen sich die Ergebnisse anschließend mit immer wieder interessanten Aspekten vergleichen.

→ Tipp: Eine passende Ergänzung zu dieser Übung sind *Frauen-Mindmap* und *Ganzkörperbild Frausein* (S. 164).

Zeitstrahl Frausein ⚢

Schon im Vorschulalter entwickeln wir alle Ideen davon, was es bedeutet, ein Mädchen zu sein. Unser Weg ins Erwachsensein und als Frau geht über verschiedene Etappen und bleibt immer spannend. Selbst im betagten Lebensalter werden wir noch neue Aspekte unseres Mensch- und Frauseins erfahren, wenn wir dafür offen bleiben.

An einer wichtigen Zwischenstation ihres Lebens als Frau, beispielsweise anlässlich der Menarche, kann es für deine Tochter ein schönes Ritual sein, gemeinsam mit dir und Anderen einen *Zeitstrahl* für ihr Leben als Frau zu gestalten. Dort werden wichtige Lebensereignisse wie Geburt, Schuleintritt und Pubertät sowie Ausblicke in ihr Erwachsenenleben eingetragen. Von den Anwesenden unterstützt, lernt deine Tochter verschiedene Perspektiven kennen, die ihr helfen können, innerlich freier von einengenden Rollenbildern ihren Weg zu gehen.

Bei einem Fest mit mehreren Müttern und ihren Töchtern wird jeweils als Paar gearbeitet.

Als Material für diese Übung bietet sich Karton an. Durch Zuschneiden und Aneinanderreihen von längeren Stücken aus DIN-A2- oder -A1-Formaten, die zusammengefügt werden, entsteht ein Zeitstrahl. Alternativ sieht ein Stoffband als Material zwar edler aus, lässt sich aber schwieriger festhalten und beschriften. Außerdem werden spezielle Textilstifte benötigt. Am besten vorab mit Stoffresten ausprobieren.

Wie das fertige Kunstwerk später an einer Wand aufgehängt werden soll, entscheidet darüber, ob von links nach rechts (Querformat) oder von unten nach oben (Hochformat) gearbeitet wird. Für jede Lebensphase werden ungefähr 20 Zentimeter laufende Länge gerechnet, je nach Stiftbreite und Schreibfreudigkeit. Für die Beschriftung eignen sich dünne Holzfarb- oder Buntstifte. Je mehr einzelne Phasen der Zeitstrahl umfassen soll, desto länger muss er angelegt werden. Ich empfehle eine Breite von circa 15 bis 20 Zentimetern und eine Länge von ungefähr zwei Metern.

Wenn kein großer Tisch zur Verfügung steht, eignet sich als Arbeitsfläche auch der Fußboden. Vom Anfangspunkt aus werden nun die Lebensereignisse und -phasen eingetragen, wobei die zeitlichen Abschnitte so eingeteilt sein sollten, dass am Ende etwa ein Viertel oder ein Drittel frei bleibt für Zukunftsvisionen.

Beginne mit der Zeugung deiner Tochter. Wenn du vor der Geburt schon wusstest, dass du ein Mädchen erwartest, kannst du deine Gefühle, die dich in dieser Zeit begleitet haben, unterhalb der Überschrift ZEUGUNG entsprechend künstlerisch gestalten, mit Farben oder gemalten Symbolen, die für den Zeitraum der Schwangerschaft stehen. Der nächste Punkt ist das Datum der Geburt, ebenfalls farblich oder grafisch untermalt. Auch wichtige, bedeutsame Worte, Zitate oder Haltungen zum Frausein können eingetragen werden, beispielsweise unter der Kindergartenzeit: »Ich liebe Prinzessinnen-Röcke«. Nicht sehr feministisch, aber wenn es denn so war! – und alternative Rollenbilder dürfen ja spätestens jetzt dazukommen.

Ab dem Tag »heute« ist alles Zukunftsmusik. Hier kann deine Tochter auf dem Zeitstrahl Ereignisse eintragen, die sie sich für ihren weiteren Weg wünscht, oder du deine guten Wünsche für sie, ergänzend mit kleinen Zeichnungen, Abbildungen aus Zeitschriften oder Fotoausschnitten. So gestaltet sich gemeinsam eine bleibende Erinnerung an diesen Tag mit dem Ausblick auf den Lebensweg als Frau. Ein offenes Gespräch während des gemeinsamen Arbeitens fördert das Gelingen. Und vielleicht überlegt sich deine Tochter ein Motto für ihr hier dargestelltes Leben.

Eine gute Vorübung für den *Zeitstrahl* ist das Gespräch über *Frauenbilder* (S. 158) oder die *Fantasiereise: Ich als Frau* (S. 168).

Seelenanteile im Zaubermarkt[162]

Wir alle haben die unterschiedlichsten Anteile in uns, leben im Lauf unseres Lebens jedoch nur wenige davon aus. Wenn wir uns aber einmal erlauben, von unseren sicheren Wohlfühlrollen abzuweichen, können wir spüren, wie viel mehr in uns steckt und ans Licht kommen möchte. Folgen wir dem, dann ecken wir möglicherweise dadurch bei Anderen an, weil sie gewohnt sind, dass wir auf die altbekannte, für sie vorhersehbare Weise reagieren. Trotzdem ist es einen Versuch wert. Wir können so viel gewinnen: zum Beispiel ein echteres Gefühl für uns selbst erleben, ein tieferes Verständnis für unsere eigenen Wünsche, und auch die der Anderen. Deshalb ist die nachfolgende Übung zu den Anteilen der Frauenseele nach meinem Dafürhalten schon alleine Anlass genug für ein Frauenfest.

Lege pro Person circa zehn runde Moderationskarten bereit oder Pappkärtchen in etwa Postkartengröße (DIN A6), die auch einfach aus DIN-A4-Karton in unterschiedlichen Farben zurechtgeschnitten werden können. Dazu verschiedenfarbige Filzstifte oder dickere Schreibstifte. Für diese Übung können die Teilnehmerinnen kleine Talismane, Postkarten und Symbole, die ihnen etwas bedeuten, sowie eventuell ein schönes Tuch mitbringen. Mit weiterer Deko lassen sich später die »Marktstände« farbenprächtig gestalten.

Die kurze Einführung für alle Teilnehmerinnen: Auf die Kärtchen werden die eigenen Wesensanteile notiert. Dabei dürfen nur typisierende Bezeichnungen verwendet werden, wie z. B. »kleines Mädchen«, »Karrierefrau«, »Kriegerin« etc., oder den Charakter beschreibende Begriffe wie »Stolz«, »Anhänglichkeit« oder stellvertretend dafür bekannte Charaktere wie beispielsweise »Pippi Langstrumpf« oder »Mary Poppins«.

Bitte relativ klein in die Mitte der Kärtchen schreiben, da freier Platz für später gebraucht wird. Anstatt der Begriffe können auch kleine Zeichnungen verwendet werden.

Dann richtet jede für sich mithilfe ihres Tuchs einen kleinen Marktstand her, z. B. auf einem Stuhl, auf Tischen oder auf dem Boden. Und mit dem mitgebrachten Dekomaterial können die beschrifteten Kärtchen verkaufsfördernd drapiert werden.

Nun können alle auf dem Markt »herumspazieren« und sich umschauen, was die Anderen zum Tauschen anzubieten haben, und auch ruhig genauer nachfragen. Interessant ist, nach Aspekten oder Anteilen Ausschau zu halten, die selbst nicht oder (noch) nicht genug ausgelebt werden. Wer fündig wird, geht in Verhandlungen. Als Tauschpreis wird von Hand ein angemessen großes Stück vom Kärtchen abgerissen. Beispielsweise ein Viertel »Pippi Langstrumpf« gegen ein Drittel »Ordnungsfanatikerin«. Als Tauschmaterial dient das, was jede selbst an ihrem Stand anzubieten hat. Auf die abgetrennten Papierschnipsel wird notiert, was Neues eingetauscht wurde, sodass jede ihre Schätze später noch zuordnen kann.

Während der Tauschgespräche können wir sorgsam nachspüren, wie viel wir von einem bestimmten Seelenanteil abgeben möchten. Manches in unserem Inneren fühlt sich wie ein *nachwachsender Rohstoff* an, der üppig vorhanden ist und von dem wir wissen, dass er uns nie verloren gehen wird, weil er zu unserer eigenen Wesensnatur gehört. Ein Tauschmaterial, mit dem es sich verschwenderisch umgehen lässt und von dem wir große Teile eines Kärtchens hergeben oder einfach weitere Kärtchen mit derselben Aufschrift erstellen können. Bei anderen Kärtchen knausern wir vielleicht mit dem Tauschen, weil wir spüren, dass dies ein Anteil ist, den wir selbst erst noch mehr in uns wachsen lassen möchten.

Dieser Zaubermarkt macht viel Spaß und öffnet uns die Augen für uns selbst und Andere. So mancher Anteil erscheint uns selbst vielleicht gar nicht so bemerkenswert. Wenn aber viele Käuferinnen Interesse zeigen, merken wir plötzlich, welchen Schatz wir da in uns tragen.

Zum Abschluss des Rituals bilden alle, sich an den Händen haltend, einen Kreis und danken einander für die Offenheit und die Gaben, die miteinander getauscht wurden, und benennen die eigenen Anteile, die jede durch den Markt (noch) mehr schätzen gelernt hat. Um sich selbst immer wieder daran zu erinnern, werden die Kärtchen und getauschten Schnipsel am besten in ein Heft oder auf einen großen Bogen Papier geklebt und an exponierter Stelle aufgehängt.

Ab einer Gruppengröße von mindestens 8 bis 12 Teilnehmerinnen lässt sich die Übung aufgeteilt in Mütter- und Töchtergruppe spielen.

Fähigkeiten im Zaubermarkt ♎

Eine Variante der Übung kann mit dem Thema *Fähigkeiten und Talente* gespielt werden, was bestärkend wirkt, viel Spaß macht und etwas weniger emotionale Offenheit von den Teilnehmerinnen fordert. Je nach Lust und Laune lässt sich auch beides miteinander verknüpfen.

Ganzkörperbild Frausein ⚢

Bei diesem Ritual legt sich deine Tochter der Länge nach auf einen großen Bogen Papier oder Karton (zwei Bögen DIN A1 aneinandergefügt entsprechen 1,68 Meter Länge und 0,6 Meter Breite). Anschließend wird mit einem Stift ihr Körperumriss nachgezeichnet. Damit kann nun ein Bild ihres Frauseins mit ihr und für sie gestaltet werden. So können Begriffe zum Thema Frau in oder neben dem Körperumriss notiert und durch Bemalungen, Symbole usw. ergänzt werden. Schaue zunächst einmal, was sich von selbst ergibt. Folgende Fragen können bei der Ideenfindung helfen:

- Was ist für dich typisch weiblich?
- In welchem Körperteil fühlst du deine Weiblichkeit?
- Was wünschst du der jungen Frau für ihr Frausein?

Während des gemeinsamen Arbeitens ergeben sich oft die schönsten Gespräche und manches Gekicher. Deine Tochter sagt, was für sie passt und was nicht. Wenn sie möchte, umrandet sie das für sie Wichtige mit einem speziellen Stift. Und wenn ein kleines Kunstwerk daraus wird, kann sie es später in ihrem Zimmer aufhängen.

Feiern mehrere Mutter-Tochter-Paare gemeinsam, können sich die Teilnehmerinnen in nach Müttern und Töchtern getrennte Teams aufteilen oder zu zweit arbeiten.

Frauen-Mindmap ⚢ Ω

Die *Kunst-Mindmap zur Intuition* lässt sich auch für das freie Assoziieren zum Begriff »Frausein« verwenden. Bei einer Zeremonie für mehrere Töchter kann in Zweier- oder Viererteams mit jeweils eigenem Papierbogen, auf dem die Begriffe notiert sind, gearbeitet werden, damit jedes Mädchen ihren eigenen Bogen mit nach Hause nehmen kann. Hier ist das zentrale Wort zum Beispiel Frau, Frausein oder Ähnliches, von dem in der Mitte fünf bis zehn Striche mit Begriffen ausgehen, die euch zum Frausein einfallen. Dabei ergeben sich meist bereichernde Gespräche. Es lassen sich auch neue Wörter erfinden oder eine Top Ten der Lieblingswörter küren. Deine Tochter kann in ihr Büchlein das für sie Wichtigste mit notieren, oder ihr erstellt eine Best-of-Liste, die sie später dort einkleben kann. Zum Schluss kann die gemeinsame Wort-Arbeit noch mit Symbolen und kleinen Zeichnungen künstlerisch ergänzt werden. Achte dabei auf deine Tochter. Ausschlaggebend ist, dass sie sich dabei stets wohlfühlt.

Zur Einstimmung auf diese Übung eignen sich die *Inspirierenden Frauengeschichten* (S. 167) oder die *Frauenbilder* (S. 158).

Zyklische Gesprächsrunde

Vertreterinnen naturverbundener Lebensart weisen darauf hin, dass der weibliche Monatszyklus dem Mondzyklus angeglichen ist und der Beginn der Periode jeweils immer zum gleichen Mondstand stattfindet, beispielsweise bei Vollmond. Wissenschaftliche Untersuchungen dazu liefern gegensätzliche Ergebnisse. Offensichtlich ist jedoch, dass die Länge der Mondphasen (28 Tage) und die Länge des Menstruationszyklus sich ähneln.[163]

Seit jeher werden Frauen durch ihre Gebärfähigkeit stärker mit dem Kreislauf von Leben und Tod, von Werden und Vergehen, in Verbindung gebracht als Männer. Mit der Menarche als einem Meilenstein für körperliches Frausein wird auch deine Tochter in neuer Weise dieses Zyklische erleben.

Dazu einige inspirierende Gedanken für eine Gesprächsrunde über wiederkehrende Abläufe bei der Menarchefeier: Im Kreis zusammensitzend erzählen die Teilnehmerinnen, was ihnen zyklisch erscheint, wie zum Beispiel Tag und Nacht, Schlafen und Wachen usw. Das Leben nicht rein linear zu betrachten, hilft uns zu akzeptieren, dass Zeiten des Wachstums und des Loslassens sich abwechseln. Wir vergessen manchmal, dass es nicht nur Hochphasen geben kann, obwohl jede von uns die Erfahrung schon hundertfach gemacht hat. Nach schlechteren Tagen kommen wieder bessere und umgekehrt. Dieses Wissen verhilft uns zu einem entspannteren Umgang mit den Herausforderungen des Lebens.

Feiert deine Tochter gerade ihre erste Menstruation, kannst du ihr zu dieser Übung einen speziellen Kalender überreichen, in den sie ihre Periode eintragen kann. Verschiedene Vorlagen finden sich im Internet und auf YouTube. Oder ihr erstellt gemeinsam ein besonders schön gestaltetes Tableau. Und mit dem *Menstruationszyklus-Rad* (S. 142) lässt sich der weibliche Zyklus besonders gut verdeutlichen. Anregungen zur gemeinsamen Gestaltung sind u. *Rituale mit kreativen Elementen* beschrieben.

Der Tochter neue Kleider ⚢

Übergänge im Leben werden häufig mit einer besonderen Garderobe angezeigt, wie z. B. dem Hochzeitskleid oder einem Doktorhut.

Bei einem Frauenfest anlässlich der ersten Menstruation bietet sich natürlich die Farbe Rot an, um diesen neuen weiblichen Aspekt willkommen zu heißen, z. B. ein schönes, rotes Kleid oder eine andere rote Kleidung, die deiner Tochter gefällt. Um den Übergang zu zelebrieren, kann deine Tochter zu Beginn der Feier ein weißes Outfit als Sinnbild für die Mädchenzeit tragen, das sie anschließend als äußeres Zeichen des Wandels gegen die rote Kleidung tauscht. Passende einleitende Worte dazu wären, dass heute zur Feier deiner Tochter, die vor Kurzem ihre erste Periode gehabt hat, mit dem Anziehen des roten Kleides ihr Eintritt in die Welt der Frauen symbolisiert wird.

→ Tipp: Dieses Umkleiden lässt sich sinnvoll mit dem *Reinigungsritual* (S. 118) verbinden und eignet sich als Vorbereitungsübung auf die *Aufnahme in den Frauenkreis* (S. 129).

Inspirierende Frauengeschichten ⚢

Manchmal spüren wir im Laufe unseres Lebens, dass sich plötzlich oder ganz allmählich unsere Werte oder Lebensumstände verändern. Was bisher immens wichtig war, wird nebensächlicher, aber Neues muss erst noch wachsen. Das kann mit viel Unsicherheit verbunden sein, weil wir uns Herausforderungen gegenübersehen, die uns auf fremde Wege zwingen und die sich mitunter schwierig und einsam anfühlen. Geschichten über mutige, starke und lebenslustige Frauen, seien sie aus dem realen Leben oder die Heldinnen aus Büchern, können dann eine große Unterstützung bieten. Und ein Frauenfest ist der passende Anlass für eine Gesprächsrunde über diese wichtigen Frauen oder Frauentypen, die das Leben einer jeden Teilnehmerin in besonderer Weise beeinflusst haben, und die helfen, zu uns selbst zu stehen und neue Anteile in uns zu entdecken.

Bei diesem spannenden Austausch über Vorbilder und die wichtigen Lektionen, die von ihnen gelernt wurden, lässt sich auch Bildmaterial (Postkarten oder Ausschnitte aus Zeitschriften) einsetzen.

Besonders schön und inspirierend finde ich das Buch *Good Night Stories for Rebel Girls: 100 außergewöhnliche Frauen*, in dem in Kurzform märchenähnlich und wunderschön bebildert Frauen mit außergewöhnlichen Lebensentwürfen porträtiert sind und das Pflichtlektüre für alle jungen Mädchen sein sollte! Aber auch Geschichten über deine Tante Anna, die sich so herrlich um niemandes Meinung scherte, oder Cousine Birgit, die als Wissenschaftlerin große Ambitionen hat, taugen bestens, um in einer Frauenrunde die gebührende Würdigung zu erfahren und durch ihr Vorbild zu bereichern.

Ein wunderbares Geschenk zum Abschluss sind auf kleine bunte Kärtchen notierte Wünsche für die Tochter, wie beispielsweise: »Ich wünsche dir das Durchhaltevermögen meiner Oma Inge, die niemals aufgab«.

→ Fantasiereise: Ich als Frau ⚢

Für die nachfolgende Beschäftigung mit den eigenen inneren Bildern vom Frausein lies den nachfolgenden Text laut vor oder ändere ihn an die Gegebenheiten angepasst ein wenig ab. Wichtig ist immer die Hinführung zur Entspannung und das Zurückkehren ins Hier und Jetzt. Für »Name« verwendest du bei einem privaten Frauenfest den Namen deiner Tochter, die Angaben in Klammern dienen nur zur Erklärung, nicht zum Vorlesen.

Viele Pausen sind wichtig, um ins Spüren zu kommen. Nimm als Vorlesende wahr, wie die Energie im Raum ist, und folge deinem Gefühl. Lass den Teilnehmerinnen viel Zeit für die sich langsam entwickelnden inneren Bilder. Solltet ihr gerade einen müden Punkt haben, führt die Fantasiereise lieber im Sitzen statt im Liegen durch. Aber falls eine Teilnehmerin einschlafen sollte, ist das auch nicht schlimm, denn erlaubt ist, was jeder guttut.

Setze oder lege dich hin, wie es für dich am bequemsten ist, und schließe wenn möglich die Augen.
Spüre, wo dein Körper auf der Unterlage aufliegt, und wie sich das anfühlt.
Recke und strecke dich noch ein wenig, und genieße das Gefühl der Ruhe in deinem Körper.
Lege deine Hände auf deine Augen.
Fühle, wie sie ruhig werden und die Dunkelheit ihnen guttut.
Atme tief und gleichmäßig bis hinein in deinen Bauch.
Deine Zunge liegt leicht im Mund.
Massiere deinen Kiefer sanft, bis er sich locker und entspannt anfühlt.
Dann lasse deine Hände sinken und spüre, wie deine Schultern loslassen.
Atme tief und lasse deinen Atem mit jedem Zug bis in deinen Bauchraum fließen, sodass dieser sich leicht anhebt.

Alles, was dich bisher beschäftigt hat, kannst du nun einfach vorüberziehen lassen.
Nichts ist zu tun, du darfst einfach so sitzen oder liegen.
Spüre dein Gesäß, deine Beine und Füße.
Spüre, wie dein Körper sicheren Kontakt mit der Unterlage aufnimmt.
Lasse jetzt vor deinem inneren Auge die Gasse einer alten Stadt erscheinen.
Du siehst kleine Häuser, dicht aneinander gebaut.
Während du der Straße folgst, siehst du in einiger Entfernung etwas Rotes, das sich im Wind bewegt. Interessiert gehst du näher.
Es ist ein Vorhang aus rotem Samt.
Du teilst ihn in der Mitte mit deinen Händen und blinzelst gespannt hindurch.
Noch ein rotes Tuch! Wohin mag dieser geheime Gang dich führen?
Es scheinen immer weitere Vorhänge zu kommen, einer leichter und durchscheinender als der vorherige.
Neugierig schlüpfst du durch die Tücher und erkennst immer deutlicher eine Lichtquelle, die mit jedem Durchschreiten heller scheint.
Endlich stehst du im Freien und erblickst dort eine wunderschöne Landschaft.
Die Sonne scheint angenehm warm.
Schau dich um und genieße die Ruhe und Schönheit der Natur.
Vielleicht hörst du Vögel, ein Rauschen von Wind, ein Plätschern von Wasser oder das Summen von Insekten?
Vielleicht siehst du ganz neue Dinge oder Wesen.
Magst du ein Stückchen gehen, dich setzen oder hinlegen?
(Pause)
Seltsam, es ist plötzlich wie in einem Traum – du kannst nun das ganze Bild und dich selbst wie in einem Film von außen betrachten ...
Trotzdem spürst du deine Gefühle von innen.
Von außen siehst du dich und erkennst: »Das bin ja ich selbst, und ich bin ... Jahre alt!« (Alter deiner Tochter).

Schau dich genau an – was für ein Mädchen siehst du da?
Beobachte sie – was tut sie?
Schaut sie sich um, bewegt sie sich, genießt sie die Natur?
Was mag dieses Mädchen dort wohl fühlen?
Was empfindest du, wenn du sie anschaust?
(längere Pause; achte auf die Energie im Raum)
Jetzt nimmst du im Bild noch eine Person wahr, die sich nähert.
Und du erkennst überrascht: Das bist du selbst, als die Frau, die du als Heranwachsende werden wolltest.
Sieh zu, wie diese erwachsene Frau sich dem Mädchen nähert.
Wie sieht die Frau aus?
Welche Eigenschaften vermutest du an ihr?
Wie mag sie sich fühlen?
Was mag ihr wohl wichtig sein?
(Pause)
Was geht in dir vor, wenn du beobachtest, wie die beiden sich begegnen?
(längere Pause)
Was fühlt das Mädchen, wenn sie die Frau anschaut?
(längere Pause)
Was fühlt die Frau, wenn sie das Mädchen betrachtet?
(längere Pause)
Sagt ihr euch etwas, mit Worten oder mit den Augen?
Mit Bewegungen oder Gesten?
Was geschieht zwischen euch?
Kommt ihr noch näher oder bleibt ihr ein wenig auf Abstand, um euch besser ansehen zu können?
Genieße diese Begegnung noch einige Momente in Ruhe.
(längere Pause)
Nun siehst du, wie die Frau dem Mädchen etwas geben möchte.
Das Mädchen hält ihr die offene Hand hin, und die Frau legt etwas hinein.

Schaue in diese deine Hand – was siehst du dort?
Ist es ein kleiner Gegenstand, ein Ding aus der Natur,
ein Wort oder Satz auf einem Zettel geschrieben?
(Pause)
Nimm in dir als Mädchen wahr, was dieses Geschenk für dich bedeutet, und sage der Frau auf deine Weise Dank für ihre Gabe.
Nun schaue die zwei Personen, die du dort siehst, noch ein letztes Mal an und lasse sie sich voneinander verabschieden.
(Pause)
Dann drehe dich um und gehe langsam wieder in Richtung der Tücher zurück.
Du siehst dich dort im Gehen, so alt wie du heute in Wirklichkeit bist.
Teile den ersten, hauchzarten Vorhang.
Dann den nächsten.
Gehe langsam und in deinem Tempo und zähle für dich leise weiter bis zehn, bis du durch den schweren Samtvorhang trittst und wieder in der kleinen Gasse angekommen bist.
(Pause)
Nimm dann einen tiefen Atemzug, spüre deinen Körper im Hier und Jetzt, wo er die Unterlage berührt.
Mache erste kleine Bewegungen, atme tief, recke und strecke dich.
Dann öffne die Augen und sei wieder ganz da, aber still.
Bleibe noch ruhig und mit deiner Aufmerksamkeit bei dir.

Nimm dein Büchlein oder Heft zur Hand. Notiere dir ein paar Stichworte, die kurz Wichtiges aus der Fantasiereise benennen, das du nicht vergessen möchtest.

Und für die erwachsenen Frauen: Vielleicht möchtest du auch festhalten, wie sich dein früheres Wunschbild Frau für dich heute anfühlt? (Zeit circa 5 bis 10 Minuten)

Nach der Fantasiereise berichtet jede in einer kurzen Runde, wie es ihr mit dieser Übung ergangen ist:

- Wie leicht oder schwer war es, Bilder kommen zu lassen?
- Welche Empfindungen haben sich beim Anblick der eigenen Person als Frau und Mädchen eingestellt?

Erzählt werden darf grundsätzlich alles. Wenn etwas zu privat erscheint, bleibt es das Geschenk an sich selbst.

Rituale für gelingendes Leben

Mein Bauchgefühl tanzen ⚢ Ω

Intuition wird oft auf der Verstandesebene angesiedelt, doch unser Nervensystem und Darm scheinen ebenfalls eine entscheidende Rolle zu spielen. Deshalb wird der Begriff auch synonym für unser Bauchgefühl verwendet.

Viele von uns hadern mit diesem Teil ihres Körpers, weil die Schönheitsvorstellungen unserer Gesellschaft einen flachen Bauch auch mit zunehmendem Lebensalter und nach ein oder mehreren Geburten als Normalzustand propagieren. Dem ist aber nicht so! Gerade weil der eigene Bauch oft lieblos angeschaut wird, finde ich es so wichtig, ihn bewusster wahrzunehmen und die Impulse zu spüren, die er uns sendet.

Um wieder mit der eigenen Körpermitte in Kontakt zu kommen, eignet sich beispielsweise das *Klangschalenritual* (S. 146). Wenn es dir Spaß macht, Fühlen mit Bewegung zu verbinden, ist Bauchtanz eine gute Wahl. Eine besondere Erfahrung ist dabei, die Körpermitte freizumachen und ein schönes Tuch um die Hüften zu binden, das im Takt mitschwingt. Wenn alle mitmachen, fällt es leichter, diesen Bereich offen zu zeigen. Verstecken wir also unser »Hüftgold« nicht – es gehört zu uns.

Auch wenn du oder deine Gästinnen keine Erfahrungen mit Bauchtanz haben, Schrittfolgen und Gesten lassen sich unkompliziert auf YouTube abschauen und als erste Anregung in die Feier miteinbringen. Genauso gut kann jede sich und ihren Bauch bewegen, wie sie möchte. Wichtig ist dabei, darauf zu achten, was die eigene Körpermitte zu sagen hat. Vielleicht wartet sie schon lange darauf, endlich in Ruhe etwas mitteilen zu können. Und so ein Tanz kann schon ganz junge Töchter begeistern.

Gesprächsrunde: Bauchgefühl

Eine daran anschließende Übung ist die Gesprächsrunde zum Bauchgefühl, bei der jede zunächst erzählt, wie es ihr mit der vorhergehenden Tanzübung ergangen ist. Im weiteren Verlauf schildern alle eine Situation, in der sie ihrer inneren Bauchstimme, ihrem Bauchgefühl vertraut haben und damit eine unerwartete oder besonders schöne Erfahrung machen konnten. So entsteht ein sich gegenseitiges Ermuntern, den eigenen innersten Impulsen stärker zu vertrauen. Eine Lektion, in der die meisten von uns sicher noch dazulernen können.

Um zwischen den Schilderungen wieder ins Spüren zu kommen, kann den langsam verhallenden Tönen einer Klangschale gelauscht werden.

Tilaka-Ritual: Die Intuition feiern ⚢

Das Tilaka-Ritual ist eine Variante der Gesprächsrunde. In der hinduistischen Glaubensgemeinschaft Indiens zeigen Frauen ihren Status als Ehefrau traditionell über eine rote Markierung auf der Stirn an. Dieses Bindi besteht aus Farbe, Farbpuder oder kleinen Schmuck-Aufklebern. Heute tragen auch ledige Frauen und Kinder (auch anderer Religionszugehörigkeit) an dieser Stelle verschiedenfarbige Zeichen; entweder rein als Schmuck oder als religiöses Segenszeichen, das dann *Tila(ka)* heißt. Im Yoga und einigen anderen indischen Lebenslehren wird der Sitz der Intuition im Stirn-Chakra verortet, genau an dem Punkt, der in der beschriebenen Weise markiert und oft auch als *drittes Auge* bezeichnet wird.

Intuition als innere Stimme oder Bauchgefühl wird in unserer westlichen Kultur in der Regel geringer geschätzt als Wissen und Verstand. Wenn überhaupt, ist dieser Bereich am ehesten Frauen zugeordnet, bei deren Erziehung auch heute noch mehr Wert auf Zwischenmenschliches und Emotionen gelegt wird als bei der Erziehung der Männer (zur geschlechtsspezifischen Erziehung s. *Wie wird frau eine Frau?*). Für viele Frauen bilden daher dieses innere Wissen und ihre Gefühlswelt einen wichtigen Bezugsrahmen für ihr Leben, der genährt werden will, da sonst eine elementare Verbindung zu uns selbst verloren geht. Darunter können auch die Beziehungen zu anderen Menschen und zum Leben an sich leiden. Das nachfolgende Ritual feiert die innere Weisheit mit einer Farbe.

Kleine Bindis zum Aufkleben aus Indien werden häufig von Tee-, Dritte-Welt- oder asiatischen Läden angeboten. Alternativ kann dafür aber auch ein Lippenstift oder andere Körperfarbe verwendet werden. Während du vor dem Spiegel deine Stirn verzierst, sprich über deine Intuition. Oder die Teilnehmerinnen schmücken sich gegenseitig und verbinden damit einen Wunsch, zum Beispiel, den Zugang zur inneren, weisen Stimme (wieder) zu finden. Anregungen dazu bietet die Gesprächsrunde zum Bauchgefühl.

Gesprächsrunde: Scham

Viele körperliche Aspekte des Frauseins, wie beispielsweise die Monatsblutung, sind in unserer Gesellschaft mit Scham verbunden. Generell ist dieses unangenehme Gefühl in Frauenkreisen weit verbreitet, unter anderem, weil es durch soziale Medien und die Schönheitsindustrie befeuert wird, aber auch durch überhöhte und sexistische Erwartungen an Frauen. Eines meiner wichtigsten Anliegen ist deshalb, dass wir Frauen aufhören, uns grundlos zu schämen. Das kann nur gelingen, wenn wir Mütter mit all unserer Kraft und Liebe daran mitarbeiten, die schmerzhafte Weitergabe dieses durch Generationen überlieferten Gefühls zu unterbrechen. Dazu müssen wir bei uns selbst anfangen: Wir dürfen uns trauen, uns mit unseren Wünschen, unseren Bedürfnissen, unseren Träumen uns und Anderen zuzumuten.

Bei der Gesprächsrunde zur Scham sitzen alle im Kreis. Als Einstiegsthema empfiehlt sich, über den unschätzbaren Wert von Vielseitigkeit und über das Anderssein zu sprechen. So zeigen unterschiedliche Handlungsweisen kontextabhängig ihre Vorteile, denn jede Schwäche kann unter veränderten äußeren Bedingungen zur Stärke werden. So kann die Gemächlichkeit einer Person, die mich vielleicht stören mag, in einer brenzligen Situation dazu beitragen, einem unüberlegten Schnellschuss mit fatalen Folgen vorzubeugen.

Es geht also nicht darum, mit allen einer Meinung zu sein, sondern die unterschiedlichen Wahrnehmungen, Empfindungen und Sichtweisen jeder Einzelnen aufzuzeigen, und was für sie hilfreich ist und war. Dazu sollte eine Teilnehmerin als Moderatorin fungieren und darauf achten, dass alle in ermutigender Weise miteinander umgehen. Nach Wortmeldungen immer mal wieder in die Runde zu fragen, wer dieses Gefühl auch kennt oder ähnliche Erfahrungen gemacht hat, stärkt im Übrigen die Verbundenheit und Wertschätzung untereinander.

Im nächsten Schritt stehen die folgenden Fragen im Raum:

- In welchen Situationen hast du das Gefühl der Scham erlebt,
- welche persönliche Bedeutung haben Missgeschicke und (vermeintliche) Schwächen, und welche Erfahrungen hast du in deinem Leben damit gemacht?

- Welche Handlungsweisen, die zunächst wie Fehler wirkten, sind für Andere nachvollziehbar oder brachten unerwartete positive Wendungen mit sich?

Wie bei allen Übungen, sollten die teilnehmenden Frauen darauf achten, dass sich das Gespräch in Bahnen bewegt, die hilfreich und angemessen für die anwesenden Töchter sind.

Das Stolz-Ritual[164]

Ursprünglich als eine Übung für zwei angedacht, ist das Ritual auch für Gruppen geeignet. Alle Zuhörerinnen können so Impulse der jeweiligen Sprecherin aufnehmen und spüren, welche Resonanz dies in ihnen auslöst. Bei Gruppen sitzen die Teilnehmerinnen in einer Runde, und jede spricht nacheinander über die folgenden drei Punkte:

- Was ich an mir mag
- Was ich gut kann
- Worauf ich stolz bin

Ob dabei alle drei Punkte hintereinander beantwortet werden oder das Ganze in drei Durchgängen behandelt wird, bleibt jedem Kreis selbst überlassen. Sich vorher zu den drei Punkten still einige Notizen zu machen, hält die eigenen Gedanken zusammen, die sonst beim Zuhören leicht abgelenkt werden.

Mal ehrlich, viel zu oft richten wir unsere Aufmerksamkeit auf das, was uns schwerfällt oder nicht so recht gelingt – ob scheinbar oder tatsächlich. Die eigenen guten Seiten öffentlich vor Anderen zu benennen, kann deshalb für so manche Teilnehmerin ein gänzlich neues und umso bewegenderes Gefühl sein. Mein Rat: genügend Taschentücher parat halten. In wohlwollender Runde »stinkt« Eigenlob eben überhaupt nicht, sondern es fördert die liebevollen Gefühle füreinander und ermuntert Andere, ebenfalls ihre guten Seiten zu sehen und wertzuschätzen. Danke am Ende allen für ihre Offenheit und den Reichtum, der hier geteilt werden durfte.

Für einen Austausch zu zweit eignet sich gut ein Spaziergang. Auch bei einem Fest mit längeren Übungen im Sitzen sorgt Bewegung an der frischen Luft für Abwechslung und körperliche Erfrischung.

Der Spiegel der Mutter ⚢ ☊

Hast du bei dir mit den Jahren auch immer mehr Parallelen zu deiner Mutter bemerkt? Sei es in der körperlichen Erscheinung oder in Wesenszügen: Manche Ähnlichkeiten sehen wir gerne, andere wiederum mögen uns weniger angenehm sein. Ich glaube, in jedem »Mädchen« steckt auch im Erwachsenenalter tief verborgen die oft uneingestandene Sehnsucht nach der idealen Mutter, die beständig liebevoll und beschützend unser Leben begleitet.

Die Idee zu diesem Ritual hatte ich, als ich die Geschichte von Sachiko las. Hier eine kurze Zusammenfassung des japanischen Märchens »Der Spiegel der Mutter«[165]:

Zu alten Zeiten lebt Sachiko mit Mutter und Vater in einem entlegenen Dorf auf dem Land. Von einer Reise bringt der Vater der Mutter ein Geschenk mit – etwas, das in diesem Teil der Welt noch nie gesehen wurde. Es ist ein Spiegel, welch ein Wunderding! Mutter und Tochter bestaunen, wie der Widerschein der Seele sich in diesem verzauberten Glas zeigt. Sie halten den Spiegel in Ehren.

Die Jahre vergehen, und Sachiko wächst zu einer jungen Frau heran, die ihrer schönen Mutter immer ähnlicher wird. Durch eine schlimme Krankheit naht viel zu früh der Tod der Mutter. Bevor sie stirbt, übergibt sie ihrer Tochter den Spiegel und bittet sie, morgens und abends hineinzuschauen. Dort könne sie ihre Mutter immer sehen, sie werde ihr zulächeln und ihr so in guten und schweren Zeiten nahe sein.

Nach dem Tod der Mutter tut Sachiko wie geheißen, und das Ritual des täglichen Gesprächs mit ihrer Mutter im Spiegel spendet ihr großen Trost.

Als der Vater erneut heiratet, ist die Stiefmutter eifersüchtig auf die Liebe des Vaters zur Tochter. Obwohl Sachiko alles Erdenkliche tut, um die Stiefmutter zufriedenzustellen, behandelt diese sie schlecht und verleumdet sie beim Vater. Eines Tages beobachtet sie, wie Sachiko dem Spiegel berichtet, was sie von der neuen Frau erleiden muss. Weil die Stiefmutter nicht versteht, was vor sich geht, beklagt sie sich daraufhin beim Vater, die Tochter spreche über einem Bild von ihr Flüche über sie aus. Der Vater stellt die Tochter zur Rede, während die Stiefmutter an der Tür lauscht. Dabei erfahren die Eltern die wahren Hintergründe.

Die Stiefmutter ist mit einem Mal beschämt über das Leid, das sie der Tochter zugefügt hat. Sie geht ins Zimmer, wirft sich vor Sachiko auf die Knie und bittet um Vergebung für ihr böses Verhalten. Nun versteht und achtet sie Sachikos Schmerz als Tochter einer verstorbenen Mutter. Ab dieser Zeit leben die drei friedlich zusammen, bis Sachiko heiratet.

Als Sachiko viel später selbst am Ende ihres Lebens angelangt ist, gibt sie den Spiegel wiederum weiter an ihre eigene Tochter. Auch sie möchte ihrer Tochter damit zeigen, dass ihre Mutter immer mit ihr verbunden bleibt.

Wie die Mutter im Märchen kannst du deiner Tochter auf ihrem Weg ins Frausein einen besonderen Spiegel mitgeben. Sprich mit ihr darüber, welche positiven Eigenschaften und äußerlichen Merkmale du von deiner eigenen Mutter oder Großmutter *geerbt* hast, und dass es völlig in Ordnung ist, vieles anders zu machen als die Frauen vor euch. Spreche auch offen an, was für dich schwierig oder schmerzhaft auszuwählen war aus dem, was dir vorgelebt oder an Werten vermittelt wurde.

Lass deine Tochter erzählen, welche äußeren Ähnlichkeiten sie bei euch beiden sieht und welche deiner Charaktereigenschaften sie bei sich selbst wiedererkennt. Teile ihr deine Beobachtungen dazu mit. Je nachdem wie gut das Verhältnis zwischen dir und deiner Tochter ist, frage sie, was ihr an dir *nicht so* gefällt. Wenn sie mit Verständnis von dir rechnen kann, wird sie darauf ehrlich antworten. Lass deine Tochter wissen, dass sie von dir all das nehmen darf, was gut für sie ist. Und dass du einverstanden bist, wenn sie von Anderen anderes nimmt, was ebenfalls gut für sie ist.

Dieses sehr intime Ritual ist mehr für einen privaten Rahmen geeignet. Anregungen für die Verzierung eines Spiegels s. *Rituale mit kreativen Elementen.*

Ganz bei mir

Mein Rückzugsraum Ω

Die Verbindung mit unserem Inneren und dem, was wir selbst brauchen, ist wichtig für unsere Lebensqualität und unsere Zufriedenheit. Im besonderen Maße trifft dies auf Situationen zu, in denen jemand Wünsche an uns hat, die unseren eigenen entgegenstehen.

Das Abwägen zwischen unterschiedlichen Bedürfnissen kennen wir von Kindesbeinen an, und es begleitet uns lebenslang. Je mehr wir uns eigenes Wollen erlauben und selbstbestimmt für die Verwirklichung sorgen, desto stärker fühlen wir uns. Paradoxerweise erlaubt uns gerade diese Konzentration auf uns selbst, auch mit den Bedürfnissen Anderer großzügig(er) umzugehen. Wir geben dann nicht, um uns der Liebe unseres Gegenübers zu versichern, sondern schöpfen aus der Fülle, die wir in uns selbst finden.

Gerade in der Zeit des Erwachsenwerdens sind Jugendliche *besonders* gefordert, zwischen eigenen und fremden Wünschen abzuwägen. Einerseits geben Eltern noch viel vor, andererseits hat auch die Peergroup eigene Erwartungen und manchmal komplexe Regeln. Da noch bei sich zu bleiben und eigene Lebenswege zu finden, ist eine echte Herausforderung.

Für uns erwachsene Frauen kann das nachfolgende Experiment zur Rückbesinnung auf uns selbst, auch und gerade im Kontakt mit Anderen, wichtige Erkenntnisse mit sich bringen. Auch diese Übung ist inspiriert durch Ideen von Rosa-Maria Bucht – ich danke ihr!

Ich empfehle, die gesamte Übung schweigend durchzuführen.

Schaffe dir zunächst im Raum einen kleinen abgetrennten Rückzugsbereich durch auf dem Boden ausgelegte Tücher, Kissen, Seile, Decken oder anderes Material. Je weniger Platz zur Verfügung steht, vor allem, wenn mehrere Frauen teilnehmen, desto wichtiger ist es, zu spüren, wie viel davon jede für sich benötigt. So setzt bereits der Beginn der Übung voraus, die eigene Bedürfnisse wahrzunehmen: Im festen Stand, die Hände auf dem Bauch oder der Herzgegend, spüren alle mit geschlossenen Augen in sich hinein. Da bei dem Ritual nicht gesprochen werden soll, eignen sich zur »Raum-Aushandlung« mit den Nachbarinnen Gesten oder weit ausgestreckte Arme.

Anschließend geht jede Teilnehmerin an ihren eigenen Platz, spürt dort ihrer inneren Stimme nach und macht sich ein paar Minuten lang Notizen zu Fragestellungen wie:

- Was ist mir jetzt gerade wichtig?
- Was muss ein Raum haben, damit er sich wie meiner anfühlt?
- Wie fühle ich mich hier und heute unter den anderen Frauen und Mädchen?
- Wie geht es mir in größeren Gruppen – was erleichtert es mir, bei mir selbst zu bleiben?

Danach kannst du besonders aufmerksam für das eigene Gefühl im Raum umhergehen. Bist du neugierig auf den Bereich einer anderen Teilnehmerin, nähere dich langsam an und frage ohne Worte, ob das Eintreten in den fremden Raum erlaubt wird. Bleibe dabei achtsam bei deinem eigenen Gefühl.

Alles, was dir während des Rituals bei dir selbst oder Anderen aufgefallen ist, solltest du notieren, z. B.:

- Wie ging es mir, wenn eine Teilnehmerin zu nahe kam?
- Wie gut habe ich die Grenzziehung meines Raums deutlich gemacht?
- Wie offen gehe ich auf Andere zu?
- Wie ging es mir mit den abgrenzenden Gesten anderer Teilnehmerinnen?

In einem Nachgespräch lassen sich Erfahrungen untereinander austauschen.

In Begegnung

Alternativ zur vorangegangenen Übung werden in einer Gehrunde die eigenen Impulse im Kontakt mit Anderen bewusst wahrgenommen und gespürt. Im Vorfeld sollte die Gruppe gemeinsam festlegen, ob bei der Übung gesprochen werden darf oder die Erfahrung in der Stille geschehen soll.

Bei langsamem und bedächtigem Schreiten durch den Raum wird die Achtsamkeit auf das eigene Bauchgefühl gelenkt. Um noch intensiver spüren zu können, lege die Hände wieder auf die Herzgegend oder den Bauch.

Wenn dein Weg sich mit dem anderer Teilnehmerinnen kreuzt, nimm wahr, was dabei mit dir passiert: Suchen beide Augenkontakt und wollen für die jeweils Andere Platz machen und seitlich vorbeigehen? Oder verspürst du Lust, bei deiner Begegnung stehen zu bleiben und eine Geste oder ein paar Worte auszutauschen?

Hier kann auch Unerwartetes ausprobiert werden.

Wichtig dabei ist, ganz bewusst wahrzunehmen, welche Gefühle und Gedanken in dir ausgelöst werden, insbesondere in der Interaktion mit den anderen Teilnehmerinnen. Wenn du den Impuls zu einer Berührung spürst, bleibe behutsam und achte auf die Reaktion deines Gegenübers, auch und gerade, wenn die Übung schweigend geschieht.

Hin und wieder kann es guttun, wenn eine Teilnehmerin während der gesamten Zeit immer wieder kurz zur Rückbesinnung ermuntert durch Ansagen wie »Bleib ruhig und im Kontakt mit dir. Spüre, was du gerade brauchst« – und Ähnliches.

Auch hier ist das anschließende Notieren der eigenen Gefühle und Wahrnehmungen und das Austauschen der Erfahrungen sehr inspirierend. Folgende Fragestellungen sind hilfreich:

- War es für dich leicht oder herausfordernd, dich zu öffnen, Gefühle zuzulassen oder Ähnliches?
- Hast du dich getraut, eigenen Impulsen zu folgen oder hast du mehr auf die der Anderen reagiert?

Für uns alle, egal wie alt wir sind, ist es immer wieder elementar, sich bewusst zu machen, wie wir für uns selbst sorgen und wie viel Raum wir den eigenen Bedürfnissen zugestehen. Der offene Blick in die Innenwelten Anderer hilft auch hier, sich Vielfalt zu erlauben und Neues auszuprobieren.

Gesprächsrunde: Lebenswünsche

In dieser Übung befassen sich die Teilnehmerinnen mit ihrer zutiefst empfundenen Bestimmung.

In einem Kreis sitzend schreibt jede Teilnehmerin für sich auf, was sie sich für ihr weiteres Leben wünscht. Alle anwesenden erwachsenen Frauen beantworten zusätzlich die Frage nach ihren früheren Lebenszielen und wie sich diese erfüllt oder gewandelt haben. So manches Ziel entpuppte sich womöglich schon kurze Zeit danach als gar nicht mehr wichtig oder erschien aus dem Blickwinkel späterer Jahre unverständlich.

Oder es gab Wünsche, die ein dahinter liegendes eigentliches Ziel zudeckten, beispielsweise wenn eine bestimmte Tätigkeit angestrebt wurde, nicht weil sie den eigenen Fähigkeiten und der persönlichen Berufung entsprach, sondern weil damit die Anerkennung bestimmter Personen oder gesellschaftlicher Kreise erreicht werden konnte.

Diese Geschichten ermöglichen unseren Töchtern zu erkennen, dass vordergründiges Scheitern sich später als Segen entpuppen kann – oder dass sich immer wieder neue Wege auftun werden, wenn die Zeit dafür reif ist. Gerade für ängstliche Jugendliche kann dies eine Ermunterung sein, bestimmte Wege einfach einmal auszuprobieren – ohne den Anspruch, sich damit besonders hervortun oder lebenslang festlegen zu müssen.

→ Fantasiereise: Lebensziele ⚢

Diese Fantasiereise kann uns wichtige Erkenntnisse über innere und manchmal verborgene Wünsche und Sehnsüchte vermitteln. Obwohl das Thema Tod angerissen wird, geht es doch um pure Lebendigkeit und die Erfüllung unserer tiefsten kreativen Wünsche. Wichtig sind die Entspannung zu Beginn, das vollständige Zurückkehren ins Hier und Jetzt sowie ausreichende Pausen, um ins Spüren zu kommen.

Nimm als Vorlesende wahr, wie die Energie im Raum ist und folge deinem Gefühl. Lass den Teilnehmerinnen viel Zeit für die sich entwickelnden inneren Bilder. Frage vorab nach dem Energielevel der Anwesenden – wenn einige müde sind, ist es besser, die Übung im Sitzen durchzuführen.

Setze oder lege dich hin, wie es für dich am bequemsten ist, und schließe wenn möglich die Augen.

Spüre, wo dein Körper auf der Unterlage aufliegt und wie sich das anfühlt.

Recke und strecke dich noch ein wenig, und genieße das zunehmende Gefühl der Entspannung in deinem Körper.

Fühle, wie deine Augen still werden und die Dunkelheit ihnen guttut.

Atme tief und gleichmäßig bis hinein in deinen Bauch.

Deine Zunge liegt leicht im Mund, dein Kiefer ist locker und entspannt.

Lasse deine Schultern los.

Dein Brustkorb hebt und senkt sich bei jedem Atemzug und geleitet den Atem sanft bis in deinen Bauchraum.

Alles, was dich beschäftigt hat bisher, kannst du nun ruhig vorüberziehen lassen.

Nichts ist zu tun, du darfst einfach so sitzen oder liegen.

Spüre dein Gesäß, deine Beine und Füße.

Spüre, wie dein Körper sicheren Kontakt mit dem Boden aufnimmt.

Atme weiter tief und ruhig.

Lasse nun vor deinem inneren Auge ein Bild von einer Treppe erscheinen.

Sie ist stabil gebaut, von Ruhe und Natur umgeben und führt nach unten.

Du darfst dort etwas Wichtiges erfahren, deshalb gehe neugierig auf die Treppe zu.

Du betrittst die erste Stufe, langsam, mit Bedacht.

Dann die zweite Stufe

Die dritte und vierte.

Gehe in deinem Tempo und zähle bis zehn, bis du unten angekommen bist.
(Pause)
Du schaust dich um und siehst eine Welt, die dir Geborgenheit vermittelt.
Vielleicht ist es eine schöne Wiese, ein Ort am Meer oder ein anderer Wohlfühlort für dich.
Betrachte alles interessiert und genieße das Gefühl angenehm warmer Sonnenstrahlen auf deiner Haut. (Pause)
Während dein Blick weiterwandert, entdeckst du eine ältere Dame.
Sie sitzt in einem Sessel oder an einem anderen bequemen Platz in dieser deiner Fantasiewelt. Seltsam, du erkennst dich plötzlich in ihr und spürst: Das bin ich, wenn ich alt bin!
Sie sieht zufrieden aus, mit immer noch jungen und neugierigen Augen ...
Beobachte sie aufmerksam ... Was nimmst du wahr?
(Pause)
Atme tief und ruhig.
Du siehst alles wie in einem Traum – du kannst das ganze Bild mit ihr dort sitzend von außen betrachten.
Doch du spürst dich in dieser älteren Frau auch selbst von innen ...
Du bist sie, in fernen Jahren ...
Du fühlst in ihr, in dir, eine große Zufriedenheit, ein Zustimmen zu allem, was ist.
Das Gefühl, angekommen zu sein.
Das Wissen, alles Wichtige erfahren und getan zu haben.
Du spürst einen Reichtum, der von innen kommt.
(Pause)
Vor der alten Dame, vielleicht auf einem Tischchen, siehst du einen Brief liegen.
Sie liest dort die Frage: Was war wichtig in deinem Leben?
(Pause)

Spüre in dich hinein, in diese erfahrene alte Frau, und verbinde dich mit ihrer Weisheit.
Du möchtest einen Antwortbrief auf diese Frage schreiben, und du bereitest dich zunächst gedanklich darauf vor: »Was war wichtig in meinem Leben?«
(Pause)
Vielleicht sind es nur wenige Worte, die dir nun einfallen.
Sie kommen spielerisch in deine Gedanken, aus dem Bauch heraus ...
Wenn du möchtest, lege die Hände auf dein Herz oder deinen Bauch, dort, wo sie dir helfen, besser zu spüren.
(Pause)
Vielleicht blitzen aber auch gar keine echten Worte in dir auf, sondern ein Bild, ein Symbol oder bestimmte Farben?
Atme ruhig und spüre ...
(Pause)
Lass dir Zeit.
Nehme alle Impulse wahr, auch, wenn dir manches seltsam erscheint.
Vielleicht kommen dir eigene Stärken und Fähigkeiten in den Sinn ...
Vielleicht wichtige Ereignisse im Lebensrückblick der älteren Dame, die dich überraschen ...
Kleine oder große Dinge, die ihr wichtig waren.
(Pause)
Jetzt erscheint ein Blatt Papier vor deinem inneren Auge –
und du beginnst, es zu füllen, wundersamerweise ohne Stift oder Füller ...
(Pause)
Atme ruhig, sei geduldig mit dir.
Kannst du auf diesem Bogen nun schon ein paar Wörter erkennen?
Oder erscheinen dort Zeichen, Symbole, kleine Bilder?
(längere Pause)

Wenn alles, was du zu sagen hattest, seinen Platz bekommen hat, falte das Papier.
Schiebe es in ein Kuvert.
Vielleicht bietet der Umschlag viel Platz, und du legst noch etwas Zusätzliches mit hinein, ein kleines Geschenk oder ein Symbol als Andenken?
(Pause)
Lege nun deine Hände ruhig in deinen Schoß.
Danke dir selbst in Erscheinung dieser alten Dame für ihre Worte, Zeichen oder Bilder.
(Pause)
Verneige dich innerlich vor ihr und verabschiede dich.
Atme ruhig.
Drehe dich um und schreite langsam wieder in Richtung der Treppe zurück.
Du siehst dich dort in der Bewegung, so alt wie du heute in Wirklichkeit bist.
Wie gehst du, welche Energie spürst du in dir?
Komme zur Treppe und steige auf die erste Stufe.
(Pause)
Dann betrittst du die zweite Stufe.
Die dritte Stufe.
Die vierte Stufe.
Schreite langsam und in deinem Tempo weiter und zähle für dich leise bis zehn, bis du wieder oben an der Treppe angekommen bist.
(Pause)
Nimm einen tiefen Atemzug, spüre deinen Körper im Hier und Jetzt, wo er die Unterlage berührt.
Mache erste kleine Bewegungen, atme tief, recke und strecke dich.
Dann öffne die Augen und sei wieder ganz da, aber still.
(Pause)
Bleibe noch ruhig und mit deiner Aufmerksamkeit bei dir.

Nimm dein Büchlein oder Heft zur Hand. Notiere dir ein paar Stichworte, die kurz Wichtiges aus der Fantasiereise benennen, das du nicht vergessen möchtest. (Zeit circa 5 Minuten)

Anschließend schildern alle in einer kurzen Runde, wie es ihnen dabei erging: War es seltsam, dich selbst als ältere Frau zu sehen? Ging es leicht, oder ist es schwergefallen, Bilder kommen zu lassen? Gab es Dinge, die euch überrascht haben?

Das, was zu wertvoll und tief erscheint, um es mit allen zu teilen, bleibt für jede ein Geschenk an sich selbst.

Rituale, die die Seele nähren

Die Lebensseile von Mutter und Tochter

Mit fortschreitendem Alter spüren wir eine schrittweise Lösung der kindlichen Bindung an die Eltern. Das folgende Ritual versinnbildlicht die zwei unterschiedlichen Lebenswege von Mutter und Tochter.

Die Methode ist ursprünglich als *Timeline* bekannt und stammt aus der Psychotherapie. Es braucht dafür reichlich Bewegungsfreiheit, circa drei Meter in der Breite und circa fünf bis acht Meter in der Länge. Dazu zwei gleich lange, unterschiedlich farbige Seile von circa drei bis sechs Metern, je nachdem wie viel Platz im Raum zur Verfügung steht. Die Seile dürfen nicht zu starr sein, sondern sollten sich leicht bewegen lassen. Alternativ können auch extra breite Wollfäden oder Dekobänder verwendet werden. Außerdem benötigst du Moderationskärtchen oder farbige Zettel und Stifte sowie kleine Symbole aus Keramik oder Holz, Federn, Steine oder Muscheln etc., die wichtige Lebensabschnitte deiner Tochter markieren.

Die zwei Seile sind Sinnbild für dich und deine Tochter im Verlauf eures Lebens, jedes unabhängig für sich und doch verbunden.

Du fängst an, dein Lebensseil an eine bestimmte Stelle zu legen.

Die meisten finden es am schönsten, wenn die Laufrichtung zu einem hellen Fenster oder einer Tür zeigt, um die Offenheit der Zukunft darzustellen. Dein Leben vor der Geburt deiner Tochter kannst du in kurzen Worten skizzieren und dazu ein Symbol oder einen entsprechend beschrifteten Zettel neben das Seil legen. Dieser Abschnitt des Seils wird – je nachdem, wann du Mutter wurdest – ungefähr ein Viertel oder ein Drittel deiner Lebensspanne (und der Gesamtlänge des Seils) umfassen. Das Hauptaugenmerk der Übung liegt ab hier auf dem gemeinsamen Lebensweg von deiner Tochter und dir sowie euer beider Zukunft.

Deine Tochter legt nun ihr Seil ab dem Zeitpunkt ihrer Geburt oder der Phase, als sie noch in deinem Bauch war, neben das deine. Dabei erzähle ihr von deiner Schwangerschaft, wann du davon erfahren und wie du dich auf sie gefreut hast, und von ihrer Geburt. Was war das für ein Gefühl, als du sie das erste Mal im Arm halten konntest? Für die Zeit ab der Geburt werden beide Seile entsprechend euer beider Lebenswege gelegt. Da, wo du und deine Tochter besonders eng miteinander verbunden wart, werden auch die Seile nah beieinander liegen, z. B. im Kleinkindalter deiner Tochter. In anderen Phasen gab es möglicherweise Zeiten der vorübergehenden oder schrittweisen Entfernung voneinander, wie der Eintritt in den Kindergarten oder die Schule. Markiert werden jeweils spezielle Meilensteine oder Begebenheiten mit Symbolen oder Zetteln, auf denen wichtige Begriffe, Aussagen oder Gefühle stehen.

Ermuntere deine Tochter, über für sie prägende Erinnerungen ausführlicher zu erzählen.

Im Jetzt angelangt:

- Welche Bedeutung hat der heutige Tag für die Beziehung zwischen dir und deiner Tochter aus der jeweiligen eigenen Sicht?

- Liegen die beiden Seile eher nah oder weiter entfernt voneinander, und wie mag es weitergehen?

Sprich mit ihr darüber, welche Entwicklungen anstehen und welche Gefühle, Wünsche und Hoffnungen ihr beide mit dieser Lebensphase verbindet. Lass deine Tochter an dieser Stelle führen, frage sie, wie sie sich ihre nächsten Wegpunkte vorstellt. Steht der Beginn der Pubertät an, oder ist sie bereits mittendrin? Denkt sie bereits an ihre Zeit als Erwachsene? Die Verbindung zwischen dir und ihr endet nie, lediglich das Alltagsleben wird sich zunehmend unabhängiger voneinander entwickeln, spätestens, wenn deine Tochter einmal das Elternhaus verlässt. Lass sie die Seile legen, wie es für sie am besten passt.

Schau, welche Form des Zukunftsblicks für deine Tochter gut ist und halte deine eigenen Wünsche und Vorstellungen zurück. Überlasse ihr die Entscheidung, ob sie für ihre Erwachsenenzeit etwas dazulegen möchte, z. B. Symbole oder kleine Zettel mit Zukunftsplänen. Auch du und andere Gästinnen können – wenn deine Tochter damit einverstanden ist – gute Wünsche für sie ablegen. Wenn, dann sollten es Segenswünsche sein, wie sie auf Seite 40 beschrieben sind.

Der Wahrscheinlichkeit nach endet dein Lebensseil vor dem deiner Tochter. Wenn sie dich darauf anspricht, gehe behutsam darauf ein.

Die Übung kann mit weiteren Seilen oder Spielfiguren, die neue Bindungen deiner Tochter darstellen (spätere Lebenspartner*innen, eigene Kinder, Wegbegleiter*innen und Ähnliches) erweitert werden. Oder ein Seil dient dazu, dass all diese Bindungen ihres Erwachsenenlebens zusammengenommen versinnbildlicht werden. Auch ein auf dem Boden ausgelegtes Tuch, in das ihr Lebensseil hineinführt, kann ein neues Lebensumfeld als Erwachsene mit all seinen Facetten symbolisieren.

Fotos vom fertigen Kunstwerk zusammen mit den beschriebenen Zetteln sind eine schöne Erinnerung an diesen Moment. Auch die notierten wesentlichen Aussagen während der Übung, die du deiner

Tochter abschließend überreichen kannst, sind ein wertvolles Zeitzeugnis.

Der neue Name ⚢

Wichtige Übergänge im Leben werden häufig durch die Vergabe eines neuen Namens oder Titels markiert, etwa beim Eintritt in einen Orden oder beim Verleihen eines Doktortitels. Alle Anwesenden können im Anschluss an ein Ritual, wie z. B. die Fantasiereise *Ich als Frau* (S. 168) oder die Übung *Seelenanteile im Zaubermarkt* (S. 161), einen neuen Namen für euch finden. Oder einen Anteil von euch, der stärker in den Alltag integriert werden möchte, z. B. eine kreative Seite oder den selbstfürsorgenden Part, neu benennen.

Setze dich mit deiner Tochter und den Gästinnen in einen Kreis, am besten mit geschlossenen Augen, die Hände auf die Brust oder auf den Bauch gelegt und ruhig atmend. Oft macht das Unterbewusstsein ganz von selbst ein Angebot. Wenn nicht, können Gestalten aus Märchen oder Sagen oder ein bestimmter Anfangsbuchstabe Inspiration bieten. Dabei können ganz neue Buchstabenfolgen entstehen. Anschließend spürt jede für sich nach, welche speziellen Eigenschaften sie mit diesem Namen verbindet.

- In welchen Situationen kann ich in Zukunft mit diesem Teil von mir Verbindung aufnehmen?
- Was kann mich daran erinnern, diese Seite nicht zu vergessen oder ihr eine besondere Zeit im Alltag einzuräumen?

Eine der Anwesenden kann die Übung mit eigenen Worten anleiten. Jede notiert sich still für sich diesen Namen und wofür er ihrem Gefühl nach steht. Detaillierte Versprechen an sich selbst helfen, diese neuen Gedanken mit in den Alltag zu tragen. Eine nützliche Erinnerungsstütze ist z. B. ein mit den jeweiligen Symbolen oder Worten gestaltetes Moderationskärtchen, das an geeigneter Stelle platziert ist und lauten könnte:

» Krea, meine kreative Seite, bitte begleite mich durch den Tag und mache mich aufmerksam auf Situationen, in denen ich Neues schaffen kann.

Die Übung endet mit einem kurzen Erfahrungsaustausch.

Sich selbst einen neuen Namen geben ist etwas sehr Persönliches. Es bleibt deshalb jeder freigestellt, den gefundenen Namen und seine Bedeutung zu benennen oder für sich zu behalten. Manchmal muss erst noch etwas in einem reifen, bevor es im Außen geteilt werden kann. Oder es erschließt sich erst im Nachhinein, was dieser Name für die Betreffende bedeutet und wie er sich in ihrem Leben auswirkt.

Die Nabelschnur durchtrennen ⚢

Dieses kleine Ritual lässt sich gut mit der Übung *Ganz bei mir: Mein Rückzugsraum* kombinieren oder als Ergänzung durchführen, z. B. am Beginn der Übung *Das kraftvolle Frauennetz* (S. 198). Als weitere Option kannst du deine Tochter über die Bänder verbunden zum Abschlussritual *Aufnahme in den Frauenkreis* (S. 129) führen.

Schon bei der Geburt deiner Tochter zeichnet sich – trotz aller Nähe zwischen Mutter und Säugling – bereits ein Loslösen ab, zunächst rein körperlich mit dem Durchschneiden der Nabelschnur. In den ersten Lebensmonaten fühlt sich das Kind zwar noch so eng verbunden mit der ersten Bindungsperson, als ob beide ein Wesen seien. Sobald jedoch die ersten Krabbelversuche erfolgreich sind, erlebt es, dass dieses haltgebende Du sich weiter von ihm entfernt. Das ängstigt und führt zum typischen Fremdeln: Der Säugling sucht schnell wieder die Sicherheit bei der Mutter oder, je nach Betreuungssituation, beim Vater. So entwickelt sich in vielen einzelnen Phasen Schritt für Schritt ein Mehr an Unabhängigkeit von den Eltern.

Gerade die Vorpubertät und die Pubertät sind einschneidende lösende Entwicklungsschritte, was zu zweit oder während eines Frauenfests durch eine symbolische Durchtrennung der Nabelschnur gefeiert werden darf.

Verbinde dich zunächst mit deiner Tochter, indem jede von euch das Ende eines roten Bandes oder dicken Wollstückes am Handgelenk befestigt. Entscheidet vorab gemeinsam, wer das Band anschließend durchschneiden soll: du, deine Tochter oder eine der Anwesenden.

Nutzt ihr dieses Ritual mit der Übung *Ganz bei mir: Mein Rückzugsraum* (S. 179), so begleitest du deine Tochter Arm an Arm miteinander verbunden in ihren Bereich. Andernfalls entscheidet, wo und wie ihr euch wieder voneinander löst.

Das Durchtrennen der Verbindung soll deine Tochter ermuntern, ihren eigenen Weg und Wohlfühlort für sich zu finden. Spreche dabei ein paar Worte zu ihr, die von Herzen kommen. Dabei dürfen das Loslassen wie auch die bleibende Verbindung zwischen euch gewürdigt werden.

Wie geht es dir mit diesem Ritual zum schrittweisen Abschied? Wenn es gefühlt so gar nicht zu dir passt, weil dir die Gedanken über eine zunehmende Distanz zwischen dir und deiner Tochter Angst machen oder Unbehagen bereiten, tut es gut, sich mit den Hintergründen dieser Gefühle zu beschäftigen, sei es für dich alleine, mit dem Vater deines Kindes oder im Gespräch mit anderen Eltern von Jugendlichen. Anregungen dazu im Kap. *Was dich persönlich stärkt.*

Gesprächsrunde: Werte

Werte und Haltungen, die uns unsere Herkunftsfamilie vorlebt beziehungsweise vorgelebt hat, beeinflussen uns auch noch als Erwachsene.

Alle sitzen zusammen in einem Kreis und tauschen sich aus, was sie an ihren Eltern beobachtet und durch sie an Glaubenssätzen und Handlungsstrategien erfahren haben, und wie diese auf das eigene Leben wirken. Möglicherweise gab es Regeln wie »Frauen sind nie wütend« oder »sorge immer zuerst dafür, dass es den Anderen gut geht«. Solche Familiengesetze werden nicht immer offen ausgesprochen, sondern häufig eher durch ein bestimmtes Verhalten, Mimik oder Zurechtweisungen vermittelt. Auch Ängste oder Ticks von Mitgliedern der Familie, wie der sprichwörtliche Putzfimmel, verraten viel.

Im nächsten Schritt, der noch wichtiger ist, gehen alle der Frage nach:

- Welche Werte werden hinter diesen Verhaltensweisen und Vorgaben vermutet?
- Welche Sehnsüchte offenbaren sie?
- Die Sehnsucht nach einer sicheren Welt?
- Die Hoffnung, dass alles besser wird, wenigstens für die Kinder?

Diese Fragen helfen dabei, die eigene Familie und die dadurch entstandene persönliche Prägung besser zu verstehen.

Welche dieser Regeln und Werte wurden zu einer bestimmten Zeit oder überhaupt und grundsätzlich als hilfreich und stärkend erlebt? Möglicherweise so etwas wie »die Familie hält im Notfall immer zusammen«? Und wie war das mit Regeln, die eher behindert haben? Es kann eine sehr befreiende Wirkung haben, sich gegenseitig die Erlaubnis zu geben, von diesen Regeln abweichen und anders sein zu dürfen, als die, die vorher gelebt und bestimmtes vorgelebt haben. Eine Übung, die für deine Tochter – und auch für manche erwachsene Frau – lange entlastend nachwirken kann. Notiere dir die für dich und deine Tochter wichtigen Aussagen aus dem Gespräch, um die Möglichkeit zu haben, zu einem späteren Zeitpunkt noch einmal in Ruhe darüber nachzudenken.

→ Tipp: Dieser Gesprächskreis eignet sich vorbereitend auf andere Rituale, z. B. auf die Übung *Der Spiegel der Mutter* (S. 177).

Neinsagen können ⚢ Ω

Immer wieder fordert das Leben uns auf, eigene Bedürfnisse von denen Anderer bewusst zu trennen und damit Raum für uns selbst zu schaffen und zu bewahren. Eine Aufgabe, die vielen von uns Frauen immer wieder schwerfällt. Und obwohl die Pubertät damit einhergeht, dass Jugendliche von Berufs wegen *dagegen*! sind, macht es Sinn, diese Abgrenzung einmal ganz bewusst zu zelebrieren und sich damit selbst zu erfahren.

Dazu eignet sich die folgende Übung: Die Teilnehmerinnen finden sich zu Zweiergruppen zusammen, sprechen ab, wer zunächst nur mit einem JA und wer mit NEIN reagiert, und stellen sich dann im Abstand von circa ein bis zwei Metern gegenüber auf. Nun beginnen beide, sich ausschließlich mit den Worten JA und NEIN zu streiten. Jede bleibt bei ihrem einen Wort. Um sich besser mit der eigenen Aussage identifizieren zu können, hilft die Vorstellung, JA oder NEIN sei Teil einer Auseinandersetzung, bei der es um Wichtiges geht – beispielsweise um längere Ausgehzeiten oder um mehr freie Zeit für sich selbst. Das Augenmerk liegt dabei auf den eigenen Empfindungen: Wie geht es mir, wenn ich JA sage, wie fühlt sich das NEIN meines Konterparts an, was passiert in meinem Körper, in meinen Gedanken?

Spannend wird es, wenn mit Tonhöhen, Lautstärke, Blicken, Körperhaltungen und Gesten experimentiert wird, nur Berührungen sind nicht erlaubt. Nach ungefähr drei bis fünf Minuten wird gewechselt: von JA zu NEIN und auf der anderen Seite von NEIN zu JA.

Für deine Tochter kann es interessant sein zu bemerken, welchen Unterschied sie spürt, wenn sie mit dir übt oder mit einer anderen erwachsenen oder gleichaltrigen Teilnehmerin.

Die Übung endet mit einem Erfahrungsaustausch.

Starke Frauenbünde

Die Ahninnenreihe

Die Frauen und Männer unserer Generation stehen auf den Schultern einer unfassbar langen Reihe von Voreltern. Manche kennen ihren Stammbaum bis in graue Vorzeiten, Andere wissen schon von den Urgroßeltern kaum noch Namen, wichtige Beziehungen oder Lebensumstände. Egal, wie viel uns selbst von den eigenen Ahninnen und Ahnen bekannt ist, ganz sicher prägen sie uns, wie wir die prägen, die nach uns kommen.

Wie schon in anderen Ritualen, z. B. *Der Spiegel der Mutter* und *Seelenanteile im Zaubermarkt,* wird auch hier erfahrbar, wie wirkungsvoll es sein kann, dass wir für uns sortieren: Was möchten wir von unseren Ahninnen und Ahnen übernehmen und was an *Altlasten* würden wir gerne loswerden? Das können in unserer Familie überlieferte Regeln sein wie »Frauen sind zurückhaltend« oder Berufswünsche, die unsere Eltern für uns haben oder hatten, und die so gar nicht zu uns passen.

Jede Teilnehmerin erstellt zunächst ganz für sich auf einem A4-Blatt eine Liste mit zwei Spalten. In die BEWAHREN-Spalte wird das notiert, was jede dankbar mitnehmen möchte von Mutter, Großmutter und anderen Ahninnen. In die LOSLASSEN-Spalte kommt das, was nicht passt, und was abgegeben oder bereits losgelassen wurde. In einer anschließenden Gesprächsrunde können alle ihre Listen oder Teile davon vorstellen. Dieser Teil der Übung kann auch gut zu zweit - ⚢ - durchgeführt werden.

Der anschließende Teil eignet sich nur im Gruppensetting. Dazu bestimmst du eine Vorleserin, die auch als Begleiterin für deine Tochter fungiert. Deine Tochter stellt nun ihre Ahninnenreihe im Raum auf. Zunächst führt sie dich an der Hand an einen ihr passend erscheinenden Platz (mit viel freiem Raum dahinter). Dahinter platziert sie deine Mutter mit Blick auf deinen Rücken gewandt, entweder leibhaftig oder durch eine Vertreterin aus den Reihen der Anwesenden. In gleicher Weise werden Urgroßmütter und alle weiteren weiblichen Ahninnengenerationen durch Gästinnen dahinter aufgestellt, alle mit gleicher Blickrichtung auf die nachfolgende Generation. Anschließend nimmt deine Tochter ihren Platz dir gegenüber ein und blickt dich und ihre ganze Ahninnenreihe an. Die neben sie tretende Begleiterin liest nun folgenden Text vor:

> Liebe .... (Name der Tochter), schau, da ist deine Mutter, dahinter deine Oma, und dahinter deren Mutter und wieder die Mutter von ihr. (Pause)
> Jede hat in ihrem Leben viel erfahren und unzählige Entscheidungen getroffen. Mit manchen war sie vielleicht glücklich, andere hat sie möglicherweise später bereut. Diese Frauen vor dir hatten viele Ideen, Wünsche und Regeln. Einiges davon ist dir bekannt, vieles sicher auch nicht. Die, denen du noch begegnen kannst, begleiten dich auf dem Weg in dein eigenes Leben. Sie versuchen, dich zu beschützen und zu leiten. Doch sie können nicht immer wissen, was für dich persönlich richtig ist. Sie sind – auch wenn sie dir oft ganz nah sind – anders als du. So unterscheidet sich jede Frau von allen, die vor ihr kamen. Du kannst von ihnen lernen – aber sie können auch von dir lernen.
> Du hast eigene Wünsche, Ideen und Träume. Lass diese Frauen daran teilhaben, wenn du möchtest, und behalte anderes für dich. Glaube an dich und traue dir zu, Lösungen zu suchen. Mach dir nichts aus Fehlern. Finde den besten Weg für dich, selbst wenn du manchmal umkehren oder Umwege gehen musst. Was du auch tust, es wird das Richtige sein – nicht für alle, die du hier siehst, aber für dich. Und wenn du einmal Sorgen hast, erinnere dich daran, dass hier Frauen sind, auf deren Liebe du vertrauen kannst.

Danach können alle »Ahninnen« deine Tochter umarmen, wenn sie das möchte.

Diese Übung kann eine große emotionale Tiefe haben, die nicht jede Tochter zu jedem Zeitpunkt zulassen möchte.

Das kraftvolle Frauennetz

Diese Übung wird deiner Tochter zeigen, wie sie im Lauf ihres Lebens eingebunden ist in die Welt der Frauen.

Besorge dafür ein großes rotes Wollknäuel, je mehr Meter, desto besser, oder nimm zwei aneinander geknotete Knäuel, die aus weichem, aber reißfestem Material bestehen. Zunächst wird die Wolle komplett abgewickelt und anschließend ganz eng wieder zusammengerollt, sodass das Knäuel fest wird wie ein Ball und sich zum Werfen eignet.

Die Gästinnen bilden einen Kreis, in dessen Mitte deine Tochter und du sitzen. Der Beginn eures Lebens war vermutlich mit großer körperlicher Nähe verbunden – nimm sie deshalb zunächst fest in den Arm, wenn das für sie und dich passt, und genießt beide einen Moment dieses Gefühl. Du kannst noch ein paar Worte zu eurer bisherigen gemeinsamen Geschichte sagen, um eure Verbundenheit zu verdeutlichen. Danach verabschiede dich aus der Mitte und setze dich in den Außenkreis. Von dort aus teilen die Anwesenden deiner Tochter nun mit, was das Frausein für jede von ihnen bedeutet und bedeutet hat. Auch Entscheidungen, die bereut werden und die heute anders ausfallen würden, dürfen benannt werden. Hauptsächlich geht es aber um all das, was am Leben als Frau geliebt und wertgeschätzt wird.

Es spricht immer nur diejenige, die das Wollknäuel in der Hand hält. Nach ihrem Statement wird das Knäuel über deine Tochter hinweg (oder nah an ihr vorbei) zur nächsten geworfen, wobei stets ein Strang Wolle mit den Fingern festgehalten wird, sodass sich nach und nach ein immer dichteres Netz im Kreis bildet, ähnlich einem Spinnennetz. Achte darauf, dass es für deine Tochter angenehm bleibt und sie sich noch bewegen kann. Das wird sehr unterschiedlich wahrgenommen. Die einen empfinden es als schön, wenn die Fäden am Körper wie ein Halt zu spüren sind. Anderen Mädchen wiederum wird es zu viel und zu eng.

Um die Übung zu beenden, gehen alle aus dem Kreis auf deine Tochter zu, sodass sich die Fäden lockern und zu Boden fallen.

Wenn deine Tochter möchte, kann sie die Augen schließen und beim Nähertreten der Anwesenden deren Wärme spüren. Dabei ist es gut, ein Stoppsignal zu vereinbaren. Oder die Anderen berühren mit der Hand leicht ihre Arme und ihren Rücken oder umarmen sie gemeinsam. So kann sie so viel von der geballten Frauenpower aufnehmen, wie sie braucht. Hier wie bei allen Übungen sollte immer betont werden: »Meine Tochter, nimm nur das für dich an, was für dich passt. Alles andere lasse einfach (an dir vorbeifließen).«

Feiern mehrere Mütter und Töchter zusammen, bleibt die Mitte frei. Je nach Gruppengröße können sich die Teilnehmerinnen in einen Mutter- und einen Tochterkreis aufteilen.

Gutscheine der guten Feen Ω

Wir Mütter können unseren Kindern gar nicht oft genug versichern, dass sie die Erlaubnis haben, anders zu denken und zu sein als wir selbst. Damit unsere Töchter sich zu eigenständigen Persönlichkeiten entwickeln, die in ihrem Frausein mit all seinen Aspekten stehen können, sind vielfältige weibliche wie männliche Vorbilder, die über einen längeren Zeitraum begleiten, von großer Bedeutung.

Zu meinen persönlichen Lieblingsritualen gehört deshalb *Gutscheine der guten Feen*.

Bei einer Menarchefeier für deine Tochter kläre im Vorfeld ab, welche Gästinnen zu einer längerfristigen Begleitung deiner Tochter geeignet und bereit sind, und wie sie dieses Versprechen während der Zeremonie durch eine besondere Geste zeigen und verbindlich zum Ausdruck bringen können. Selbstverständlich muss das auf freiwilliger Basis geschehen. Nichts ist enttäuschender, als wenn dieses Versprechen später nicht eingehalten werden kann. Ihren Willen dazu können die zukünftigen Begleiterinnen und guten Feen allgemein bekunden oder für einen speziellen Bereich. Zum Beispiel interessiert sich eine gute Fee besonders für die Wissenschaft und stellt sich in diesem Bereich als Gesprächs- und Lernpartnerin für deine Tochter zur Verfügung. Eine Andere, die die Natur liebt, bietet an, deine Tochter auf Exkursionen mitzunehmen und ihr ein Plätzchen in ihrem Kleingarten zum Bepflanzen einzurichten.

Die Liste an geeigneten Möglichkeiten der Unterstützung lässt sich beliebig fortsetzen und sehr individuell gestalten.

Die »Patenschaft« wird als Gutschein überreicht. Dazu eignen sich Klapp-Kärtchen im Postkartenformat, am besten in unterschiedlichen Farben, die du selbst anfertigen oder kaufen kannst.

Vorschlag zur Beschriftung

Vorderseitig: Übernahme einer Patenschaft für (Name deiner Tochter) von ... im Bereich ... *Liebe (Name), ich bin deine gute Fee für alles, was mit ... zu tun hat.*

Auf der Innenseite der Karte wird die Patenschaft näher erläutert, z. B. der ausgewählte Bereich und welche Begleitung genau damit verbunden ist, oder wie sich die allgemeine Ansprechbarkeit zeitlich, räumlich etc. gestaltet. Auch mögliche Einschränkungen sollten hier unbedingt aufgeführt sein.

Formulierungsbeispiele: Beratung in Berufs- und Studienfragen; gemeinsame Herstellung eigener Naturkosmetik; Fragen, die du manchmal nicht mit deiner Mama besprechen willst; Lernbegleitung für Mathe im verbleibenden Schuljahr; gemeinsames Kochen bei Liebeskummer; für was auch immer du mich gerne dabeihaben möchtest; jährlicher gemeinsamer Frühlingsausflug zu zweit.

Die feierliche Übergabe der Feen-Gutscheine lässt sich gut in das Ritual *Aufnahme in den Frauenkreis* (S. 129) integrieren. Im Kreis stehend und sich, wenn das für euch passt, an den Händen haltend, tragen die »guten Feen« nacheinander ihre Patenschaften vor und übergeben die Karten als Ausdruck ihrer festen Zusage an deine Tochter.

Die Gutscheine können später in einem kleinen extra Schatzkästchen aufbewahrt oder in das Fest-Büchlein einklebt werden.

→ Tipp: Solche Patinnen können ein echter Segen sein – nicht nur in der Pubertät. Auch wenn deine Tochter erst fünf Jahre alt sein sollte, zahlt es sich aus, bereits jetzt zu überlegen, wen du gerne während der Kindheits- und Jugendjahre in die Begleitung deiner Tochter einbinden würdest. Kaum jemand wird sich von sich aus dafür anbieten. »Leih«-Tanten können eine wahre Bereicherung für die ganze Familie sein, insbesondere, wenn keine Angehörigen in der Nähe wohnen. Wenn du zögerst, diese Idee weiterzuverfolgen, weil du dich niemandem aufdrängen willst, kann ich dir aus eigener persönlicher und beruflicher Erfahrung versichern, dass es tatsächlich viele Menschen gibt, die sich danach sehnen, auf diese Weise etwas an Andere weitergeben zu können. So können wertvolle Bindungen, oft auch zwischen den Erwachsenen oder ganzen Familien, entstehen.

Was ich an dir mag ⚢ Ω

Diese Übung ist für eine große Runde bestens geeignet, aber auch im Zweierkontext wird deine Tochter diese liebevolle Rückmeldung genießen. Für dieses Ritual werden für jede Teilnehmerin zwei bis drei farbige Kärtchen, am besten in DIN-A5-Größe benötigt, die sich auch aus Pappkarton zurechtschneiden lassen.

Alle Anwesenden sitzen in einer Runde. Jede Gästin nimmt sich eine Karte und notiert unter der Überschrift »Was ich an dir mag«

darauf, was ihr zu deiner Tochter einfällt. Das können Wesenszüge sein, charakteristische Verhaltensweisen, Fähigkeiten, aber auch Besonderes an ihrer äußeren Erscheinung oder Ähnliches.

Deine Tochter wird die wohlwollenden Blicke, die auf ihr ruhen, sicher wahrnehmen, und darf einfach genießen, was um sie herum passiert. Wenn alle mit dem Aufschreiben fertig sind, steht jede auf, liest vor, was sie notiert hat und überreicht ihre mit Namen unterschriebene Karte deiner Tochter. Und je nach ihrem inneren Gefühl kann sich deine Tochter bei jeder mit den Augen, mit einem Wort, einer Geste oder einer Berührung und Umarmung bedanken.

Dem laut ausgesprochenen Wort unter Zeuginnen wohnt eine besondere Kraft inne. Wenn das deiner Tochter trotz bester Absichten zu viel ist und sie es als peinlich empfindet, kann das Vorlesen entfallen und die Karten können wortlos überreicht oder gesammelt übergeben werden. Dieses Ritual ist tief berührend, und die Karten werden sicher ein kostbarer Schatz für deine Tochter bleiben.

Feiern mehrere Töchter gemeinsam, ist es sinnvoll, für jedes Mädchen einen eigenen Durchlauf zu machen, wobei andere Übungen zwischendurch auflockern und für Abwechslung sorgen.

Vater und Tochter

Väter spielen natürlich eine genauso bedeutende Rolle als Begleiter von Töchtern wie wir Mütter. In unserer Elterngeneration entwickeln glücklicherweise viele Papas enge Bindungen zu ihren Kindern, auch wenn das anders aussehen kann als bei Müttern. Das gemeinsame Spiel unterscheidet sich hier oft, ist in der Regel lauter, körperbetonter und herausfordernder. Väter scheinen stärker zu Leistung und zum Austesten von Grenzen anzuspornen und ihre Kinder zum Aufbruch in aufregende neue Lebenswelten voller Abenteuer zu animieren. So weit, so verallgemeinert, denn je nach Familie und Charakterprägung beider Elternteile weichen die Herangehensweisen von Müttern und Vätern von diesem häufig beobachteten geschlechtstypischen Verhalten auch stark ab.

Als gesichert gilt mittlerweile die Erkenntnis, dass die enge Bindung in der Säuglings- und Kleinkindzeit, die im traditionellen Familienmodell (er arbeitet, sie versorgt das Kleinkind) üblicherweise eher zwischen Mutter und Kind besteht, davon profitiert, wenn eine dritte Person diese Symbiose aufbricht. Der Blick des Kindes weitet sich, was eine schrittweise Ablösung nicht nur von der Mutter, sondern von beiden Elternteilen begünstigt, die sich mit Eintritt in Kindergarten und Schule verstärkt. Sind beide Eltern häufig zu Hause anwesend und betreuen den Nachwuchs hälftig, fällt das Phänomen der Verschmelzung mit einer Person schon deutlich geringer aus.

Gerade in der Pubertät kann der Papa noch einmal besonders wichtig sein – schließlich repräsentiert er das Männliche. Fühlt sich deine Tochter gesehen mit dem, was ihr wichtig ist, und auch gesehen als junge Frau, gibt ihr dies Selbstvertrauen und das Gefühl, geliebt und respektiert zu sein. Diese Wertschätzung wird sie später auch von ihrem Partner fordern. So kann sich auch der Papa zur ersten Menstruation eine Geste oder ein Geschenk überlegen.

Der Familienpsychologe Steve Biddulph legt in seinem Buch *Mädchen! Wie sie selbstbewusst und glücklich werden* dar, dass Mädchen, deren Väter ihre Rolle mit Engagement ausleben, bessere Schulnoten aufweisen, seltener zu früh Mutter werden und weniger oft Probleme mit Alkohol und Drogen bekommen. Biddulph ermahnt Väter, selbst im Pubertätsstress möglichst ruhig zu bleiben, denn je mehr er, der Vater, die »Kontrolle verliere«, desto mehr gehe es auch der Tochter so. Nach so manchem stressigen Tag zwischen Peergroup- und Schuldruck kenne das jugendliche Gehirn bei zusätzlichem Stress durch das Elternhaus nur zwei Verhaltensmöglichkeiten: Kampf oder Flucht. Biddulph lässt eine imaginäre Tochter zum Vater sprechen: »Mach mir Angst, und Du kannst Dir raussuchen, welche der beiden Reaktionen Du kriegst. [...] Bitte – kritisier mich nicht dauernd. Ich mach das schon selbst so viel.«[166]

Lange vor dem Pubertätsalter lernen Kinder, welche Frage sie welchem Elternteil stellen müssen, um die gewünschte Antwort zu kriegen. Auch wenn Mutter und Vater bei wichtigen Themen an einem Strang ziehen, kommt es insbesondere in der Teenagerzeit zu Phasen, in denen die Bindung mal zu dem einen, mal zu dem anderen Elternteil enger und belastbarer für Diskussionen ist. Insgesamt brauchen Jugendliche immer den wachsamen, interessierten und liebevollen Blick von beiden und gleichzeitig zunehmendem Raum für Eigenverantwortung. Nähe und Distanz, Grenzen und Freiheiten müssen neu und fair ausgehandelt werden. Alle Eltern wollen vermeiden, dass der Kampf um Unabhängigkeit in einen totalen Beziehungsabbruch mündet. Im gegenseitigen Respekt kann trotz aller nötigen Auseinandersetzungen eine Ablösung in Liebe erfolgen.

Praxisnahe und erhellende Tipps zur Elternrolle in der Pubertät leistet der Diplom-Pädagoge Matthias Jung als »Deutschlands lustigster Jugend-Experte« mit seinen Büchern und Podcasts. Sein wichtigster Rat und Titel seines Bestsellers: *Chill mal!*[167]

Und wenn der Vater deiner Tochter in ihrem Leben keine große Rolle mehr spielt? Das Ende der Paarbeziehung muss nicht das Ende der Elternbeziehung bedeuten. Mütter sollten ungeachtet der eigenen emotionalen Situation bestmöglich unterstützen, dass der Kontakt bestehen bleibt und fortgeführt werden kann, falls er nicht aus besonderen Gründen dem Kindeswohl abträglich ist. Aus der Beratung von Frauen in Trennungs- und Scheidungssituationen weiß ich, wie hart das sein kann, und habe immer wieder Respekt davor, was Alleinerziehende tragen.

Was bleibt nach dem Fest?

Du hast sicher viele besondere Erinnerungen an das Fest für deine Tochter. Und sie? Wie hast du sie während der Feier und danach erlebt? Über welche Themen und speziellen Erlebnisse habt ihr beide später noch gesprochen, gemeinsam gelacht oder euch gefreut?

Um die Gästinnen, die diesen besonderen Tag mit euch verbracht haben, an euren Erinnerungen teilhaben zu lassen, sind zwei oder drei auf Papier gedruckte Fotos zusammen mit einem kleinen Dankestext eine schöne Geste. Handyfotos zu verschicken geht natürlich auch, aber ganz ehrlich: Altmodische Abzüge nimmt frau eher wieder einmal zur Hand. Außerdem ist es heutzutage schon etwas Besonderes, einen handgeschriebenen Brief zu bekommen, und diese Form wertschätzt noch einmal das gemeinsam Erlebte.

Weitere Frauentreffen planen

Wenn du Lust bekommen hast, öfter so eine gemeinsame Runde zu genießen, wie wäre es, sich auch weiterhin ab und an zusammen eine Pause vom Alltag zu nehmen? Sich einfach ohne festen Anlass Zeit und Raum für das Spüren eigener Bedürfnisse und eine wohltuende Verbundenheit mit Anderen zu erlauben, was wir allgemein viel zu selten tun?

Auch unser physisches Wohlbefinden profitiert vom schwesterlichen Beisammensein: Wenn wir unseren Zyklus gemeinsam erleben, uns austauschen und gegenseitig ermuntern, auf die Signale unserer Körper zu achten, lernen wir uns besser kennen. Wir spüren vielleicht mehr kreative Impulse an bestimmten Tagen und sind an anderen besonders ausgeglichen oder müde, ohne viel getan zu haben. Heute wissen wir, dass die Gefühle von Unzufriedenheit, die mitunter an den Tagen vor den Tagen auftreten, auch ein Hinweis dafür sein können, dass wir gerade etwas Wichtiges in unserem Leben vermissen oder (noch) nicht integriert haben. Diese Signale wahrzunehmen und sich zu fragen, was wir als Frau brauchen – geistig, an Verbindung mit Anderen, an Möglichkeiten, um unseren Fähigkeiten Ausdruck zu verleihen, und vielem anderen mehr – kann uns näher zu uns selbst führen und unser Leben mehr bereichern, als wir uns das vorstellen können.

Gemeinsam mit anderen Frauen habe ich in Karlsruhe eine solche Möglichkeit geschaffen: einen Raum, um sich und Anderen zu begegnen, innezuhalten, auf Körper und Seele zu hören.[168] Schön, wenn die Rituale und Übungen in diesem Buch deine Kreativität und Wünsche beflügelt haben, um mit Freundinnen und Gleichgesinnten etwas Neues in die Welt zu bringen, das genau auf diese Bedürfnisse zugeschnitten ist, sei es als Frauentreffen oder als Mütter-Töchter-Gruppe.

Auch ein Selbstverteidigungskurs kann eine Option sein, um sich im eigenen Körper wieder gut und sicher zu fühlen. Hier lernt frau, eigene Grenzen zu spüren und zu schützen. Wer schon einmal ein Kampfkunsttraining oder einen Wettkampf miterlebt hat, versteht, was allein schon ein lauter STOP-Schrei, verbunden mit der entsprechenden Körperhaltung, bewirken kann. Es begründet ein gutes Gefühl für den eigenen Körper und das Selbstbewusstsein, zu wissen, dass frau einem Angreifer nicht hilflos und gelähmt vor Angst ausgeliefert ist.

3 Was dich persönlich stärkt

Segenswünsche für dich

Wie oft hast du dir selbst schon auf die Schulter geklopft für das, was du als Mutter gerade so alles leistest? Wenn deine Tochter in der Pubertät ist, gibt es vermutlich die eine oder andere Auseinandersetzung mit ihr. Wertschätze dich und all deine elterlichen Bemühungen, auch wenn sie es vielleicht nicht tut. Schließlich ist sie nicht das Einzige in deinem Leben, was dich beschäftigt. Wie geht es dir beispielsweise mit dem Älterwerden? Wie ist es für dich, dass deine Tochter zur jungen Frau heranreift, während du vielleicht die ersten grauen Haare ausrupfst? Beschäftigt dich, dass dein Kind oder deine Kinder immer älter werden und irgendwann das Haus verlassen, um ihr eigenes Leben zu beginnen? Mit diesen und ähnlichen Fragen müssen wir Eltern uns alle irgendwann auseinandersetzen. Und da uns unsere Söhne und Töchter zunehmend weniger brauchen, haben wir nun mehr Zeit und Muße für das, was wir *selbst* brauchen – wenn wir uns diesen Raum zugestehen. Und ich finde, wir Mütter sollten uns jetzt wieder einmal mit unseren eigenen Sehnsüchten beschäftigen und uns fragen, wie es *uns* eigentlich geht!

Ein Nebeneffekt: Wenn wir uns für eigene Wünsche Raum nehmen, sind wir auch weniger fokussiert auf das Verhalten unserer Kinder, das uns bisweilen schwierig oder sogar undankbar erscheinen mag. Die Pubertät ist einfach die Zeit, in der Töchter und Söhne ungenießbar werden. Je mehr wir uns darauf konzentrieren, desto gefrusteter fühlen wir uns. Richten wir dagegen unsere Gedanken mehr auf uns als eigenständige Person mit eigenen Wünschen, vermitteln wir unseren Kindern, dass wir ihnen (trotz aller Diskussionen) auch zunehmend zutrauen, ohne uns zurechtzukommen. Und wenn wir uns um unser eigenes Glück kümmern, kann auch niemand in die Verlegenheit geraten zu denken, sie oder er hielte uns vom Leben ab. Wir haben jetzt die Gelegenheit zum Träumen, Ausprobieren, für eigene Freundschaften, für unsere Liebesbeziehung und für die Beziehung zu uns selbst.

Ich bin der Überzeugung, dass wir in unserem Leben durch aktuelle Konflikte und Krisen immer wieder die Chance erhalten, Altes zu heilen und zu verwandeln, auch wenn wir das oft nicht sofort sehen können. Deshalb ist Trauern über das, was einmal war, ein sinnvoller und nötiger Prozess, um der Mensch zu werden, der du im besten Fall sein kannst. Wohlgemerkt: Trauerndes Verarbeiten hat nicht mit ständig wiederkehrendem Grübeln und dem gedanklichen und emotionalen Kreisen um Unerfülltes zu tun. Das Trauern, das ich meine, ähnelt dem Gefühl beim Tod eines geliebten Menschen. Es beginnt mit einem heftigen Verlustschmerz. Tränen, Rituale, Zeremonien und liebevolle Erinnerung an die Person verleihen dem Ausdruck und mildern den Schmerz mit der Zeit. So gelangen wir nach und nach in einen Zustand der Akzeptanz, gepaart mit Dankbarkeit darüber, dass wir den verlorenen Menschen in unserem Leben haben durften. Wir können Abschied nehmen, ohne zu vergessen, und wieder zuversichtlich in die Zukunft schauen.

Die folgende Übung konfrontiert dich möglicherweise mit frühen Wunden. Wenn du dich momentan ausgeglichen und stabil fühlst, dann ist jetzt für diese kleine Heilungsübung der richtige Zeitpunkt. Bist du gerade in einer schwierigen Lebenssituation oder fühlst du dich kraftlos, dann solltest du darauf verzichten und diese Auseinandersetzung zu einer späteren, emotional ausgeglicheneren Zeit führen.

→ Übung: Wünsche für dich selbst

Formuliere die Segenswunschliste für deine Tochter (s. Kap. *Stolze Frauen*) in die an dich gerichtete DU-Anrede um. Anschließend lese dir den umformulierten Text laut vor, so, als würde dich deine Mutter ansprechen. Wenn dir dieser Vorschlag erst einmal seltsam erscheint, du keine Lust dazu verspürst oder sogar ein bisschen

Angst fühlst, sei mutig und probiere es, solange du dich stabil fühlst. Such dir dazu einen Ort, wo dich keiner hört, und sprich die Wünsche laut aus.

Wenn wir diese Art Segenswünsche von unseren Eltern nie zu hören bekommen haben, obwohl wir es uns sehnlichst wünschten, kommen meist schmerzhafte Gefühle in uns hoch. Wenn es dir guttut, zu weinen, gib diesem Impuls nach und lasse es zu. Überfordern dich diese Empfindungen gerade, dann spricht nichts dagegen, das Segenswunschritual erst einmal zu vertagen. Verpacke die Wünsche in deiner Vorstellung in ein schönes Kästchen und lege es außer Sichtweite ab. Sobald die Zeit dafür reif ist, kannst du es hervorholen und dich darum kümmern.

Wenn du über das, was dich bewegt, gerade nicht mit einer vertrauten Freundin, deinem Partner, deiner Partnerin sprechen kannst, obwohl du das Bedürfnis danach hast, dann schreibe alles, was dich berührt und beschäftigt, in ein Tagebuch. Das erleichtert mich persönlich immer sofort.

Noch einmal neu träumen

Bei den *Segenswünschen für deine Tochter* war meine Empfehlung, zu konkrete Wünsche an sie zu streichen und dafür auf deine eigene Wunschliste zu übertragen. Wenn du dir für deine Tochter beispielsweise gewünscht hast, dass sie ein bestimmtes Instrument lernt, weil du diese Chance als Kind nie hattest, dann ist jetzt möglicherweise der Zeitpunkt, deine eigenen ungenutzten Fähigkeiten auszuprobieren und Träume zu verwirklichen. Dafür ist es nie zu spät. Probier es aus! Selbst wenn du jetzt als Musikerin wahrscheinlich nicht mehr groß rauskommst: Du wirst vermutlich jede Menge Spaß haben. Die Komfortzone verlassen zu haben, wird dich stolz machen. Und vielleicht ergeben sich wie nebenbei neue Kontakte, um gemeinsam zu musizieren, einfach aus der Freude heraus.

Wenn frau anfängt, alte Träume auszugraben, passieren oft unglaubliche Dinge. Und zudem bleiben wir nicht an alten unerfüllten Wünschen hängen, die die Gefahr bergen, sie auf Andere zu übertragen.

Natürlich unterliegt unser aller Leben gewissen gesellschaftlichen Zusammenhängen. Es ist statistisch gesehen sehr wahrscheinlich, dass

- du als Frau härter kämpfen musst als ein Mann, um denselben Karriereschritt zu machen.
- die Rollenerwartung an dich als Mutter wesentlich höher ist als an den Vater deines Kindes/deiner Kinder und Leute dich verurteilen werden, wenn du weniger Care-Arbeit leistest.
- es als unpassend angesehen wird, wenn du als Frau laut und energisch deine Interessen durchsetzen willst, selbst wenn es sich um dein gutes Recht handelt.
- du Männern begegnest, die nicht dazu erzogen wurden, dich als Person mit gleichen Rechten zu behandeln.
- einige Menschen unabhängig welchen Geschlechts nicht verstehen, warum dich all diese Beschränkungen wütend machen, und sie deshalb versuchen werden, dir dein Gefühl abzusprechen und dich auszubremsen.

Wenn du zudem noch eine Behinderung hast oder nicht *weiß* aussiehst, kommt noch die Intersektionalität hinzu. Die Nachteile verstärken sich damit gegenseitig. Und Alleinerziehende sind noch mehr auf Andere angewiesen als Mütter in Beziehungen, wenn sie sich für sich selbst mehr Freiraum wünschen.

Es gibt also 1 001 Gründe, dass du nicht neu träumst. Aber wenn du tief in dich hineinhörst und dir trotz aller Beschränkungen, trotz aller Ungerechtigkeit erlaubst, damit anzufangen, wird jeder noch so kleine Schritt dich dem Leben, das für dich gemeint war, näher bringen. Und womöglich zur Veränderung im Großen beitragen, insbesondere dann, wenn du dich mit anderen Frauen vernetzt und ihr eure Kräfte für die eine gute Sache bündelt.

In den meisten von uns geistert der eine oder andere alte Gedanke hartnäckig, will nicht stillhalten, nicht locker lassen, wie ein trotziges Kind vor dem Süßigkeitenregal. Erlauben wir uns also die Sehnsucht und begeben uns gedanklich in die Zeit zurück, in der der Wunsch entstanden ist. Du hast vielleicht als Jugendliche immer davon geträumt, dein kreatives Potenzial voll zu entfalten und ein Kunststudium zu absolvieren, was in deiner jetzigen Lebenssituation tatsächlich nicht mehr möglich ist oder nur mit viel Organisationsaufwand und Verzicht. Die Art der Ausgestaltung ist aber gar nicht so entscheidend. Wichtig ist vielmehr der Grundwunsch, deine Kreativität auszuleben. Je lebendiger du diesen Wunsch in dir werden lässt, desto mehr Möglichkeiten finden sich, ihn im Jetzt und Heute Gestalt annehmen zu lassen.

Spürst du solche alten Träume in dir auf, gestehe sie dir zu, egal, was Andere dazu sagen. Du hast nur ein Leben! Wer dir sagt, du seist zu alt oder solltest »vernünftig« sein, hat möglicherweise mehr eigene Interessen im Sinn. Klar, dass du Verantwortung trägst für deine Familie, für einen Haushalt, einen Job und vieles andere. Aber mehr an sich selbst und die eigenen Bedürfnisse und Sehnsüchte zu denken, geht nicht zwangsläufig und automatisch zulasten Anderer. Nach meiner Erfahrung trifft das in den seltensten Fällen zu. Und hinter dieser Befürchtung verbirgt sich oft einfach die Angst vor dem Neuen, dem Sich-stellen-und-rechtfertigen-Müssen Anderen gegenüber.

Beschäftigen wir uns mit alten Träumen, stellen wir auch immer wieder fest, dass so manches, was einmal wichtig und unverzichtbar erschien, tatsächlich vorbei ist und das auch so bleiben darf. Triffst du diese Entscheidung bewusst, hilft das dabei, Vergangenes wirklich loszulassen. Manches davon braucht vielleicht noch eine Geste des Abschieds oder ein paar Tränen, bevor es tatsächlich gehen kann. Es kann beispielsweise hilfreich sein, Worte der Verabschiedung auf einen Zettel zu notieren oder ein Bild davon zu malen und anschließend in einer kleinen Zeremonie zu verbrennen. Folge hier deinem Bauchgefühl, spüre, was du brauchst, und gehe dem nach. Ist der Abschied vollzogen, stellt sich meist ein Gefühl von Freiheit ein, das uns mit neuer Energie versorgt, die sich im Folgenden für die Wiederbelebung anderer Wünsche und Träume nutzen lässt. Schäle deine alten Träume aus zu klein gewordenen Kleidern und kleide sie in neue, prächtige und maßgeschneiderte Gewänder.

Wenn deine Tochter in der Pubertät ist oder kurz davor steht, bist du vermutlich auch älter als 40 oder um die 50, so wie ich. Noch vor ein oder zwei Generationen war frau in den Wechseljahren beruflich und in ihrer Eigenschaft als Frau mehr oder weniger auf dem Abstellgleis. Selbst heute, da sich die Lebensbedingungen extrem verbessert haben, herrscht oft noch eine von der Pharmaindustrie bewusst lancierte mangelorientierte Perspektive auf die Menopause. Dabei ist gerade diese Zeit voller Chancen: Die hormonelle Umstellung in den mittleren Jahren (weniger Östrogen, mehr Testosteron) fordert dazu heraus, dass wir unsere Aufmerksamkeit endlich vermehrt auf uns selbst richten. Nicht mit dem Fokus auf Verlust, sondern auf Fülle und Lebensfreude! Für viele zunächst ein Gegensatz zu ihrem bisherigen Leben, in dem sie gewohnt waren, mehr an Andere zu denken.

Unsere Mütter und Großmütter waren zu diesem Zeitpunkt oft schon mit dem »leeren Nest« ihrer flügge gewordenen Kinder konfrontiert. Heute finden die Wechseljahre häufig zu einem Zeitpunkt statt, wo wir zwar nicht mehr mit »Brüten«, wohl aber mit der Aufzucht des Nachwuchses beschäftigt sind. Die Schweizer Psychologin Pasqualina Perrig-Chiello hat viel zur Lebensmitte geforscht und herausgefunden, dass in diesen Jahren eine Überprüfung der ersten Lebenshälfte stattfindet. Alte Träume werden noch einmal hervorgeholt und Beziehungen auf ihre Glückskapazität gecheckt. Perrig-Chiello formuliert dies so: »Wer nie desillusioniert wurde, hat nie die Chance, durchzustarten und etwas Neues zu wagen. Der Psychoanalytiker Carl Gustav Jung hat einmal gesagt, man könne die zweite Lebenshälfte nicht nach dem Muster der ersten leben. Viele Menschen begreifen das nur durch eine Krise, die sehr schmerzhaft sein kann, aber auch heilsam.«[169]

Wir werden in der zweiten Lebenshälfte kompromissloser, weil uns klar wird, dass Lebensjahre per se – inklusive unserer eigenen – begrenzt sind. Wir lassen Dinge los, die uns hindern, zu verwirklichen, was uns wichtig ist. Das mag nach außen hin egoistisch wirken, aber bei vielen Frauen ist diese (Wieder-) Entdeckung des Egoismus etwas geradezu Überfälliges. Die meisten Mütter haben im Lauf ihres Lebens mächtig zurückgesteckt, was Karriere, eigene Lebensziele und Freiraum für sich selbst betrifft, und das darf ja auch mal ein Ende haben.

Nach Perrig-Chiello beginnt ab Mitte 30 eine schrittweise Abnahme des Glückserlebens, das mit circa 46 Jahren (europäischer Durchschnitt) seinen Tiefpunkt in der Lebensmitte erreicht. Ab da geht es wieder stetig aufwärts. Das klingt doch mal gut! So zeigt uns das Bedauern über das, was wir bisher versäumt haben, wie kostbar der verbleibende Teil unseres Lebens ist. Viel zu schade, um sich mit etwas zufriedenzugeben, was uns längst nicht mehr zufrieden macht!

Viele Frauen starten in diesen Lebensjahren noch einmal neu durch, besinnen sich auf ihre Träume und Fähigkeiten und gelangen zu neuem Selbstbewusstsein. Dabei kann es auch zu Beziehungsabbrüchen kommen, weil die innere Wahrheit ein anderes, unterstützenderes Umfeld benötigt.

Die für diese Veränderungen nötige Energie wird häufig aus der Erkenntnis gezogen, dass nur wir alleine unseres eigenen Glückes Schmiedin sind. Mich hat dieses Zitat einer Frau berührt: »Mit 50 habe ich begonnen, das Leben von hinten her zu denken und zu überlegen: Was möchte ich erlebt haben? […] Es geht darum, sich die Ermächtigung für sein Leben zurückzuholen.«[170]

Das Gefühl der Fremdbestimmung und Abhängigkeit von Anderen und ihren Erwartungen loszulassen, bietet Raum für Freiheit und ungeahnte neue Entwicklungsmöglichkeiten. Neue Beziehungen, ein Ehrenamt, der Weg in die Selbstständigkeit, ein Umzug an unbekannte Orte – wenn alte Begrenzungen gefallen sind, wird vieles Unmögliche plötzlich möglich. Der Begriff der Selbst-Ermächtigung erscheint mir in diesem Zusammenhang wirklich einer Königin angemessen – und allen von uns, die sich nach dem Mut zur eigenen Initiative sehnen.

→ Übung: Siebzehn Lebensenergien

Wenn du anstatt dieser Macht und Energie zunächst nur eine seltsame innere Unzufriedenheit spürst, die du nicht genau lokalisieren kannst, probiere es mit der nachfolgenden Übung. Die Liste mit den verschiedensten Lebensbereichen, die ich in meiner Beratungsarbeit verwende, hilft dir beim Sondieren deiner Wünsche und Entfaltungsmöglichkeiten.

Auf der Skala von 1 bis 10 kannst du deine momentane Zufriedenheit im jeweiligen Lebensenergiebereich markieren. So lässt sich aufzeigen, wie weit sich dein Jetzt-Zustand und dein Ideal-Zustand noch unterscheiden. Wohlgemerkt: Gemeint ist dein eigener Ideal-Zustand und nicht das Maximum, das eine Erleuchtete erreichen würde. Wir sind schließlich nicht Wonder Woman!

Siebzehn Lebensenergien und ihre momentane Ausprägung										
	1	2	3	4	5	6	7	8	9	10
Berufliche Zufriedenheit										
Familiärer Halt										
Freude										
Freundschaften										
Geistesnahrung und Wissen										
Gesundheit										
Hobby und Kreativität										
Körpergefühl/Bewegung										
Kulturelle Anregung										
Liebevolles (Weiter-) Geben										
Materielle Zufriedenheit										
Naturverbundenheit										
Partnerschaftliche Liebe										
Selbstliebe und Authentizität										
Sexualität										
Sinnerleben und Sinnhaftigkeit										
Spiritualität/Glaube										

Schritt für Schritt losgehen und umsetzen

Für alle, die so zufrieden sind, dass es in ihrem Leben gerade nichts zu verbessern gibt: Das ist ein wunderbarer Zustand, und ich gratuliere von Herzen. Es war sicher ein steiniger Weg bis hierhin, und bestimmt war vieles davon nicht einfach zu bewältigen. Jede Erfahrung, gerade auch die schmerzvollen, machen unser Leben reicher und ermöglichen Entwicklungen, die gerade vollzogen werden wollen. Feiere dich für das, was du erreicht hast.

Wenn es den einen oder anderen Punkt gibt, den du für verbesserungswürdig hältst, aber deutlich spürst, das momentan nicht angehen zu können, dann ist das richtig so. Denn wir haben nicht in jeder Lebensphase die Energie für eine Veränderung, und manchmal kann Abwarten und leckeren Tee trinken das Mittel der Wahl sein. Sei in dem Fall besonders liebevoll mit dir und erlaube dir ganz bewusst, dir Zeit zu lassen und zu nehmen. Ich finde, es gibt wenig Schlimmeres, als eine Aufgabe zu verschieben und sich deshalb jeden Tag über sich selbst zu ärgern. Diese Selbstabwertung raubt dir deine Energie und sorgt dafür, dass du dich schlechter fühlst. Also, wenn schon vertagen, dann ohne Gewissensbisse. Sei dir selbst die beste Freundin, hab dich lieb mit deinem Zögern, und nutze deine Kraft besser für die Aufgaben, die dir gerade dringender erscheinen. Träumen darfst du trotzdem. Das ist sogar sehr wichtig, denn durch das Träumen entwickeln sich in unserem Unbewussten häufig Bilder, die dich deinem Ziel bereits näher bringen, ohne dass du bewusst mehr dafür tust.

Wenn die Zeit reif ist, wirst du es merken!

Wenn dich aber die Lust zur Veränderung gepackt hat oder wenn du bereits auf dem Weg der neuen Schritte bist, bleib dran. Hinderliche Glaubenssätze lassen sich entkräften, indem wir sie ins Gegenteil umformulieren. Erlaube dir, darüber nachzudenken, ob diese positiveren Überzeugungen zutreffend sein könnten und nicht viel mehr Berechtigung haben:

- Das kann ich niemals schaffen! => Ich kann und werde das schaffen!
- Das kann ich nicht mit meiner Lebenssituation vereinbaren. => Das kann ich mit meiner Lebenssituation vereinbaren – es braucht nur die richtige Organisation!
- Das macht mein Mann/mein Kind niemals mit. => Ich überlege mir genau, was ich möchte und setze alles daran, mit meinem Mann/meinem Kind eine Lösung zu finden, die für uns beide passt.
- So etwas klappt doch eh nicht. => Das kann klappen! Und selbst, wenn nicht: Das ist mir einfach zu wichtig, um es nicht wenigstens mit aller Kraft zu versuchen!

Die unheilvolle Allianz von Kapitalismus und Patriarchat hat nichts davon, wenn Frauen stolz sind und sich auf sich selbst besinnen. Immerhin sind 50 Prozent der Menschheit weiblich, und da profitiert *mann* natürlich ungemein, wenn die Mehrheit von ihnen sich freiwillig als unbezahlte oder schlecht entlohnte Arbeitskräfte zur Verfügung stellen. Deshalb trifft der *stolze* Weg, der Selbstbestimmtheit, Eigenermächtigung und Selbstwirksamkeit impliziert, sowohl auf offenen wie verdeckten Widerstand, der immer wieder neu Mauern errichtet. Und deshalb ist es so wichtig, dass wir uns miteinander vernetzen, einander Mut zusprechen, uns verbinden und gemeinsam einstehen für unser Recht auf 50 Prozent von allem! Dann schaffen wir es auch, über Mauern zu klettern oder sie mit gebündelter Kraft einzureißen.

Anzufangen, sich um sich selbst oder die ureigensten Ziele zu kümmern, heißt nicht, dass uns automatisch unsere Mitmenschen nicht mehr so wichtig sind. Diese Sorge ist in den allermeisten Fällen unbegründet. Es besteht ein großer Unterschied zwischen narzisstischer Ichbezogenheit, die ausschließlich eigene Interessen verfolgt, und der Selbstfürsorge, bei der die eigenen Bedürfnisse den gleichen Stellenwert einnehmen wie die der Anderen. Und durch mehr Mitgefühl und mehr Einsatz für uns selbst und unsere Bedürfnisse kann sich sogar mehr Respekt und Toleranz für die Wünsche Anderer entwickeln. Wir geben dann nicht aus Pflichtgefühl, sondern aus dem tief empfundenen Wohlwollen anderen Menschen gegenüber. Und wir geben auch nur das, was wir zunächst in uns selbst gefunden haben und wirklich und wahrhaftig schenken wollen. Das ist *Geben aus der Fülle*.

Ist der tiefe innere Wunsch nach einer Veränderung in uns erweckt, fangen wir zwangsläufig an, Schritte in Richtung Verwirklichung zu gehen. Am Anfang fühlst du dich möglicherweise noch unsicher. Doch irgendjemand hat mal gesagt: »Wenn das Ziel klar ist, wird der Weg leicht.« Daran glaube ich fest. Denn sobald ich vor meinem inneren Auge deutlich ein Bild davon sehen kann, was ich erreichen möchte, habe ich auch Kraft für die Schritte, die dorthin führen. Dafür ist das Träumen so wichtig.

Wenn du dir weiteres Handwerkszeug für deine nächsten Etappen wünschst, informiere dich über Volkshochschulkurse, Fortbildungen oder andere Angebote, die dich voranbringen. Du wünschst dir beispielsweise, selbstbewusster aufzutreten? Spezielle Seminare, in denen Körperhaltung, Mimik, Gestik und Sprache trainiert werden, können dabei weiterhelfen. Die Aktivistin und Streiterin für Gleichberechtigung Anke Domscheit-Berg stellte fest, dass gerade Frauen häufig mit unnatürlich hoher Stimme sprechen und eine Pose einnehmen, die Schwäche signalisiert.[171] Sie empfiehlt hierzu zwei Experimente: eine gerade, selbstbewusste Haltung einzunehmen und laut zu sagen »Ich kann das nicht« – und dann in eine unsichere Pose wechselnd zu formulieren »Ich bin stark«. Beides funktioniere nicht. Selbst Charly Brown bestätigt das in dem wunderbaren Cartoon »So stehe ich, wenn ich deprimiert bin«, der mittlerweile in Kopie bei mir im Beratungszimmer hängt.[172] Das aufrechte, feste Stehen verbindet automatisch mit mehr Kraft, um für etwas einzu*stehen*.

Unverzichtbar dabei ist, das große Gesamtziel in kleine Tagesschritte oder Momente so zu unterteilen, dass sie in der dir zur Verfügung stehenden Kraft und Zeit bewältigt werden können. Den Siebenmeilenschritt haben wir alle nicht drauf, dazu fehlt uns das passende Schuhwerk aus dem Märchen. Es sind letztendlich die täglichen, kleinen Schritte, die am Ende zu einem bedeutenden Ergebnis führen.

Unklar formulierte Vorgaben, wie »mehr Sport zu machen«, wird noch keine unmittelbare Veränderung nach sich ziehen. Auch eine konkrete Vorstellung wie »Ich werde nächsten März am Firmenlauf teilnehmen« allein nutzt wenig, wenn du nicht irgendwann anfängst, etwas dafür zu tun. Wie du dein Vorhaben auch nennst, du benötigst eine Art Zusicherung an dich selbst, dich ab einem bestimmten Tag (möglichst morgen!) dafür einzusetzen: »Ich verspreche mir selbst, ab heute täglich etwas dafür zu tun, körperlich fitter zu werden.« So eine Zusage kannst du auf einem farbigen Kartonpapier schriftlich festhalten und schön verzieren, versehen mit einer Postkarte oder einem motivierenden Schnappschuss von dir selbst in Sportklamotten. Hänge dir deine Motivationskarte da auf, wo du sie täglich siehst.

Danach beginnt die Detailplanung. Fange klein an – indem du dir etwas vornimmst, was du mit absoluter Sicherheit schaffen kannst. Denn jeder Misserfolg führt nur dazu, dass du dich frustriert fühlst, was noch nie eine gute Motivation für Veränderung war. Erfolgreiche Schritte aber – und seien sie noch so winzig – stärken dich für weitere Etappen und vermitteln dir, dass dein Ziel zu dir passt und du es tatsächlich erreichen kannst.

In der ersten Woche könnte deshalb auf deiner To-do-Liste stehen, dass du statt des Aufzugs immer die Treppe nimmst. Auch solche Kleinstschritte solltest du schriftlich festhalten und zusammen mit den Etappenzielen (Monatsende) und dem Endziel (genaues Datum) in einer Wochenübersicht planen. Es hilft zusätzlich, wenn du deine momentane Wochenaufgabe positiv formuliert auf einen kleinen Zettel notierst, der dir überall wieder in die Hände fällt: »Ich nutze ab heute nur noch Treppen!« Du kannst ihn über dein Bett oder auf den Spiegel hängen oder in deine Hosen- oder Handtasche stecken. Hauptsache, er findet dich so oft wie möglich.

Du hast deine Marschroute nun fürs Erste festgelegt. Sie sollte ab jetzt regelmäßig überprüft werden, beispielsweise zeitlich jeweils am Monatsende, und inhaltlich, ob die geplante Vorgehensweise noch Sinn macht, du bisherige Teilziele erreicht hast und wie du weitere Etappen angehen kannst. Möglicherweise hat sich deine Situation geändert, und du hast momentan nach der Arbeit keine Zeit mehr fürs Walken, dann brauchst du einen Plan B. Und wenn du nicht so weit gekommen bist, wie du wolltest: Sei nett zu dir selbst. Manchmal folgt nach zwei Schritten vorwärts wieder einer zurück. Das heißt weder, versagt zu haben noch, dass das Ziel falsch war: Deine Richtung ist immer noch richtig. Manche Entwicklungen benötigen nun einmal etwas mehr Zeit oder bestimmte *Um*wege. Plane einfach neu. Verbinde dich wieder mit deinem Wunschbild und schaue, was heute, diese Woche oder diesen Monat realistisch für dich zu schaffen ist.

Schlau ist es außerdem, über dein Ziel mit Anderen zu sprechen. Erstens findest du möglicherweise Mitstreiterinnen, denn gemeinsames Walken macht schlicht mehr Spaß, und jemand anderem abzusagen ist eine zusätzliche Hürde für die »innere Schweinehündin«. Zweitens hilft es dir, bei der Stange zu bleiben, wenn dich ab und an jemand fragt, wie du vorankommst. Du kannst dir dazu auch eine Mentorin oder einen Mentor auswählen. Diese Person sollte dich in regelmäßigen Abständen wohlwollend piesacken. Deine Wochen- oder Monatserfolge feiert ihr dann gemeinsam. Die hier aufgeführten Empfehlungen zur Planung und Erreichen eines Ziels basieren auf der EVA-Methode von Dr. Martin Wittschier in *Wie es nicht geht, weißt du schon*[173].

Mir hilft bei neuen Vorhaben immer die Lebensweisheit: Wenn du etwas erreichen möchtest, was du noch nie erreicht hast, musst du Wege gehen, die du noch nie gegangen bist.

Abschließende Worte und Dank

Liebe Mutter einer Tochter,

du und ich, wir sind nun einige Schritte zusammen gegangen. Ich habe meine Gedanken zum Frausein, zum Leben als Tochter und Frau und als Mutter einer Tochter mit dir geteilt. Vielleicht haben sie etwas in dir berührt und dich angeregt zu Gesprächen und Begegnungen. Oder dich auf Ideen gebracht, wie du dir selbst inniger begegnen und ganz bei dir sein kannst und welche Rituale dich dabei unterstützen können.

Mein Herzenswunsch ist, dass wir Mütter und Töchter Räume für das Zusammensein unter Frauen schaffen, in denen wir uns zeigen können, wie wir sind und mit allem, was uns ausmacht. Wir sind alle wunderbar in all unserer Unterschiedlichkeit! Mit Körpern, die genau richtig für uns sind, unabhängig von irgendwelchen Idealen. Mit Seelen, die sich trauen können, tief und weit zu fühlen und einander zu berühren. Mit Schritten der Begegnung, die immer wieder kleine Freudenmomente in unseren Alltag und ein Funkeln in unsere Augen bringen. Denn auch wenn wir alle glücklicherweise total verschieden sind: Es gibt auch so viel Verbindendes, und das dürfen wir feiern!

Lass uns stark und zärtlich sein, zu uns selbst, zu unseren Lieben, zum Leben.

Ich wünsche dir und deiner Tochter von Herzen alles Gute!

Seid beschützt.

Und ich freue mich über jede Rückmeldung, Frage, Rezension und alle Kommentare auf

- www.proud-women.de,
- Instagram: instagram.com/proudwomen_ka
- oder bei einer Lesung.

Danke auch an alle, die mich unterstützt, begleitet und aufgemuntert haben während der Arbeit an diesem Buch. Vor allem an meinen Mann, der unzählige Extrastunden für Haushalt und Kinder aufgewendet hat und das Wort »Menstruation« immer noch hören kann. Und an unsere Kinder, die immer wieder Verständnis dafür hatten, dass Mama gerade nicht gestört werden will.

Danke an Jutta A. Wilke vom DIAMETRIC Verlag, die mein »Baby« nach langer Tragezeit endlich in diese Welt bringen half. Und natürlich an das Lektorinnen-Team, das dieses Buch so viel klarer gemacht hat.

Dank an alle Freundinnen, besonders an Elke, die von Anfang an meine Begeisterung für dieses Projekt mehr als geteilt hat – Herzensgrüße! Danke dem Kleeblatt – es ist so schön mit euch! Danke an Rosa-Maria für die berührenden Rituale aus den Mutter-Tochter-Kursen und ihre »Hebammentätigkeit« für die Frauentreffen abendROT. Danke allen Fachfrauen für ihre Impulse und ihre Zeit, für Gespräche, den Zugang zu ihren Methoden, für Probelesen und die Vermittlung von Kontakten: Dr. med. Susanne Stiller, Barbara Mundorf, Dr. med. Anne Rudigier, Claudia Bracht und Birgitta Korth, Annette Hartmann-Geyer, Gabi Kopp, Lissi Traub, Dr. Elisabeth Raith-Paula, Linda Jarosch, Birgit Häusle und Hedi Freude.

Danke an alle Frauen und Männer, von denen ich dazulernen durfte auf meinem Lebensweg und während meiner Aus- und Weiterbildung, allen voran den Dozent*innen des IF Weinheim. Ein warmer Dank an die abendROT-Kolleginnen – ich bin so froh, dass es euch und unseren gemeinsamen Frauen-Begegnungs-Raum gibt!

Danke an alle Menschen auf Instagram, die so viel Herzblut in eine Fairbesserung unserer Welt stecken – der Austausch mit euch ist Inspiration und Hoffnungsschimmer für mich. Danke an alle Mädchen und Frauen, die mir ihr Herz geöffnet haben während der Beratungsgespräche, Interviews, Seminare und Workshops, und die mit ihren Lebensgeschichten zum Herzstück dieses Buchs beigetragen haben. Danke an meine Töchter für ihre Fragen, ohne die dieses Buch nie ins Leben gekommen wäre.

Martina

Anhang

Rituale und Übungen von A bis Z

⚢ = geeignet für Mutter-Tochter-Zeit
Ω = geeignet für jüngere Töchter

Fantasiereisen und Meditationen

Gesprächsrunden

Übungen für dich als Mutter

Nützliche Adressen und Links

Grundsätzlich bei allen Materialien bitte kritisch bleiben, denn selbst in Schulbüchern finden sich immer noch überholte Informationen über die angeblich »erbsengroße« Klitoris oder das »Jungfernhäutchen«.

www.bmfsfj.de
: Bundesministerium für Familie, Senioren, Frauen und Jugend mit vielen Publikationen zu verschiedenen Erziehungsthemen, z. B. Essstörung oder häusliche Gewalt

www.bzga.de
: Bundeszentrale für gesundheitliche Aufklärung mit vielen Broschüren für Eltern, Kinder und Jugendliche, zum Beispiel »Aufregende Jahre – Jules Tagebuch«, in dem Töchter mit der liebenswert natürlichen Protagonistin Jule mitfiebern und sie hautnah erleben mit ihren Sorgen über unterschiedlich große Brüste, Pickel, schöne Gefühle und erste Verliebtheit.

www.familienhandbuch.de
: Beiträge zum Thema Pubertät, Menstruation und Erziehung

www.genderdings.de/
: Tolle Infos für junge Menschen zu Gender, Weiblichkeit, Feminismus u. v. m., gefördert vom Bundesministerium für Familie, Senioren, Frauen und Jugend

www.hector-seminar.de
: Förderung der MINT-Fächer für Schüler*innen an Gymnasien

www.hilfetelefon.de
: Hilfetelefon zu Gewalt gegen Frauen in 17 Sprachen, ständig besetzt; Telefonnummer: 08000 116 016

www.klicksafe.de
: Tipps zur sicheren Internetnutzung für Eltern, Pädagog*innen und Jugendliche

www.lizzynet.de
Berufswelt-Infos für junge Frauen
www.mfm-programm.de
Sexualpädagogische Kurse für Mädchen und Jungen; wissenschaftlich fundiertes Zykluswissen
www.loveline.de
Jugendportal der Bundeszentrale für gesundheitliche Aufklärung mit Infos zu allen Themen rund um Pubertät, Liebe und Sexualität
www.ready-for-red.at
Viele Artikel und lockere Spiele zum Thema weibliche Entwicklung
www.re-empowerment.de
Infoseiten zu psychischer Gewalt und wie frau sich davor schützen kann
www.think-ing.de
Berufsweg Ingenieurin
www.traumberuf-professorin.de
Verbundprojekt »Traumberuf Professorin« – Mehr Professorinnen für Lehre und Forschung an Hochschulen für angewandte Wissenschaften
www.offene-werkstaetten.org/werkstatt-suche
Selbsthilfewerkstätten für alle, die handwerklich-kreativ tätig sein wollen

Weiterführende Literatur

Biddulph, Steve: Mädchen! Wie sie selbstbewusst und glücklich werden, Heyne Verlag, München, 2013

Bischof-Köhler, Doris: Von Natur aus anders: Die Psychologie der Geschlechtsunterschiede, Kohlhammer Verlag, Stuttgart, 2011

Bücker, Theresa: Alle Zeit. Eine Frage von Macht und Freiheit, Ullstein Buchverlage, Berlin, 2022

Crabbe, Megan Jayne: Body Positivity – Liebe deinen Körper: Vergiss Diäten und begrüße dein Leben, Knaur Balance Verlag, München, 2018

Domscheit-Berg, Anke: Ein bisschen gleich ist nicht genug! Warum wir von Geschlechtergerechtigkeit noch weit entfernt sind. Ein Weckruf, Heyne Verlag, München, 2015

Fagerström, Grethe & Hansson, Gunilla: Peter, Ida und Minimum. Familie Lindström bekommt ein Baby, Ravensburger Verlag, Ravensburg, 1979

Favilli, Elena & Cavallo, Francesca: Good Night Stories for Rebel Girls: 100 außergewöhnliche Frauen, Carl Hanser Verlag, München, 2017

Fine, Cordelia: Die Geschlechterlüge: Die Macht der Vorurteile über Frau und Mann, Klett-Cotta Verlag, Stuttgart, 2012

Garsoffky, Susanne & Sembach, Britta: Die Alles ist möglich-Lüge: Wieso Familie und Beruf nicht zu vereinbaren sind, Pantheon Verlag, München, 2014

Given, Florence: Frauen schulden dir gar nichts, Verlag Kiepenheuer & Witsch, Köln, 2022

Gray, Miranda: Roter Mond, Stadelmann Verlag, Wiggensbach, 4. Auflage, 2020

Häfner, Gabriela & Kerber, Bärbel: Das innere Korsett: Wie Frauen dazu erzogen werden, sich ausbremsen zu lassen, Verlag C. H. Beck, München, 2015

Heesen, Boris von: Was Männer kosten. Der hohe Preis des Patriarchats, Heyne Verlag, München, 2022

Jarosch, Linda & Larson, Andrea: Ich sehe dich und finde mich: Mutter-Tochter-Beziehung – der Schlüssel zur eigenen Kraft, Kreuz Verlag, Freiburg, 2010

Jaspers, Lisa; Ryland, Naomi & Horch, Silvie (Hrsg.): Unlearn patriarchy, Ullstein Buchverlage, Berlin, 2022

Kaiser, Susanne: Backlash – Die neue Gewalt gegen Frauen, Tropen Verlag, Berlin, 2023

Kleen, Heike: Das Tage-Buch: Die Menstruation – alles über ein unterschätztes Phänomen, Heyne Verlag, München, 2017

Kristof, Nicholas D. & WuDunn, Sheryl: Die Hälfte des Himmels: Wie Frauen weltweit für eine bessere Zukunft kämpfen, Verlag C. H. Beck, München, 2020

Libbertz, Jessica: No Shame: Wie wir den Teufelskreis der destruktiven Scham verlassen, Gräfe und Unzer Verlag, München, 2019

Meschede, Eva: Allein unter Freundinnen: Rivalität zwischen Frauen, Herder Verlag, Freiburg im Breisgau, 2008

Minker, Margaret: Der Mondring. Feste und Geschenke zur ersten Menstruation, dtv Ratgeber, München, 1996

Möller, Michael Lukas: Die Wahrheit beginnt zu zweit: Das Paar im Gespräch, Rowohlt Taschenbuch Verlag, Reinbek bei Hamburg, 2010

Neff, Kristin: Selbstmitgefühl: Wie wir uns mit unseren Schwächen versöhnen und uns selbst der beste Freund werden, Kailash Verlag, München, 2012

Neufeld, G. & Maté, G.: Unsere Kinder brauchen uns: Wie Eltern sich ihre Rolle zurückerobern, Unimedica Verlag, Kandern, 2022

Northrup, Christiane: Frauenkörper – Frauenweisheit: wie Frauen ihre ursprüngliche Fähigkeit zur Selbstheilung wiederentdecken können, Goldmann Verlag, München, 2010 (Neuauflage 2017 im ZS Verlag, München)

Nuber, Ursula: Wer bin ich ohne dich? Warum Frauen depressiv werden – und wie sie zu sich selbst finden, Campus Verlag, Frankfurt/Main, 2012

Parker, Kate T.: Wilde Mädchen: Am schönsten sind wir, wenn wir niemandem gefallen wollen, gv Verlag, München, 2018

Penny, Laurie: Sexuelle Revolution: Rechter Backlash und feministische Zukunft, Verlag Edition Nautilus, Hamburg, 2022

Raith-Paula, Dr. med. E.: Was ist los in meinem Körper? Alles über Zyklus, Tage, Fruchtbarkeit, Knaur MensSana Verlag, München, 2019

Roig Emilia: Das Ende der Ehe. Für eine Revolution der Liebe, Ullstein Buchverlage, Berlin, 2023

Rosenberg, Marshall B.: Gewaltfreie Kommunikation: Eine Sprache des Lebens, Junfermann Verlag, Paderborn, 2016

Sitzler, Susann: Freundinnen: Was Frauen einander bedeuten, Klett-Cotta Verlag, Stuttgart, 2017

Strömquist, Liv: Der Ursprung der Welt, Avant-Verlag, Berlin, 2017

Zöllner, Sarah; Riedel, Aura-Shirin: Mütter. Macht. Politik - Ein Aufruf!, Magas Verlag, Bonn, 2023

Zykunov, Alexandra: »Wir sind doch alle längst gleichberechtigt!«: 25 Bullshitsätze und wie wir sie endlich zerlegen; Ullstein Taschenbuch Verlag, Berlin, 2022

Anmerkungen

1 Grethe Fagerström & Gunilla Hansson: Peter, Ida und Minimum. Familie Lindström bekommt ein Baby; Ravensburger, 1979
2 Kate T. Parker: Wilde Mädchen. Am schönsten sind wir, wenn wir niemandem gefallen wollen; mgv, 2018
3 Petra Apfel: »Nur vier Prozent aller Frauen finden sich schön«, FOCUS-online-Artikel vom 09.09.2015; https://www.focus.de/gesundheit/ratgeber/psychologie/persoenlichkeit/dld-women-nur-vier-prozent-aller-frauen-finden-sich-schoen_id_3050539.html, (22.05.2023)
4 Elena Favilli & Francesca Cavallo: Good Night Stories for Rebel Girls. 100 außergewöhnliche Frauen; Carl Hanser, 2017
5 Kate T. Parker: Wilde Mädchen; mgv, 2018
6 Marcus Krahlisch: Magische Menarche; https://trainyabrain-blog.com/2013/10/magische-menarche/, (22.05.2023)
7 Margaret Minker: Der Mondring. Feste und Geschenke zur ersten Menstruation, dtv Ratgeber, 1996
8 Ebenda
9 Ebenda
10 Marcus Krahlisch: Magische Menarche; https://trainyabrain-blog.com/2013/10/magische-menarche/, (22.05.2023)
11 Margaret Minker: Der Mondring; dtv Ratgeber, 1996
12 Ebenda
13 Menstruation im Exil: Die Chhaupadi; https://frauenseiten.bremen.de/blog/menstruation-exil-chhaupadi/, (22.05.2023)
14 Kurse und Informationsmaterial für Mädchen und Jungen siehe unter: https://www.mfm-programm.de/
15 Elena Favilli & Francesca Cavallo: Good Night Stories for Rebel Girls; Carl Hanser, 2017
16 Zahlreiche Zeichnungen der facettenreichen Vulva: https://www.vital.de/gesundheit/frauengesundheit/vagina-diese-vulva-typen-gibt-es-885.html, (22.05.2023)
17 Ärzteblatt-Artikel vom 06.02.2017: Labioplastik. Gynäkologen warnen vor neuem Trend; https://www.aerzteblatt.de/nachrichten/72911/Labioplastik-Gynaekologen-warnen-vor-neuem-Trend, (29.11.2023)
18 Informationsbroschüre für Mädchen der Bundeszentrale für gesundheitliche Aufklärung: Aufregende Jahre – Jules Tagebuch; , https://www.bzga.de/infomaterialien/sexualaufklaerung/aufregende-jahre-jules-tagebuch/, (22.05.2023)
19 Heike Kleen: Das Tage-Buch. Die Menstruation – alles über ein unterschätztes Phänomen; Heyne, 2017
20 Liv Strömquist: Der Ursprung der Welt; Avant, 2017

21 Ebenda
22 Zum Weiterlesen: https://einhorn.my/das-jungfernhaeutchen-viel-laerm-um-nichts/ oder https://www.mdr.de/wissen/vulva-frauen-100.html, (22.05.2023)
23 Bundeszentrale für gesundheitliche Aufklärung (Hrsg.): Aufregende Jahre – Jules Tagebuch; https://www.bzga.de/infomaterialien/sexualaufklaerung/aufregende-jahre-jules-tagebuch/, (22.05.2023)
24 Heike Kleen: Das Tage-Buch; Heyne, 2017
25 Die HP-Viren-Impfung, die vor Gebärmutterhalskrebs schützt, wird meist bereits über die kinderärztliche Praxis bei den Jugenduntersuchungen im Blick behalten und auch durchgeführt.
26 Wikipedia-Eintrag zu »Subinzision«:https://de.wikipedia.org/wiki/Subinzision, (22.05.2023)
27 Elena Favilli & Francesca Cavallo: Good Night Stories for Rebel Girls; Carl Hanser, 2017
28 Ebenda
29 Liv Strömquist: Der Ursprung der Welt; avant, 2017, S. 110
30 Sabine Heise: Frauen-Arbeiten – Zwischen Beruf und Berufung; https://www.lwl.org/westfaelische-geschichte/portal/Internet/input_felder/langDatensatz_ebene4.php?urlID=405&url_tabelle=tab_websegmente#2, (22.05.2023)
31 Video: Werbe-Highlights der 50/60er Jahre; https://www.youtube.com/watch?v=9R4wS7RzpXw, abgerufen am 22.05.2023
32 Frauen in der Politik siehe Wikipedia: https://de.wikipedia.org/wiki/Frauenanteil_im_Deutschen_Bundestag_seit_1949#Tabelle_2:_Frauenanteil_des_Deutschen_Bundestags_seit_1949_nach_Fraktionen/Gruppen, (20.03.2023)
33 Jörg Schmidt & Oliver Stettes: Frauen in Führungspositionen, IW-Report 14/2018; https://www.iwkoeln.de/fileadmin/user_upload/Studien/Report/PDF/2018/IW-Report_2018_14_Frauen_in_Fuehrungspositionen.pdf, (23.03.2023)
34 Ebenda
35 Anke Domscheit-Berg: Ein bisschen gleich ist nicht genug!; Heyne, 2015
36 Viele gute Argumente gegen Einschränkungen von Frauen: Alexandra Zykunov: »Wir sind doch alle längst gleichberechtigt!«. 25 Bullshitsätze und wie wir sie endlich zerlegen; Ullstein, 2022
37 Heather Hofmeister & Lena Hünefeld; Frauen in Führungspositionen; Artikel auf der Homepage der Bundeszentrale für politische Bildung vom 08.11.2010; https://www.bpb.de/gesellschaft/gender/frauen-in-deutschland/49400/fuehrungspositionen?p=all, (22.05.2023
38 Pressemitteilung des Statistischen Bundesamts (Destatis) vom 30.01.2023: Gender Pay Gap 2022: Frauen verdienten pro Stunde 18 % weniger als Männer;https://www.destatis.de/DE/Presse/Pressemitteilungen/2023/01/PD23_036_621.html, (22.05.2023)

39 Susanne Garsoffky & Britta Sembach: Die Alles ist möglich-Lüge. Wieso Familie und Beruf nicht zu vereinbaren sind; Pantheon, 2014

40 Abkürzung für Frauen, Lesben, intergeschlechtliche, nichtbinäre, trans und agender Personen sowie alle weiteren Menschen nicht-binärer Geschlechtsidentitäten

41 Person, die aufgrund weiblicher Geschlechtsorgane bei der Geburt als weiblich eingestuft wurde und sich auch als Frau fühlt

42 Kate T. Parker: Wilde Mädchen; mgv, 2018

43 Doris Bischof-Köhler: Von Natur aus anders: Die Psychologie der Geschlechtsunterschiede; Kohlhammer, 2011

44 Ebenda

45 Ebenda

46 Cordelia Fine: Die Geschlechterlüge. Die Macht der Vorurteile über Frau und Mann; Klett-Cotta, 2012

47 Ebenda

48 Doris Bischof-Köhler: Von Natur aus anders; Kohlhammer, 2011

49 Lyn Brown & Carol Gilligan – zitiert im SPIEGEL-Artikel vom 13.11.1994: »Immer nett«; https://www.spiegel.de/spiegel/print/d-13684925.html, (06.05.2023)

50 Bezeichnet die unter Männern weit verbreiteten von Dominanz und Gewaltlegitimation geprägten selbst- und fremdgefährdenden Verhaltensmuster. Siehe Wikipedia-Eintrag »Toxische Männlichkeit«: https://de.wikipedia.org/wiki/Toxische_M%C3%A4nnlichkeit;

51 So beispielsweise hier: https://utopia.de/ratgeber/toxische-weiblichkeit-das-bedeutet-das-verhaltensmuster/ oder hier: https://www.emotion.de/toxische-weiblichkeit, (06.05.2023)

52 Kate T. Parker: Wilde Mädchen; mgv,2018

53 Cordelia Fine: Die Geschlechterlüge; Klett-Cotta, 2012

54 Nicholas D. Kristof & Sheryl WuDunn: Die Hälfte des Himmels. Wie Frauen weltweit für eine bessere Zukunft kämpfen; C.H.Beck, 2020

55 Susanne Kaiser: Backlash – Die neue Gewalt gegen Frauen; Tropen Sachbuch, 2023, S. 30

56 Das Übereinkommen des Europarats zur Verhütung und Bekämpfung von Gewalt gegen Frauen und häuslicher Gewalt wurde 2011 in der Türkei ausgearbeitet. Der GREVIO-Bericht offenbarte jedoch gravierende finanziell und infrastrukturell bedingte Umsetzungsmängel. (Die Türkei stieg 2021 aus dem völkerrechtlichen Vertrag aus, vermutlich aufgrund gestiegener Scheidungszahlen). Mehr siehe: https://unwomen.de/die-istanbul-konvention/, (20.03.2023)

57 Das reformierte Sexualstrafrecht – Ein Überblick über die vorgenommenen Änderungen von Dr. iur. Konstantina Papathanasiou in: KriPoZ – Kriminalpolitische Zeitschrift vom 25.08.2016; https://kripoz.de/2016/08/25/das-reformierte-sexualstrafrecht-ein-ueberblick-ueber-die-vorgenommenen-aenderungen/, (11.10.2023)

58 Z. B. die Broschüre des Polizeipräsidiums Köln: Vergewaltigung – Wie kann ich mich wehren?; https://www.stadt-koeln.de/mediaasset/content/pdf-dezernat1/gleichstellung/vergewaltigung.pdf, (23.03.2023)

59 Joko & Klaas: Männerwelten; Pro Sieben, Erstausstrahlung am 13.05.2020, https://www.prosieben.de/tv/joko-klaas-gegen-prosieben/video/32-maennerwelten-joko-klaas-15-minuten-clip; (26.04.2023)

60 Fatina Keilani: Onlinehetze vor Gericht. Renate Künast gewinnt erneut in Hate-Speech-Verfahren, Tagesspiegel-Artikel vom 25.03.2020; https://www.tagesspiegel.de/berlin/onlinehetze-vor-gericht-renate-kuenast-gewinnt-erneut-in-hate-speech-verfahren/25677150.html, (26.04.2023)

61 Siehe bspw. https://www.deutschlandfunknova.de/beitrag/das-feindliche-frauenbild-von-rechtsextremen-feminismus-als-gefahr und https://www.tagesspiegel.de/wissen/hetze-gegen-genderforscherinnen-2615791.html, (22.05.2023)

62 Kathrin Werner: Viele Menschen erleben Hass und Hetze im Internet, SZ-Artikel vom 15.11.2021; https://www.sueddeutsche.de/wirtschaft/hass-im-netz-hate-aid-facebook-taeter-konsequenzen-1.5455506, (08.10.2023)

63 Sylvia Pritsch: »Weniger Beachtung«. Der Bremer Frauenausschuss diskutiert über Feminismus in Zeiten des Web 2.0, taz-Artikel vom 21.09.2010; https://taz.de/!382288/, (8.10.2023)

64 Weitere Tipps auf https://hateaid.org/6-tipps-schutz-vor-digitaler-gewalt/, (08.10.2023)

65 Einen guten Überblick über verschiedene Themen liefert Unlearn Patriarchy, hrsg. v. Jaspers, Ryland & Horch. Empfehlenswert auch: Frauen schulden dir gar nichts von Florence Given sowie die Bücher von Laurie Penny, z. B. Sexuelle Revolution. Gute Argumente für Gleichberechtigung auch für Männerohren finden sich bei Boris von Heesen in: Was Männer kosten. Der hohe Preis des Patriarchats. Detaillierte Literaturverweise in der Literaturliste

66 Kate T. Parker: Wilde Mädchen; mgv, 2018

67 Elena Favilli & Francesca Cavallo: Good Night Stories for Rebel Girls; Carl Hanser, 2017 (mittlerweile mit zwei Nachfolgebänden)

68 Linda Jarosch & Andrea Larson: Ich sehe dich und finde mich: Mutter-Tochter-Beziehung – der Schlüssel zur eigenen Kraft; Kreuz, 2010

69 Ebenda

70 Meditation von Nancy McBrine Sheehan aus: Frauenkörper – Frauenweisheit von Dr. med. Christiane Northrup; ZS , 2017

71 Elena Favilli & Francesca Cavallo: Good Night Stories for Rebel Girls; Carl Hanser, 2017

72 Madeleine Alizadeh: unlearn identität, in: Jaspers, Ryland & Horch (Hrsg.): Unlearn Patriarchy; Ullstein, 2022

73 Vgl. Teresa Bücker: unlearn familie, in: Jaspers, Ryland & Horch (Hrsg.): Unlearn Patriarchy; Ullstein, 2022

74 Susanne Garsoffky & Britta Sembach: Die Alles ist möglich-Lüge; Pantheon, 2014

75 Simone Schlosser: Wie gerechte Arbeitsteilung in der Familie gelingen kann, Deutschlandfunk-Beitrag vom 02.03.2020; https://www.deutschlandfunkkultur.de/mental-load-wie-gerechte-arbeitsteilung-in-der-familie.976.de.html?dram:article_id=471456; (30.03.2023)

76 Johanna Lückes Mental Load- & Equal Care-Test siehe: https://equalcareday.de/mentalload-test.pdf, (30.03.2023)

77 Susanne Garsoffky & Britta Sembach: Die Alles ist möglich-Lüge; Pantheon, 2014

78 Johanna Rundel: Teilzeit und Rente: Ein Ehevertrag kann die Altersvorsorge von Frauen retten; Magazinbeitrag in »Ihre Vorsorge« vom 12.08.2019, https://www.ihre-vorsorge.de/magazin/lesen/teilzeit-und-rente-ein-ehevertrag-kann-die-altersvorsorge-von-frauen-retten.html, (22.05.2023)

79 Andrea Horn: Ist Altersarmut weiblich?; Vortrag vom 29.07.2014, https://www.uni-heidelberg.de/md/bfc/schwerpunkte/horn_altersarmut_hd _ praesentation.pdf, (22.05.2023)

80 Kate T. Parker: Wilde Mädchen; mgv, 2018

81 SPIEGEL-online-Artikel vom 25.06.2015: Töchter berufstätiger Mütter machen schneller Karriere; https://www.spiegel.de/karriere/toechter-berufstaetiger-muetter-machen-schneller-karriere-a-1040648.html, (22.05.2023)

82 Pressemeldung der Dt. Gesellschaft für Psychologie v. 09.06.2015: Geschlechtergerechte Sprache beeinflusst kindliche Wahrnehmung von Berufen; https://bildungsklick.de/schule/detail/geschlechtergerechte-sprache-beeinflusst-kindliche-wahrnehmung-von-berufen, (22.05.2023)

83 Anke Domscheit-Berg: Ein bisschen gleich ist nicht genug!; Heyne, 2015

84 SPIEGEL-online-Artikel vom 25.06.2015: Töchter berufstätiger Mütter machen schneller Karriere; https://www.spiegel.de/karriere/toechter-berufstaetiger-muetter-machen-schneller-karriere-a-1040648.html, (22.05.2023)

85 EU-Initiative Klicksafe: https://www.gutes-aufwachsen-mit-medien.de/fileadmin/gamm/downloads/MD1415.pdf, (22.05.2023)

86 Zahlen zur Sichtbarkeit von Frauen: https://www.innovative-frauen.de/presse/zahlen-zur-sichtbarkeit-von-frauen, (23.09.2023)

87 Gleichstellungsportal: Frauen in Führungspositionen; https://www.gleichstellungsportal.de/abc-der-gleichstellung/frauen-in-fuehrungspositionen/; (14.10.2023)

88 Elena Favilli & Francesca Cavallo: Good Night Stories for Rebel Girls; Carl Hanser, 2017

89 Emilia Roig: Das Ende der Ehe. Für eine Revolution der Liebe; Ullstein, 2023

90 Werner Stangl: Gottman-Konstante; Online-Lexikon für Psychologie und Pädagogik, https://lexikon.stangl.eu/16521/gottman-konstante/, (22.05.2023)

91 Kate T. Parker: Wilde Mädchen; mgv, 2018

92 Steve Biddulph: Mädchen! Wie sie selbstbewusst und glücklich werden; Heyne, 2013

93 Siehe Wikipedia-Eintrag zu »Pornografie«: https://de.wikipedia.org/wiki/Pornografie, (26.04.2023)

94 Elise R. Carrotte, Angela C. Davis & Megan SC Lim: Sexual Behaviors and Violence in Pornography. Systematic Review and Narrative Synthesis of Video Content Analyses, in: Journal of Medical Internet Research vom 14.05.2020; https://www.jmir.org/2020/5/e16702, (14.10.2023)
95 Mündliches Zitat einer Frauenärztin nach einem Ärzt*innen-Kongress
96 Webseiten-Eintrag der Regierung von Neuseeland zu: Pornography. How to talk to your child about pornography; https://www.keepitrealonline.govt.nz/parents/pornography/, (30.03.2023)
97 Emilia Roig: unlearn liebe;,in: Jaspers, Ryland & Horch (Hrsg.): Unlearn Patriarchy; Ullstein, 2022
98 Broschüre der Bundeszentrale für gesundheitliche Aufklärung: Jugendsexualität 2015. Repräsentative Wiederholungsbefragung – Die Perspektive der 14- bis 25-Jährigen; https://shop.bzga.de/pdf/13316300.pdf, (22.01.2024)
99 https://www.klicksafe.de/sexting, (26.04.2023)
100 https://www.nummergegenkummer.de/, (14.10.2023)
101 Weiterführende Informationen: Katja Bothe: Die miesen Geschäfte der Loverboys, https://www.daserste.de/unterhaltung/film/themenabend-loverboys/hintergrund/die-miesen-geschaefte-von-loverboys-100.html sowie Betroffenen-Hilfe: Elterninitiative für Loverboy-Opfer, http://www.eilod.de/Forum/, (30.03.2023)
102 Ratgeber der Bundeszentrale für gesundheitliche Aufklärung: Über Pubertät reden …; https://shop.bzga.de/pdf/13660400.pdf, (08.10.2023)
103 Broschüren zur Sexualentwicklung in verschiedenen Lebensaltern: https://shop.bzga.de/ratgeber-zur-kindlichen-sexualentwicklung/, (08.10.2023)
104 Das Jugendportal der Bundeszentrale für gesundheitliche Aufklärung: https://www.loveline.de, (26.04.2023)
105 Kate T. Parker: Wilde Mädchen; mgv, 2018
106 Jessica Libbertz: No Shame; Gräfe und Unzer, 2019
107 Statista: Armutsgefährdungsquote in Deutschland nach Haushaltstyp im Jahr 2021; https://de.statista.com/statistik/daten/studie/436185/umfrage/armutsgefaehrdungsquote-in-deutschland-nach-haushaltstyp/, (22.05.2023)
108 Interview mit Peter Modler in: einfach.sein 06/2018
109 Susann Sitzler: Freundinnen. Was Frauen einander bedeuten; Klett-Cotta, 2017
110 Ebenda
111 Doris Bischof-Köhler: Von Natur aus anders. Die Psychologie der Geschlechtsunterschiede; Kohlhammer, 2011
112 Eva Meschede: Allein unter Freundinnen. Rivalität zwischen Frauen; Herder, 2008
113 Kate T. Parker: Wilde Mädchen; mgv, 2018
114 Infos findest du auf https://www.klicksafe.de/ und http://www.cybermobbing-hilfe.de/, (22.05.2023)
115 https://www.netdoktor.de/symptome/selbstverletzung/, (08.10.2023)
116 Ebenda

117 Beispielsweise unter https://www.neurologen-und-psychiater-im-netz.org/kinder-jugendpsychiatrie-psychosomatik-und-psychotherapie/ratgeber-archiv/artikel/selbstverletzendes-verhalten-beim-kind-nicht-zornig-reagieren oder https://www.urbia.de/magazin/nachrichten/selbstverletzung-bei-kindern, (08.10.2023)

118 Dokumentation siehe: https://www.joyn.de/play/highlight/serien/zervakis-opdenhoevel-live/wie-gefaehrlich-ist-tiktok?, (08.10.2023)

119 Ebenda

120 Gordon Neufeld & Gabor Maté: Unsere Kinder brauchen uns: Wie Eltern sich ihre Rolle zurückerobern; Unimedica, 2022

121 Michèle Rothenberg: Darum sollten wir auch mit Teenagern zuhause bleiben – nicht nur mit Kleinkindern; Brigitte-Artikel vom 28.02.2017, https://www.brigitte.de/familie/schlau-werden/pubertaet—warum-uns-kinder-in-dieser-phase-besonders-brauchen-10904808.html, (22.05.2023)

122 Kate T. Parker: Wilde Mädchen; mgv, 2018

123 Dove-Studie siehe: https://www.dove.com/de/stories/about-dove/our-research.html, (14.10.2023)

124 Dr. Kathleen Küsel: Cellulite; https://www.netdoktor.de/hautpflege/cellulite/, (22.05.2023)

125 BBC News vom 05.01.2017: Lena Dunham happy cellulite not airbrushed for Glamour cover; https://www.bbc.com/news/entertainment-arts-38521025, (22.05.2023)

126 Megan Jayne Crabbe: Body Positivity – Liebe deinen Körper: Vergiss Diäten und begrüße dein Leben; Knaur, 2018

127 Taryn Brumfitt: Embrace – Du bist schön; Australien, 2016 (FSK in Deutschland: 12 Jahre)

128 Kate T. Parker: Wilde Mädchen; mgv, 2018

129 Gabriela Häfner & Bärbel Kerber: Das innere Korsett; C.H.Beck, 2015

130 Megan Jayne Crabbe: Body Positivity; Knaur, 2018

131 Maya Götz & Caroline Mendel: Der Gedanke, »zu dick zu sein«, und Germany's Next Topmodel, in: TELEVIZION 28/2015; http://www.br-online.de/jugend/izi/deutsch/publikation/televizion/28_2015-1/Goetz_Mendel-Der_Gedanke_zu_dick_zu_sein.pdf, (22.05.2023)

132 Stephanie Streif: Im Internet wird gemeinsames Abmagern zum Wohlfühlkult, Badische Zeitung vom 23.01.2017; https://www.badische-zeitung.de/liebe-familie/gemeinsames-hungern--132701341.html; (22.05.2023)

133 Publikationen des Bundesministeriums für Familie, Senioren, Frauen und Jugend unter https://www.bmfsfj.de/bmfsfj/service/publikationen oder der Bundeszentrale für gesundheitliche Aufklärung unter https://www.bzga.de/infomaterialien/ sowie Frauengesundheitszentren https://www.frauengesundheitszentren.de/, (22.05.2023)

134 Ursula Lebert: Zufriedenheit im Alter: Wann war ich schön?, Brigitte-Artikel vom 22.04.2014; https://www.brigitte.de/woman/schoenheit/haut/selbstbild—zufriedenheit-im-alter--wann-war-ich-schoen--10200906.html, (22.01.2024)

135 Video siehe: https://www.brigitte.de/aktuell/stars-tv/celeste-barber—die-lustigste-frau-auf-instagram-11096592.html, (22.05.2023)
136 Dove-Video: Evolution Of A Model; https://www.youtube.com/watch?v=s2gD80jv5ZQ, (26.04.2023)
137 Global Democracy Video: Body Evolution – Model Before and After; https://www.youtube.com/watch?v=17j5QzF3kqE, (26.04.2023)
138 Z. B. Beitrag der Medienerziehungsinitiative SCHAU HIN!: Medialer Körperkult – gefährliche Ideale; https://www.schau-hin.info/sicherheit-risiken/medialer-koerperkult-gefaehrliche-ideale; (26.04.2023)
139 Elena Favilli, Francesca Cavallo: Good Night Stories for Rebel Girls; Hanser, 2017
140 Jessica Libbertz: No Shame; Gräfe und Unzer, 2019
141 Ebenda
142 Brené Brown: Die Macht der Verletzlichkeit (OMU); TED Talk vom Juni 2010, https://www.ted.com/talks/brene_brown_on_vulnerability/transcript?language=de#t-798660, (22.05.2023)
143 Jessica Libbertz: No Shame; Gräfe und Unzer, 2019
144 Kristin Neff: Selbstmitgefühl: Wie wir uns mit unseren Schwächen versöhnen und uns selbst der beste Freund werden; Kailash, 2012
145 Mehr zur Verwirklichung deiner Ziele im Kapitel Was dich persönlich stärkt
146 Kate T. Parker: Wilde Mädchen; mgv, 2018
147 Brené Brown: Die Macht der Verletzlichkeit (OMU); https://www.ted.com/talks/brene_brown_on_vulnerability/transcript?language=de#t-798660, (22.05.2023)
148 Ken Robinson: Do Schools Kill Creativity?; Übersetzt: Die Lehrerin fragt, was sie da male. Das Mädchen antwortete: »Ich male Gott.« Auf den Einwand der Lehrerin, »Aber kein Mensch weiß doch, wie Gott aussieht«, entgegnete die Kleine: »sie werden, in einer Minute..« TED Talk vom Februar 2006, https://www.ted.com/talks/ken_robinson_says_schools_kill_creativity/transcript?language=en#t-7923, (22.05.2023)
149 Linda Naiman: Can Creativity be Taught? Here's What the Research Says (Web-Beitrag vom 23.03.2012, aktualisiert am 06.06.2014); https://www.creativityatwork.com/2012/03/23/can-creativity-be-taught/, (22.05.2023)
150 Skills for Health: https://apps.who.int/iris/bitstream/handle/10665/ 42818/924159103X.pdf, (22.05.2023)
151 Steve Biddulph: Mädchen!; Heyne, 2013
152 Ebenda
153 Kate T. Parker: Wilde Mädchen; mgv, 2018
154 Mitschrift zum Vortrag »Dein Leben ist viel weiter, als du denkst« von Linda Jarosch zum Frauentag am 08.02.2020 an der Volkshochschule Karlsruhe
155 Kurse und Informationsmaterial für Mädchen und Jungen https://www.mfm-programm.de/, (26.04.2023)
156 Das Geburtstagslied »Du bist geboren« von Wolfgang & Katharina Bossinger https://www.youtube.com/watch?v=LedzbPfACv8&t=32s, (03.04.2023) – Danke, Ramona, für den Tipp!

157 Aus der CD: »Songs for the Inner Child« von Shaina Noll; Silenzio Music, 2001 (als Einzeldownload verfügbar)
158 Siehe unter Reels von Birgit Häusle, @birgithausle auf Instagram
159 https://blog.hslu.ch/majorobm/files/2020/04/Zyklusrad.png oder https://frauenmondin.ch/wp-content/uploads/2021/12/zyklusrad-e1638351900814.jpeg, (27.09.2023)
160 https://www.mfm-programm.de, abgerufen am 14.10.2023
161 www.pinterest.de oder https://www.pamper.my/news/beauty/body/5-simple-easy-henna-design-beginners/, (27.09.2023)
162 Herzlichen Dank an Claudia Bracht und Birgitta Korth, in deren Zauberladen-Seminar ich diese wunderbare Übung kennenlernen durfte! Erstmals beschrieben wurde sie als »Zauberladen« von Jakob L. Moreno (Begründer des Psychodramas).
163 Durchschnittliche Dauer 27 oder 28 Tage – vgl. https://www.mfm-programm.de, (14.10.2023)
164 Vielen Dank an Hedi Freude, die mit ihrem Team im Institut Trauma und Pädagogik (Mechernich-Firmenich) mit der ressourcenorientierten Methode arbeitet und die Erlaubnis erteilt hat, diese tollen Fragen verwenden zu dürfen!
165 J. Evetts-Secker & H. Cann: Mütter und Töchter – Märchen aus aller Welt; Urachhaus, 1999
166 Steve Biddulph: Mädchen!; Heyne, 2013
167 https://jungmatthias.de/, abgerufen am 06.05.2023. Und Matthias Jung: Chill mal! Am Ende der Geduld ist noch viel Pubertät übrig; Edel, 2018
168 https://www.proud-women.de/abendROT. Wenn du ein ähnliches Angebot in deiner Stadt suchst, recherchiere nach Begriffen wie Frauenkreis, Frauenheilkreis, Jahreszeitenfest oder Schwesternkreis.
169 Claus Peter Simon: Krise in der Lebensmitte: Wie der Aufbruch gelingen kann, Interview mit Prof. Pasqualina Perrig-Chiello, GEO Wissen Nr. 62; https://www.geo.de/magazine/geo-wissen/19913-rtkl-midlife-crisis-warum-es-nach-der-lebensmitte-wieder-aufwaerts-geht, (05.02.2024)
170 Daniel Behrendt: Mein schönes neues Leben, Beitrag im Redaktions-Netzwerk Deutschland vom 14.10.2016; https://www.rnd.de/lifestyle/mein-schones-neues-leben-W6TN7HWKIUUXP6AUPQ3YACAFOU.html, (26.04.2023)
171 Anke Domscheit-Berg: Ein bisschen gleich ist nicht genug!; Heyne, 2015
172 Charles M. Schulz: »So stehe ich, wenn ich deprimiert bin«, gesehen auf: http://www.supervisionen.eu/img/peanuts.jpg, (26.04.2023)
173 Martin Wittschier: Wie es nicht geht, weißt du schon. So gelingt dir, was du schon immer tun wolltest; Ariston, 2015

Register